VULGO

VIGO, VUL

organização CARLOS AUGUSTO CALIL

GO ALMERE

PAULO EMÍLIO SALES GOMES

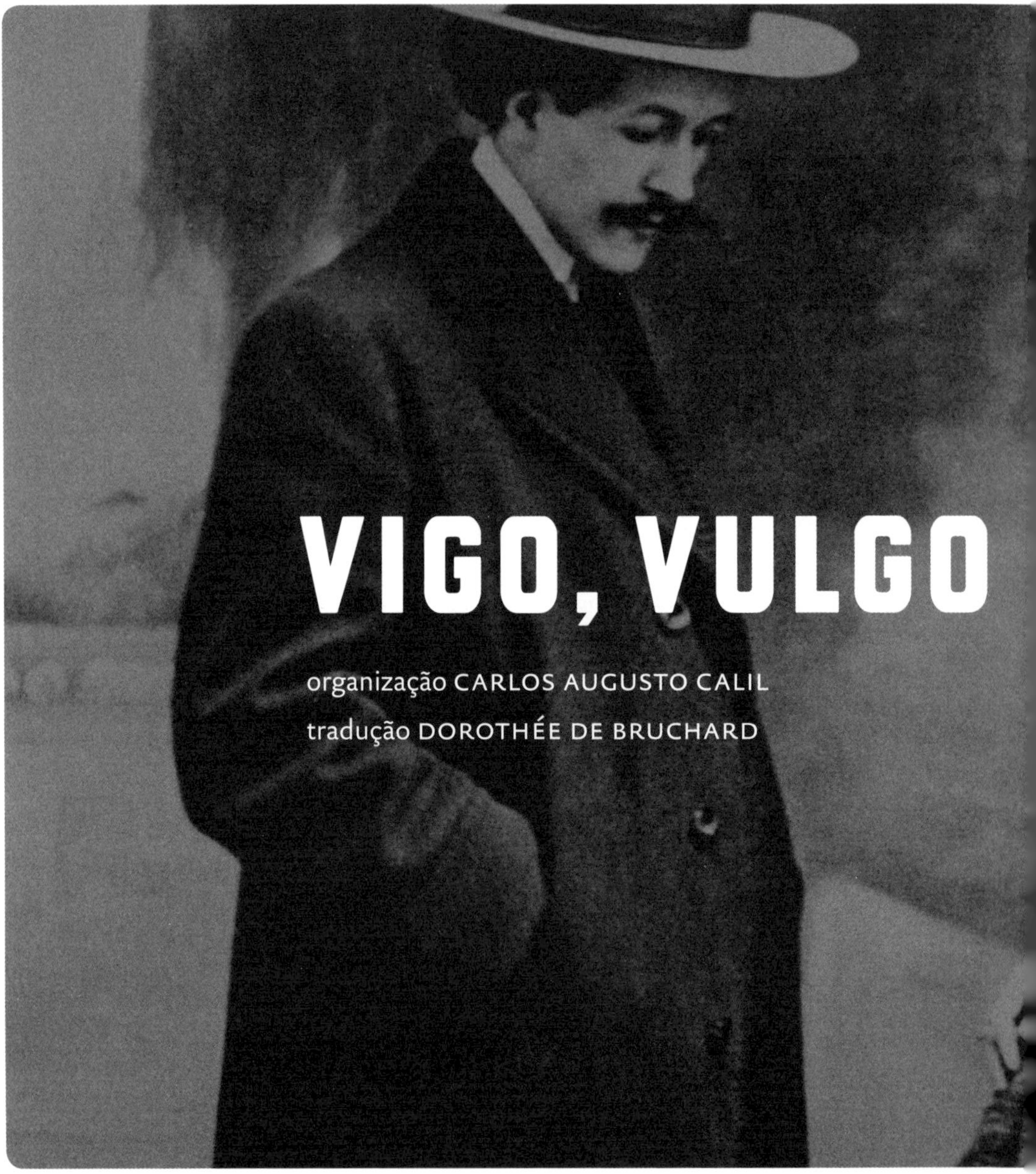

VIGO, VULGO

organização CARLOS AUGUSTO CALIL

tradução DOROTHÉE DE BRUCHARD

ALMEREYDA

PAULO EMÍLIO SALES GOMES

COSACNAIFY

edições SESC SP

LE LIBERTAIRE

Os Vigo eram uma família da pequena nobreza de província, cujas armas ostentavam a divisa: "Protejo o mais fraco". Originários da Sardenha, viviam, desde o início do século XIX, na Catalunha francesa, de onde um de seus membros seguiu para o Principado de Andorra que é, como se sabe, um remanescente do período feudal situado entre a França e a Espanha. Andorra possui dois copríncipes, o bispo espanhol de Urgel e o presidente da República Francesa. O *viguier* [magistrado] que, em 1882, representava a autoridade da República Francesa era Bonaventure de Vigo. Homem severo, era dono de um pedaço de terra e umas poucas cabras. Tinha um filho, Eugène, que estudou em Perpignan.

Nesta cidade, Eugène de Vigo conheceu Aimée Salles, uma jovem famosa na região por sua beleza. Tinha, como ela, vinte anos, e queria desposá-la. Mas Aimée era uma moça do povo, o magistrado via naquele casamento uma união desigual e negou seu consentimento. Enquanto esperavam que ele mudasse de ideia, e desafiando a autoridade dos pais da moça, Eugène e Aimée tiveram um filho. Eugène o reconheceu e, quer para abrandar, quer para provocar o magistrado deu-lhe, além do próprio nome, o nome do pai. Foi, portanto, em Perpignan, em 1883, que nasceu Eugène Bonaventure de Vigo.

Paris: rua de Montreuil e Faubourg Saint-Antoine, c. 1900

O nascimento do menino em nada melhorou o relacionamentodo do magistrado com o filho. Este logo adoeceu, indo refugiar-se em casa de uns primos em Tour de Carol, onde veio a morrer poucos meses depois, tuberculoso e ainda brigado com o pai.

Ao ver-se sozinha com o filho, Aimée Salles voltou para a casa dos pais em Perpignan.

Lá é que viria a conhecê-la, um ano mais tarde, Gabriel Aubès, jovem fotógrafo de Sète que viera a Perpignan para aperfeiçoar-se em seu ofício. Os infortúnios não haviam contribuído para melhorar o estado de Aimée, nervosa por temperamento, e mesmo assim a maternidade a tornara ainda mais bela. Gabriel estava apaixonado e, mesmo contra a sua família, que via na diferença de idade (ele era mais moço que Aimée) um motivo adicional de oposição, casou-se com ela tão logo conseguiu se instalar. O menino ficou com os pais de Aimée, e o casal Aubès seguiu, primeiro para a Dordonha, depois para Paris. Foram infelizes. O estado de Aimée ressentiu-se disso e sua neurastenia se agravou até alcançar os sintomas de uma verdadeira doença mental.

Eugène Bonaventure tinha cerca de quinze anos quando os Aubès mandaram trazê-lo para Paris. A pesada atmosfera da casa, a doença da mãe, não eram propícias para um ambiente afetuoso entre ele e aqueles a quem tratava por "minha tia" e "meu tio". Aubès o encaminhou como aprendiz de fotógrafo em algum estúdio e logo o adolescente estava vivendo sozinho na capital.

O jovem Vigo conheceu o desemprego, a fome e a solidão. Esta última ele contornou frequentando certos círculos anarquistas. Sua assiduidade nas reuniões foi notada pelo policial de plantão e em pouco tempo Fouquet, delegado da 3ª Brigada de Investigações, a chamada Brigada dos Anarquistas, acrescentava aos seus arquivos o nome de Vigo, enquanto aguardava os documentos necessários para abrir e alimentar um dossiê individual. Uma vez identificado o seu nome, o resto seguiria facilmente.

Vigo não tinha, no início de 1900, dezessete anos completos. Após um período de desemprego, em que conheceu a fome, foi admitido no estúdio Manhès, da rua du Faubourg Saint-Honoré, na qualidade de fotógrafo. Na situação em que se encontrava, aquele emprego era a salvação e, embora nesta profissão o pagamento fosse a cada final de mês, deu um jeito de receber seu salário todo sábado. Começou a primeira semana sem nenhum tostão, e ansiava por vê-la chegar ao fim para receber o pagamento e equilibrar um pouco a sua vida. Praticamente não comia. Na hora do almoço, ia passear no jardim das Tulherias onde ficava vendo os pássaros ciscarem.

Vigo morava num hotelzinho du Faubourg Saint-Honoré, cujo quarto há muito tempo não pagava e, certo dia, antes do fim da semana decisiva, seu senhorio declarou num tom irreplicável:

"Se não pagar até amanhã, vai ficar sem a chave".

Era uma quantia mínima e Vigo talvez pudesse obtê-la facilmente. Mas o jovem "anarquista" era também um aristocrata orgulhoso do seu sobrenome Vigo e envergonhado de confessar sua miséria. Trabalhando de modo mais ou menos regular, era ele que, não raro, acudia colegas infortunados. Às vezes, depois de um dia inteiro sem comer e estando em casa de um amigo que perguntava: "Você jantou, pelo menos?", orgulhava-se de encontrar forças para responder pela afirmativa.

Certa manhã, porém, a ameaça de ser jogado na rua e a debilidade causada pela fome acabaram por fazê-lo chorar no estúdio. O filho do patrão, um menino de treze anos, surpreendeu-o aos prantos e ele lhe contou tudo. O garoto Manhès o aconselhou a pedir um adiantamento ao seu pai. Ante a recusa, fez-lhe o menino uma proposta audaciosa.

"Meu pai tem dinheiro guardado no armário, quer que eu pegue uns vinte francos, e sábado você me devolve?"

Vigo aceitou e, ao meio-dia, levou a moeda para o seu senhorio. Pouco depois, a sra. Manhès, ao conferir o caixa, inquiriu o filho, o qual confessou tudo e, para se justificar, declarou que Vigo o tinha obrigado, quase ameaçado.

Apavorados, os pais foram dar queixa na delegacia. À uma hora, Vigo retornou, explicou tudo, e os Manhès, embora já não quisessem mantê-lo no emprego, voltaram à delegacia a fim de retirar a queixa.

Cerca de dois meses mais tarde, o rapaz, que encontrara um novo emprego, vivia sem grandes preocupações, trabalhando o dia inteiro e ocupando as horas vagas com a leitura dos panfletos libertários e a presença nas reuniões e bares onde, toda noite, os companheiros se encontravam para intermináveis discussões doutrinárias. Certo dia, em fins de maio de 1900, vieram prendê-lo. Fora indiciado *ex officio* pela Promotoria por cumplicidade em furto e receptação.

Esta obstinação se explica por sua ficha nos arquivos do delegado Fouquet; esta ficha explica também o rigor da condenação. Após comparecer por alguns minutos perante um Tribunal Correcional, sozinho, sem nenhum queixoso, sem nenhuma testemunha de defesa ou acusação, com um advogado público recrutado nos corredores do Palácio da Justiça, tendo balbuciado umas poucas palavras, Eugène Bonaventure foi condenado a dois meses de prisão.

Passou esses dois meses na Petite Roquette, prisão reservada, a princípio, para delinqüentes de dezoito a 21 anos cuja pena não excedesse um ano. Mas a Petite Roquette também estava lotada de meninos menores de dezoito anos, sendo que alguns não chegavam a oito, classificados na rubrica "corretivos paternos e maternos", ou seja, encarcerados a pedido dos pais após autorização concedida pelo delegado de polícia do bairro. O regime, a propósito, era o mesmo para todo mundo: cela individual e lei do silêncio.

Instalado na cela de dois metros de largura por três de comprimento, pé-direito aproximado de dois metros e meio, Vigo logo descobriu os métodos de adestramento dos guardas. Escreveria muitos anos depois:

Uma cela da prisão La Petite Roquette, c. 1907

Uma alegre tradição dos guardas da Petite Roquette consiste em 'adestrar' os 'novatos'. Vejamos como procedem estes educadores – sem esquecer que a P. R. é uma 'casa de correção e preservação' – para lançar, desde o primeiro momento, o terror na mente do recém-chegado, de modo a dobrá-lo de uma vez por todas à brutal disciplina da casa.

Às seis da tarde, uma badalada do sino anuncia a hora de ir deitar, bendita hora entre as horas. Cabe ao detento dobrar, com cuidado e segundo a forma regulamentar, todas as peças que compõem seu equipamento. Feito isso, o pacote é depositado no corredor e o guarda aferrolha a porta até as seis horas da manhã seguinte.

Meia hora depois, nova badalada anuncia a partida dos guardas diurnos, e ouvem-se suas passadas, propositadamente sonoras, afastando-se, perdendo-se, galerias afora.

Aí é que começa a brincadeira tão divertida para os 'chaveiros'. Não demora, em meio ao silêncio, irrompem chamados bruscos. Surgem das celas dos que chegaram pela manhã e ainda desconhecem os costumes da prisão. Confortados com a saída do guarda, estacam à escuta mais alguns instantes e, já não percebendo ruído algum, os infelizes pensam estar livres de qualquer vigilância. Que sorte! Poder falar, enfim! Falar! É esta a irresistível premência... falar! Dizer qualquer coisa, mandar um boa-noite ao colega de cadeia entrevisto pela manhã... Falar! Enfim!... Os apelos, de início hesitantes, vão ficando mais afoitos à medida que os tagarelas julgam estar mais seguros. Cautelosos, os veteranos guardam silêncio. Eles sabem que terrível lição se prepara. E – miserável consequência desta vida antinatural! – ávidos de distrações, mesmo cruéis, riem furtivamente do desenlace que está por vir.

Um vigia noturno veio sorrateiramente substituir seu colega diurno; e, como que para melhor desfrutar da surpresa apavorada dos presos, deixa passar alguns minutos antes de intervir. Passa pisando macio pela porta das celas, cuidando para não fazer nenhum barulho.

Súbito, num estardalhaço de chaves chacoalhadas, ferrolhos violentamente puxados, uma porta se abre e, de um salto brusco, o 'chaveiro'

> se joga sobre um dos culpados, o molho de chaves na mão. Por alguns instantes, a divisão se enche de gritos lancinantes e súplicas. Depois, silêncio... Será que acabou? Que nada, recomeça a mesma barulheira de chaves e ferrolhos percutindo. O guarda passou para outro: mais lágrimas vão rolar.
>
> As chaves dos molhos são enormes, e são usadas pelos guardas como socos-ingleses para golpear em cheio os flancos dos detentos. Escolhem os flancos de modo a não deixar marcas de violência no corpo dos infelizes.[1]

Em breve, Vigo também veio a conhecer as brincadeiras de um guarda chamado Cornua, que consistiam em passar diante dos postigos abertos das portas das celas e cuspir no rosto dos que chegavam perto demais. Vigo cumpriu seus dois meses na Petite Roquette sentindo muita raiva e cheio de ideias de vingança. O aprendizado anarquista deu ao seu ódio uma forma social. Não se tratava apenas, para ele, de uma vingança pessoal, tratava-se de vingar todos os infelizes. Era bela aquela divisa, "Protejo o mais fraco", no brasão do seu pai e seu avô, que não chegara a conhecer. Não conhecia outro Vigo além de si mesmo, e aquele brasão e aquela divisa, de que até então sentia tanto orgulho sem confessar para ninguém, agora lhe pareciam um tanto irrisórios. Eugène Bonaventure de Vigo estava, ele próprio, frágil e incapaz de proteger quem quer que fosse. Era preciso que todos os fracos se unissem e que ele se tornasse, se possível, o seu paladino, desferindo golpes na sociedade burguesa. E esse novo homem que queria fazer nascer dentro de si, quis também que tivesse um novo nome. Abandonou aquele nome de Vigo, pertencente a pessoas que ele não conhecia e que não tinham querido

---

1. Miguel Almereyda (desenho de A. Delannoy). "La Petite Roquette". *L'Assiette au Beurre*, n. 348 (n. dedicado à Petite Roquette), 30 nov. 1907.

reconhecê-lo, e substituiu-o por um nome que tem merda [*y a* (*de*) *la merde*]: Almereyda.

A escolha deste anagrama singular não representa simples represália contra um vago avô hostil. Em certos círculos anarquistas da época, atribuía-se um valor de agitação revolucionária ao palavrão, e *merde* ainda era um palavrão no início do século.[2]

Não se sabe por que escolheu o nome de Miguel; o conjunto, Miguel Almereyda, soava espanhol e anarquista.

As publicações anarquistas, especialmente o *Libertaire*, trataram do jovem preso e Séverine, viúva de Jules Vallès, indo como sempre em

---

2. A palavra *merde* está hoje banalizada pelo uso amplo e irrestrito, e tem bem menos peso do que em português. A expressão *y a la merde* significa algo como *aí tem confusão, tá uma droga, um estrago,* assim como *mettre la merde* é criar confusão, estragar tudo. [N.T.]

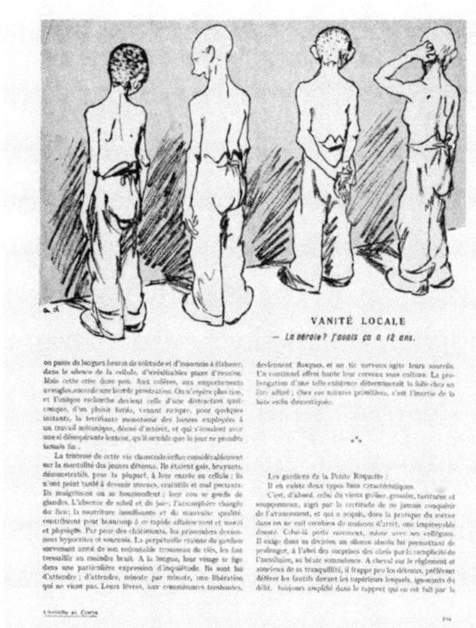

socorro dos condenados[3] da terra, tentou inclusive informar um público mais amplo escrevendo dois artigos em que se insurgia ela própria contra a acusação de roubo imputada ao rapaz.

Ao sair da prisão, na época do Natal, Vigo-Almereyda tinha dois problemas para resolver: primeiro, conseguir trabalho, e depois, se vingar. Um emprego logo foi encontrado junto ao sr. Gallay, fotógrafo no bulevar Saint-Denis. Quanto à vingança, para um jovem anarquista de 1901, não poderia deixar de ser a bomba. Porém, nos últimos cinco anos, a ação de fato ou, mais precisamente, a propaganda pela bomba, já não vinha sendo usada pelos anarquistas mais eficientes. No entanto ainda eram celebrados o valor e a coragem dos que haviam morrido guilhotinados.

---

3. No original: *damnés de la terre*, cf. verso do hino da *Internationale Communiste*: *Debout, les damnés de la terre!* em referência aos excluídos da sociedade. Na versão em português temos *De pé, condenados da terra*. [N.T.]

As melhores energias libertárias já se dedicavam à organização do movimento operário (era o ano da morte de Pelloutier), as outras se contentavam com a agitação revolucionária por meio do jornal, das brochuras e conferências. Alguns jovens entusiastas ou velhos retardatários, porém, continuavam espalhando por conta própria alguns engenhos de amadores, que no mais das vezes nem explodiam, mas eram cuidadosamente recolhidos e guardados pelo departamento do delegado Fouquet.

Almereyda informou-se sobre a fabricação das bombas, frequentou *Le Libertaire* e nele publicou em 27 de janeiro de 1901 o seu primeiro artigo: "Revolta lógica", que tratava do gesto que estava preparando. Indignava-se, primeiramente, pelo fato de "os encarceramentos, as deportações, todos os atos arbitrários do governo deixarem a população na mais absoluta indiferença". Acrescentava que "ainda assim, às vezes, surge um revoltado que vem vingar os oprimidos e, com o nobre sacrifício de sua vida, golpeia a autoridade na pessoa dos seus representantes". Mas, desapontado, Almereyda constatava que "a explosão de indignação que sucede tal ato de justiça repercute exatamente entre aqueles que deveriam ser os maiores admiradores do herói". Ele hesitava ante as prováveis reações da opinião pública, mas essa opinião logo passou a encarnar, para ele, os conselhos de prudência que lhe prodigavam sua mãe e Gabriel Aubès, e que o exasperavam. No *Libertaire* de 9 de março, publicou um segundo artigo, "Calma", dedicado "à minha tia", ou seja, à sua mãe e "ao sr. Aubès", com quem estava brigado e não chamava mais de "meu tio".

"Calma, calma, calma!"

"Eis o inútil e fastidioso conselho das pessoas timoratas e graves à juventude ardente e afoita..."

Após a inevitável alusão histórica ao cristianismo e a esta "calma (que) domou tantas energias, derrubou tantos impulsos, emasculou tantos machos carentes de agir e criar", o autor de dezessete anos não se detém ante a indelicadeza de lembrar à mãe suas aventuras juvenis.

“Os pais que, com o passar dos anos, esqueceram-se dos arroubos e entusiasmos juvenis, veem com terror a impetuosidade da sua prole. Há que arrefecer estes ardores, não é mesmo, extremosos pais?”

E, sentindo-se livre das amarras da opinião alheia, clamava Almereyda: “Calma! Quando tudo, pelo contrário, pede por violência, calma, quando o ser sofrido é esmagado sob o peso da adversidade, calma, ora vamos! Viva, isso sim, o orgulho do Indivíduo, afirmando-se brutal e altivo!”.

Fabricou, assim, a sua bomba. Pegou um pouco de pó de magnésio no estúdio do patrão, acrescentou um tanto de enxofre para ativar a explosão, e colocou tudo numa latinha de graxa para sapato enrolada num fio de arame, e com um furo por onde enfiou um pavio. A vítima escolhida foi o juiz de instrução Leydet, que o enviara para o Tribunal Correcional. Apenas receava, ao introduzir uma bomba na casa do juiz, atingir pessoas inocentes. Na verdade, Almereyda já não sabia muito bem o que fazer com aquela lata, que carregava no bolso em suas andanças por Paris. Ela existia, teria mesmo que deixá-la em algum lugar. Passando, certo dia, pela praça Voltaire, largou-a, acesa, num mictório público, e montou guarda a vinte metros dali para impedir que alguém se aproximasse. Não houve explosão e, vexado, o jovem anarquista foi embora.

Nos meses seguintes, a vida de Almereyda foi tomando forma. No estúdio fotográfico, o seu trabalho era apreciado. O adolescente franzino ia aos poucos se transformando num belo rapaz moreno. Continuava frequentando as reuniões políticas e tomava seguidamente a palavra. Fazia sucesso e descobria em si mesmo um talento de orador. Fazia amigos nas redações dos jornais de vanguarda, Fernand Desprès em particular, e conhecia Laurent Tailhade, o panfletista.

O patrão pediu-lhe que fosse trabalhar no Mont-Doré durante o verão. Estava arrumando a mala, no início de junho, quando um policial veio buscá-lo e o levou até o gabinete do delegado Fouquet.

Não estava sendo detido, só queriam informações sobre um certo Paul Decouée, anarquista com quem Almereyda tivera algum contato e que acabava de ser preso por um caso de explosivos. Concluído o interrogatório, Fouquet declarou bruscamente:

"Mas o senhor também andou fabricando bombas".

O policial deve ter percebido alguma perturbação no rapaz, e prosseguiu:

"Eu sei que o senhor fabricou umas bombas".

Abriu um armário cheio delas e estendeu-lhe uma:

"Veja, aqui está a sua bomba".

Não era a sua, e Almereyda negou. Fouquet foi tirando assim uma dúzia de bombas diferentes. Na décima terceira, Almereyda reconheceu sua latinha de graxa para sapato. O olhar experimentado do policial flagrou sua hesitação, e Fouquet, insistindo, ameaçou até obter sua confissão. Só lhe restava levar sua presa a Puybaraud, um dos chefes da Polícia, que insultou violentamente o rapaz.

Novo comparecimento ao Tribunal Correcional, em 26 de junho de 1901. Lá, veio um químico oficial, sr. Girard, declarar que o explosivo contido na lata era desconhecido e de potência incomparável! Almereyda, estupefato, engasgado de emoção e repleto de orgulho infantil ao ver-se confundido com um químico excepcional, nada disse, nada explicou, e acabou condenado a um ano de prisão, que cumpriu quase até o final em absoluto isolamento, numa cela, na semiobscuridade e no silêncio.

Sua mãe e Gabriel Aubès tinham até então se esforçado para ajudá-lo, às vezes de modo meio desastrado, sem dúvida, especialmente no caso dos vinte francos do velho Manhès. Mas agora, mesmo este tênue apoio familiar praticamente sumira. Nesse meio tempo, sua mãe enlouquecera e tivera de ser internada num asilo, em Lyon, onde viria a morrer pouco depois. Gabriel Aubès, por sua vez, deixara Paris para tentar refazer a vida voltando a exercer seu ofício de fotógrafo em Sète, sua cidade natal.

Num artigo intitulado "Crime policial" e assinado Thadée, o *Libertaire* de 31 de agosto insurgia-se contra a "condenação a um ano de prisão de Eugène Vigo e Paul Decouée". O autor abstinha-se cuidadosamente de relacionar o nome de Eugène Vigo ao de Miguel Almereyda, que assinara dois artigos incendiários na época exata em que cometia o ato de que era acusado, e incidentalmente tentava, por precaução adicional, embaralhar as datas mencionando uma pequena aventura infantil de mais ou menos um ano atrás. Escrevia Thadée:

> Eugène Vigo, adolescente generoso, sentimental, alma de poeta, demasiado jovem para se alçar à violência, constituía (para a Polícia) uma presa à altura da sua valentia.
>
> Desconhecido, sem relacionamentos que não com desconhecidos como ele, à exceção do nosso amigo Laurent Tailhade, sua prisão podia se efetuar sem alarde, sem nenhum protesto a temer...

O fato, na verdade, tivera alguma repercussão. As publicações anarquistas já não eram as únicas a se movimentar. Jornais socialistas, e até órgãos burgueses de esquerda, publicavam artigos e protestos. Séverine e Fernand Desprès conduziam uma campanha de artigos e buscavam o apoio de escritores, jornalistas e políticos.

De início, falava-se sempre no "jovem Eugène Vigo", no "menino Vigo", mas o jovem detento logo seria defendido como "Miguel Almereyda". Seria o feito de um homem que amava as palavras e os nomes, o poeta Laurent Tailhade.

Num artigo retumbante, "O triunfo da domesticação", publicado no *Libertaire* de 15 de setembro, em que Tailhade conclamava ao assassinato do tzar Nicolau II que estava para vir à França, e que rendeu ao poeta um ano de prisão, escrevia ele, à guisa de conclusão:

> Que Paris aclame o tzar Nicolau II. Que Loubet, ainda coberto do veneno deles, traga de volta Déroulède e Guérin, e tantos outros malfeitores! Que Puibaraud[4] encarcere meninos feito Almereyda, a pretexto de terem mãos brancas e olhos bonitos. Logo há de vir o dia, o dia da justiça, tão irresistível como a primavera.[5]

Antes que ele desse entrada na prisão da Santé para cumprir sua pena, os amigos de Tailhade ofereceram-lhe um banquete. Um jovem pintor se destacou pelo entusiasmo com que participou da organização da festa. Tratava-se de Francis Jourdain, filho do arquiteto Frantz Jourdain, muito famoso em Paris e que fora, com Anatole France, Zola, Heredia e Jean Grave, uma das testemunhas citadas pela defesa no processo do poeta.

Após o banquete, Fernand Desprès, sempre à cata de novos apoios para ajudar Almereyda, foi pedir a colaboração de Francis Jourdain. Este tentou obter uma autorização para visitar Almereyda na Petite Roquette. Começou por Fouquet e precisou ir até o chefe da Polícia Lépine para obter ganho de causa, não sem alguma dificuldade.

"É parente desse infeliz?"

"Não", respondeu Jourdain.

"Isso é raro!"

"O quê, os infelizes?", perguntou o pintor.

"Não", respondeu Lépine, irritado, "pessoas que se interessem por esses infelizes sem serem seus cúmplices."

Tendo finalmente a autorização em mãos, Francis Jourdain acorreu à Petite Roquette onde viu, por detrás da grade dupla, e através do corredor em que ficavam andando os guardas, um garoto pálido, magro,

---

4. Tailhade nega a Puybaraud até mesmo o y.
5. "Le triomphe de la domesticité", in Laurent Tailhade, *Discours civiques*, n. 33 (Bibliothèque Sociologique). Paris: P. V. Stock , 1902.

com imensos olhos pretos, as duas mãos imóveis postas sobre os joelhos, como exigia o regulamento. O corredor que separava as duas grades era bastante largo, era preciso falar alto para se fazer ouvir e, como havia muita gente, em meio àquela algazarra desnorteante foi que Almereyda trocou umas poucas palavras com seu novo amigo, que saiu muito impressionado da visita.

Ele guarda até hoje a lembrança de um detento, um menino surdo-mudo sentado do lado de Almereyda, que não podia fazer nenhum gesto, por causa do regulamento, e tampouco conseguia acompanhar os gestos da mãe, por causa das grades e dos movimentos do guarda que atrapalhavam a sua visão.[6]

Com o passar dos meses, aquela segunda estada na Petite Roquette ia se tornando muito mais perigosa que a primeira, e a saúde de Almereyda começava a ficar seriamente ameaçada. "No inverno, a água escorre ao longo das paredes desta prisão decrépita, e sopra um vento áspero pelas frestas das janelas. As celas nunca são aquecidas... No verão, insetos imundos vêm torturar os prisioneiros."[7] Havia, além disso, a fome de todas as horas, e a comida, em que até camundongo morto se encontrou. E havia também o isolamento em que Almereyda confeccionava pequenos leques de papel, pelo que lhe pagavam 1,20 franco o milheiro.[8] A regra do silêncio perpétuo não tolerava exceção. Era proibido soluçar alto ou tossir ruidosamente. Depois de dez meses neste regime, Almereyda tinha esquecido cerca de um quarto do seu vocabulário e, um ano depois de solto, ainda se ressentia dos efeitos daquele silêncio.

---

6. Memórias relatadas por Francis Jourdain ao autor durante o verão de 1950.
7. *L'Assiette au Beurre*, número citado.
8. O preço da matéria-prima era 1,50 franco por milheiro, o que dava um total de 2,70 francos para a produção. O produto era vendido a 35 francos o milheiro.

Francis Jourdain pôs mãos à obra logo depois da sua visita à Petite Roquette. Conhecia bem Séverine, Frantz Jourdain havia sido próximo de Jules Vallès e, juntos, esforçaram-se para obter o indulto de Miguel Almereyda. Conseguiram, a um mês somente da expiração legal da pena, e foram à prisão buscar o rapaz, que lhes pareceu "um pequeno revoltado, pobre, generoso, inteligente, cheio de coragem e bom humor".[9]

Séverine o levou para sua casa no campo, de onde um mês depois Almereyda voltou revigorado e decidido a prosseguir a agitação revolucionária nos grupos libertários.

Retomou o seu ofício, encontrando um emprego junto ao fotógrafo Gershell, no bulevar des Capucines. Almereyda foi se tornando mais do que um fotógrafo decente. A qualidade do seu trabalho contribuiu, e muito, para a fama que o estúdio Gershell adquiriu, a partir dessa época, na alta sociedade parisiense.

Pouco depois, seu nome voltava a constar no *Libertaire* de 13 de setembro de 1902, embaixo de um manifesto antimilitarista dirigido aos soldados, ao lado de Sébastien Faure, Matha, Pierre Monatte, Jean Marestan, Fernand Desprès, Durupt, Victor Méric, Paraf-Javal e Francis Jourdain.

Mesmo levando-se em conta a idade do autor e o nível, não raro bem mediano, do *Libertaire* dessa época, constata-se que os dois artigos publicados por Almereyda entre uma estada e outra na Petite Roquette estavam longe de prenunciar alguma vocação jornalística.

Afora uns poucos poemas, que ele dificilmente mostrava, ou artigos ocasionais, Almereyda talvez não tivesse escrito muito mais e nem se encaminhado para o jornalismo, limitando-se à agitação pelo discurso, se não tivesse testemunhado, no início de outubro, uma avalanche de

---

9. Francis Jourdain, "Une enfance", in *Ciné-Club*, ano 2, n. 5, Paris, fev. 1949.

homens desabando sobre um menino flagrado a roubar uns tocos de lenha. Com os nervos ainda à flor da pele devido à sua recente experiência do poder dos adultos, interveio brutalmente, e este mesmo impulso o incitou a escrever um pequeno artigo, que foi do agrado de Matha, do *Libertaire*, publicado no número de 11 de outubro. Estava para se realizar, poucos dias depois, uma grande homenagem a Zola na Sociétés Savantes [Sociedades Científicas], presidida por Séverine. Matha pediu a Almereyda que fizesse a reportagem para o *Libertaire*. A partir de então, o jovem fotógrafo produziu vários artigos para o jornal: num dia, uma crítica ao drama de Henry Bataille tirado do *Ressurreição* de Tolstói, no outro, uma "Carta aberta ao sr. Lépine", chefe da Polícia, ou uma crítica ao livro de Dubois-Desaulle, *Les prêtres non-conformistes en amour* [*Os padres não-conformistas no amor*]. Eram textos violentos, ou sensatos, mas sempre muito medíocres.

Foi deflagrada mundo afora, no início de 1903, uma campanha pela libertação dos sobreviventes da Mano Negra, um caso sinistro ocorrido na Espanha vinte anos antes. Camponeses revolucionários pertencentes à seção local da Internacional haviam sido acusados de criar, em resposta à repressão, uma sociedade secreta, a Mano Negra. Nunca se soube se tal organização existiu realmente ou se não passava de uma provocação montada pelo policial espanhol Tomás Pérez Monforte. Por influência de Soledad Gustavo, Jean Grave deu início à campanha na França, em *Les Temps Nouveaux*. Clémenceau deu-lhe seguimento no *Aurore*, com grande repercussão. Oradores que iam de Jaurès a Albert Libertad, passando por Paul Reclus, Gabriel Séailles etc., tomaram a palavra em sucessivos comícios e conferências. Almereyda, não satisfeito em gastar energia como orador nas reuniões, assumiu a direção da campanha nas colunas do *Libertaire*. Foi nisso claramente melhor do que como autor de artigos críticos. Sabia se documentar, dar destaque aos elementos convincentes, tirar conclusões. A campanha resultou vitoriosa em meados de março, quando foram libertados, depois de vinte anos, uns poucos sobreviventes da Mano Negra. Por volta da mesma época, Almereyda abandonava o estúdio Gershell e o ofício de fotógrafo a fim de dedicar-se integralmente à agitação e ao jornalismo.

Ficou encarregado, no *Libertaire*, da rubrica de notícias locais, "Ao sabor dos caminhos", e saiu-se bem. O material era farto: atos antimilitaristas, prisões e violência policial, acontecimentos políticos, a crônica dos fatos triviais, a lição social dos *faits divers*, a luta contra toda forma de repressão e até a crítica severa à repressão aos cafetões.

As possibilidades financeiras do *Libertaire* eram mínimas. Depois de abandonar o emprego, Almereyda conheceu a miséria absoluta e, como se diz, passou a viver de entusiasmo. Francis Jourdain recorda que por esta época Almereyda, que vinha se desdobrando para organizar uma reunião na Sociétés Savantes [Sociedades Científicas], desmaiou de fome na Bolsa do Trabalho, embora há vários dias carregasse no bolso a quantia necessária para o aluguel da sala.

Desfrutava às vezes de noitadas tranquilas quando, com seus amigos Desprès, Marestan ou Eugène Merle – que chegara há pouco de Marselha e já se tornara seu companheiro de todas as horas –, ia até o Ange Gabriel, um cabaré de má fama situado nas proximidades de Saint-Eustache, quase na esquina da antiga viela Pirouette e da rua Montmartre, que em breve seria fechado pela polícia. Almereyda e seus amigos não eram atraídos apenas pelo pitoresco da decoração – as paredes narravam através de pinturas ingênuas, não raro obscenas, a visita do anjo Gabriel a Paris e sua decadência – ou pelo preço ínfimo da consumação, mas também por aquele mundo suspeito dos fora-da-lei, pelo qual, como tantos anarquistas da época, tinham muito carinho. Os contatos, porém, não iam além da cordialidade fácil criada frente a uma dose de bebida. As mulheres, não raro belas, não vinham ao Ange à cata de clientes, estando, no mais das vezes, acompanhadas por seus "homens". Não havia, entre elas e a turma de jovens libertários, nenhuma aventura. Almereyda tinha inclusive a fama de ser bastante casto. Já às vésperas de completar vinte anos, e embora muito atraente, até onde se soubesse não tinha tido nenhuma aventura.

Certo dia, uma matéria de sua rubrica no *Libertaire* saiu mais extensa que de costume. Intitulava-se "O amor".[10] A propósito de um *fait divers* (um romancista que, dez anos antes, seduzira uma moça de 26, da qual acabava de levar uns tiros de revólver), escreve Almereyda:

> Trazer ao ser amado, com um gesto deste tipo, a lembrança das horas passadas, denota no autor deste gesto uma inconsciência extraordinária.
>
> Se em decorrência de alguma transformação, geralmente involuntária, cujas fases desafiam o analista mais sutil, um dos parceiros do amor vem a se cansar, errado estaria o outro, sem dúvida, se não aceitasse o rompimento. Sendo indigno e desprezível um relacionamento baseado tão-somente num afeto não correspondido.
>
> Os homens ou mulheres que, destituídos da bela espontaneidade das almas calorosas, exigem juras de fidelidade, não possuem, a meu ver, nem a cega afeição e nem a confiança recíproca que caracterizam as uniões sinceras.
>
> Será que um amor deve penhorar o futuro de duas criaturas, sujeitálas para todo o sempre? De minha parte, não acredito nisso e considero ridículo e ineficaz o escarcéu dos amantes rejeitados, o lembrete brutal do revólver às juras sem valor – ninguém pode apostar com segurança nesta coisa inexistente que é o futuro.
>
> Desfrutar, nas horas de mútua compreensão, as alegrias dos afetos seguros, não será, para as criaturas cuja vida não é movida pelo cálculo vil das cortesãs, um objetivo já bastante agradável?

---

10. "L'Amour", 12 abr. 1903.

A menção a um *fait divers* não passava de pretexto. Tal como em seus primeiros artigos, Almereyda abordava, por meio de ideias já tidas como lugar-comum nos círculos libertários, um problema que lhe tocava de perto. Algum tempo atrás, conhecera no *Libertaire* uma militante jovem, embora poucos anos mais velha que ele, que por sua causa deixara o homem com quem partilhara a vida até então. Chamava-se Emily Cléro. Francis Jourdain lembra-se dela como uma mulher bastante fechada, de rara firmeza, e provavelmente pouco sensível.[11]

O companheiro rejeitado era Philippe Auguste, escultor em madeira, crupiê ocasional, também muito hábil na bricolagem, inventor de um engenhoso jogo de azar. O abandono da mulher magoou profundamente "esse belo rapagão cordial e liberado"[12] e, embora seja pouco provável que pensasse em dar um tiro no amante afortunado, é obviamente com ele que Almereyda está polemizando, e a ele é endereçada a lição de moral libertária.

Emily tivera vários filhos com Philippe Auguste, quase todos mortos em tenra idade. Um dos sobreviventes foi vítima de um acidente estúpido e horrível: ela o deixara cair de uma janela. Sua vida com Philippe Auguste fora repleta de preocupações materiais, com Almereyda tornou-se ainda mais dura. Mas era, ela própria, dura. Com um eterno sorriso mal esboçado, escondendo, era a sua única vaidade, dentinhos ruins não evoluídos que mal ultrapassavam o nível das gengivas, Emily tinha por Almereyda e pela causa uma dedicação discreta, nunca espetacular, mas segura.

Enquanto prosseguia o seu trabalho no *Libertaire*, Almereyda encetava sem grande verve uma polêmica com Gustave Téry sobre o tema: "Onde estão os revolucionários?", mas achava, em contrapartida, tons de

---

11. Francis Jourdain, "Une enfance", op. cit.
12. Id., ibid.

indignação simples e pessoal para falar sobre o estrangulamento, em Roma, no presídio Regina Cœli, do marinheiro anarquista Giacomo d'Angelo.

Em fins de maio de 1903, o *Libertaire* passava por uma dessas reformas tão frequentes na sua longa vida repleta de acidentes. Sébastien Faure que, em 1895, com Louise Michel, fora um dos seus fundadores, estava reassumindo a direção efetiva do jornal, poucos dias antes da grande manifestação libertária "Fora o clero, viva a república social!", quando todas as igrejas de Paris foram ocupadas pela guarda republicana, e mil policiais foram mobilizados por Lépine.

Sébastien Faure resolveu colocar a ênfase do *Libertaire* na propaganda anarquista em si, deixando de lado os movimentos aparentados: os *sauvagistes*, os tolstoizantes, grupos do "meio livre" ou do "acordo econômico", sem que fosse descartada a tendência individualista que, nesta época, impregnava fortemente Almereyda. Ela é que inspira a sua luta contra a "hipnose do passado" que, segundo ele, inclui tanto as manifestações anuais em homenagem aos *communards* junto ao Muro dos Confederados como o pensamento anarquista de um Jean Grave, ou até de um Kropótkin, que ele considerava esclerosado e acadêmico.

Com os individualistas, Almereyda procurou inclusive contribuir pessoalmente para esta limpeza radical do terreno que eles julgavam ser a primeira tarefa revolucionária, atacando, em 18 de novembro, a "Farsa da honra". É este o título do artigo que ele publica no *Libertaire*:

> De todos os fanatismos, de todos os credos ainda não tocados pelas luzes da livre análise, o mais persistente é a religião da Honra, ou seja, a rigorosa observância das regras e costumes do círculo no qual nos movemos. É a honra que, em 'sociedade', obriga o pacífico e o inofensivo a entregarem à incerteza de um duelo a tarefa de lavar uma ofensa, e isso porque um imbecil roçou-lhe uma luva na face...
>
> Não há, mesmo entre os 'espíritos emancipados', quem não estabeleça uma linha de honorabilidade entre determinados atos e outros.

Preocupadas com o meio, as pessoas proíbem ou impõem a si mesmas coisas que, por instinto, aceitam ou repudiam.

A Honra! Pomposa palhaçada para prevenir os desvios das consciências livres...

Quando é que o homem, sem atentar a fórmulas vazias, irá compreender a imensa alegria de viver – contra o seu tempo – e se extinguir, sem nada lamentar, tendo por único conforto a consciência de ter vivido plenamente?[13]

Almereyda não teve muita oportunidade de publicar outros artigos com esta veia individualista. A ação antimilitarista tornou-se sua preocupação exclusiva.

O antimilitarismo e o anticlericalismo eram dos temas mais constantes da propaganda anarquista. Em 1904, porém, o anticlericalismo estava no poder. Tornara-se a doutrina oficial sob os ministérios jacobinos e radicais, e os anarquistas puseram em surdina o seu ódio pelo clero, chegando inclusive a tomar a defesa dos padres contra o governo e a polícia. Em compensação, ainda em 1904, em fevereiro, rebentara a Guerra Russo-Japonesa, resultando, um pouco em toda a Europa Ocidental, numa renovação das atividades antimilitaristas nos círculos avançados, libertários, sindicalistas-revolucionários e socialistas.

Na França, já haviam tentado constituir um instrumento específico de luta antimilitarista. Em dezembro de 1899, Dubois-Desaulle fundara o GPAP – Grupo de Propaganda Antimilitarista de Paris, que não sobreviveu mais que algumas reuniões. Em dezembro de 1908, alguns libertários e sindicalistas, Paraf-Javal, H. Beylie, Libertad, Janvion e Yvetot, lançavam a "Liga Antimilitarista", que não logrou se estender além da região parisiense.

O anarquista holandês Domela Nieuwenhuis lançava, em março de 1904, um apelo para a convocação de um congresso internacional

---

13. *Le Libertaire*, 28 nov.-5 dez. 1903.

antimilitarista, em Amsterdã. Foi imediatamente organizado em Paris um "comitê pela campanha preparatória do Congresso de Amsterdã", dirigido por Almereyda e Louis Vallerie, tendo A. Delalé por tesoureiro, pois o objetivo principal da "campanha preparatória" era recolher os fundos necessários para a viagem dos delegados franceses à Holanda. A subscrição alcançou 1.003,25 francos. As contribuições individuais oscilavam entre dez centavos e, mais raramente, um franco. Contavam-se, no entanto, duas remessas de cinco francos: a de Élie Faure e a de Léon Blum.[14]

A delegação francesa foi constituída de modo a não negligenciar nenhum grupo que clamasse para si o antimilitarismo e foi a mais numerosa do congresso. Almereyda e Francis Jourdain representavam *Le Libertaire*; Yvetot e Delalé representavam a Bolsa do Trabalho, Janvion e Gonon, o *L'Ennemi du Peuple*, Armand, o *Ère Nouvelle*, Paul Robin, a Liga da Regeneração, Fortuné Henry, o Meio Livre de Aiglemont, e Poignault, a Cooperativa Comunista.

A maior delegação, depois da francesa, era a inglesa que contava, nomeadamente, com John Johnson, deputado dos mineiros do Cumberland, Ames Murphy, pelos mineiros de Dunam, e Charlotte Charles, da Liga Socialista de Oxford. A Espanha era representada pelo estudante Vallina, e havia igualmente delegados belgas, italianos, suíços e austríacos. O congresso ocorreu em junho, sendo Almereyda uma das principais figuras. Uma de suas propostas, estabelecendo as linhas gerais da associação a ser fundada, serviu de base para que se elaborasse a proclamação da nova "Internacional Antimilitarista dos Trabalhadores". Depois de uma apaixonada discussão entre "passivistas tolstoianos" e "antimilitaristas revolucionários", uma moção de Almereyda foi mais uma vez adotada, por 31 votos a seis. Tratava-se de realmente

---

14. "Comptabilité sur la campagne préparatoire du Congrès d'Amsterdam", *Le Libertaire*, 17-24 jul. 1904.

enfatizar as disposições tomadas pela nova associação visando "uma campanha enérgica e agressiva", conforme telegrafava Almereyda ao *Libertaire*, em 28 de junho de 1904.[15] Dizia a moção:

> O Congresso de Amsterdã, iniciador da Segunda Internacional, declara clamar para si os princípios revolucionários e rechaçar categoricamente as doutrinas de resignação oriundas do espírito cristão.
>
> Proclama, isto sim, a violência, a violência filha da razão e da revolta. A revolta ativa, não a passiva, sendo esta a negação da obra em prol da qual nos unimos.
>
> Declara rechaçar certas teorias amorfas de tendência cristã que possam criar dentro da Associação algum equívoco funesto.

Almereyda regressa a Paris certo de ter encontrado, finalmente, o método eficaz para a luta social, e na conclusão do longo e entusiasmado relatório que publica no *Libertaire* de 10 de julho, congratula os seus camaradas e congratula a si próprio por terem, "para além do vão palavreado, constituído a arma mestra da Revolução".

Fora preciso, em Amsterdã, romper com os tolstoianos. Em Paris, tiveram de se apartar de dois membros da antiga "Liga Antimilitarista", os anarquistas individualistas Libertad e Paraf-Javal, que preconizavam a deserção como único meio de ação e se negavam a acatar as decisões de Amsterdã em toda a sua amplitude.

Quanto a Almereyda e seus camaradas da AIA (Associação Internacional Antimilitarista, nome que a nova organização acabara por adotar), tinham de fato encontrado não só o rumo certo para a Revolução, como o seu instrumento. O Congresso de Londres de 1896 expulsara os anarquistas e antiparlamentaristas dos congressos socialistas

---

15. *Le Libertaire*, 1-7 jul. 1904.

internacionais, e os dirigentes da AIA queriam vê-la como autêntica herdeira da Primeira Internacional de Bakunin e Marx, a Internacional legítima, em oposição àquela criada pelos socialistas.

A própria escolha de Amsterdã como sede do Congresso Constitutivo da AIA provavelmente resultou de uma intenção polêmica, já que poucos dias após o encerramento dos trabalhos abriu-se, na mesma cidade, o VI Congresso da Internacional Socialista, congresso histórico em que a socialdemocracia alemã firmou-se enquanto dirigente do socialismo mundial, fazendo com que suas resoluções fossem adotadas após um lendário debate entre Jaurès e Bebel.

Os anarquistas não hesitaram um instante sequer em estabelecer um paralelo entre os dois congressos de modo a atacar o segundo e, em particular, os dirigentes socialistas franceses. No *Libertaire*, depois de tecer o elogio da AIA, Yvetot fala nas personalidades dos vários grupos socialistas franceses, que iriam em breve se unificar seguindo as recomendações do Congresso de Amsterdã:

> Jaurès continuará sendo o poeta-orador burguês do Partido Socialista do governo; Briand continuará sendo a astuta raposa à espreita de um golpe de mestre a aplicar, de uma gafe a consertar; Guesde continuará sendo um puro, tão mais puro quanto menos o forem os outros; Allemane ficará mortificado ao ver seu partido ir perdendo importância a cada dia que passa, Cipriani ficará mais enojado e cético em relação aos brutos do socialismo arrivista que ainda lhe permitem escrever como revolucionário nos seus jornais que já deixaram de sê-lo.[16]

Tratava-se, tanto para Yvetot como para Almereyda, de lutar contra os socialistas a fim de transformar a seção francesa da AIA no *Partido* da

16. *Le Libertaire*, 20-27 ago. 1904.

Revolução. Contudo, para não chocar sua sensibilidade libertária, nem a de seus camaradas, não empregavam a palavra *partido* nem, muito menos, a abominada palavra *política*. Além do quê, não se falando em *partido*, ficava mais fácil atrair os militantes socialistas cansados da tepidez dos seus próprios grupos.

Coube aos sindicalistas, na formação e na existência da seção francesa, um papel tão ou mais importante que o dos anarquistas propriamente ditos. Embora em 1904 as melhores energias anarquistas estivessem, cada vez mais, canalizando-se para o sindicalismo revolucionário e se desligando dos quadros tradicionais da agitação libertária, anarquia e sindicalismo ainda estavam bastante ligados. De 1892 a 1900, a classe operária francesa, organizada nas Bolsas de Trabalho e nos sindicatos, fora aos poucos se libertando da influência dos partidos socialistas. Seria preciso esperar 1906 e o Congresso da CGT de Amiens para que os sindicalistas revolucionários se desligassem, por sua vez, das seitas libertárias.

A seção francesa da AIA, em 1904, é composta de anarquistas e sindicalistas, não raro reunidos numa mesma pessoa. A influência sindicalista não se expressa somente na escolha de Georges Yvetot que se tornava, junto com Almereyda, um dos dois secretários da organização, mas também no fato de sua sede se estabelecer num local pertencente à CGT, na rua de la Grange-aux-Belles, 33.

O ímpeto organizador de Almereyda esbarrava em certa desconfiança, não só por parte dos individualistas, mas também de alguns antigos militantes, chocados com a impertinência com que aquele garoto de 21 anos queria arregimentá-los na AIA. Ao responder a Georges Thonar, que o criticara, Almereyda dirigia-se simultaneamente a vários outros quando escreveu, insolente, no *Libertaire*:

> Assim como Paraf desdenha da minha juventude, desdenho da militância antiga de vocês. Isso me lembra os caducos pegajosos da democracia, eternos candidatos à simpatia, que detêm as críticas em nossos lábios

jovens com exclamações no mesmo estilo das suas: 'Tenho vinte anos de luta! Há trinta anos que estou nessa batalha!'.

Ah! Seus velhos gaiatos![17]

Ao regressar de Amsterdã, Almereyda queria lançar imediatamente a nova organização por meio de comícios e festas campais e também de uma série de conferências intitulada "A nova Internacional". Deparou com algumas dificuldades ao organizar essas manifestações populares e se impacientou ao não ver o esforço das seções estrangeiras. Ele explica com toda a seriedade, no *Libertaire* de 7 de agosto, que

> devagar e sempre, a Internacional vem se elaborando. Momentaneamente entravada pela canícula, sua ação há de se manifestar com força assim que o clima começar a refrescar. A criança está, no momento, entregue aos cuidados da ama-de-leite. Tornaremos a vê-la em outubro. Em Oxford,[18] nascerão seus primeiros dentes.

Enquanto esperava "o clima refrescar", Almereyda forneceu a lista completa do Comitê Francês da AIA,[19] organizado por ele e Yvetot. Além dos militantes anarquistas e sindicalistas, nela constavam escritores de espírito libertário e alguns socialistas. Estavam ausentes os dois "papas" da anarquia: Jean Grave e Sébastien Faure. Este viria, em

---

17. *Le Libertaire*, 23 jul.-1 ago. 1904.
18. Onde se realizaria o II Congresso Internacional da AIA, em 1905.
19. Charles Malato, Paul Robin, Han Ryner, Urbain Gohier, Desplanques, Latapie, Amilcare Cipriani, Francis Jourdain, sra. Francine, Fortuné Henry, Georges Yvetot, Fernand Desprès, Liard-Courtois, Beau-soleil, Miguel Almereyda, Léon Jouhaux, Victor Méric, Bousquet, Roger Sadrin, Pierre Monatte, Georges Pioch, René Mouton, Le Guéry, Henriette Hoogeveen, Ernest Girault, Le Blavec, L. Grandidier, Henri Duchmann, Clément, A. Delalé e Grégoire.

breve, tomar parte das reuniões, mas Grave sempre haveria de manter uma distância cheia de reservas.

No mesmo número, o *Libertaire* se referia, por um artigo de Georges Paul, a um movimento político que começava a dar o que falar:

> Uma revista bimensal, a *Action Française*, dirigida pelo sr. Charles Maurras, expõe e propaga as doutrinas neomonarquistas, doutrinas que vêm abrindo caminho em meio ao povo e, por isso mesmo, merecem ser examinadas.

Depois de um resumo isento e objetivo dessas doutrinas, o autor acrescentava que

> os trabalhadores não estão nem aí para o rei ou para a República e se o duque de Orléans viesse até Paris encontraria, por parte de alguns insatisfeitos inconscientes, uma ação favorável, mas a maioria dos proletários se manteria indiferente.

E, por fim, conclui:

> Combater, quer pelo rei, quer pela República ou pelo imperador, constitui uma mesma superstição política; ao se envolverem em tal tarefa, os proletários só estariam consagrando sua exploração por parte de um regime de classes de que os governos são a expressão.

O pessoal do *Action Française* leu o artigo com interesse. A partir de então, Pujo acompanharia atentamente as reações suscitadas, ou melhor, não suscitadas, nos meios libertários, pelas atividades antirrepublicanas. E daí em diante iria se interessar muito de perto pela luta, iniciada em 1900, dos sindicalistas contra os sucessivos governos jacobinos e radicais.

A AIA, entretanto, ia se organizando. Além dos artigos sobre as atividades da organização – que são muitas vezes editoriais – ganha, a partir de setembro, uma coluna permanente do *Libertaire*. Um desses primeiros editoriais é assinado por Victor Méric, que vinha tratando, cada vez mais ativamente, da propaganda antimilitarista. Ainda em setembro era publicado, pela primeira vez num diário burguês, o *Journal*, um artigo sobre a AIA escrito com simpatia e assinado por um nome de prestígio, o do autor de *Sous-Offs* [*Suboficiais*], Lucien Descaves.

Seções foram fundadas em todos os bairros populares de Paris. De volta a Marselha, Eugène Merle dirigia por lá uma seção animada, que tinha inclusive um jornal, *L'Action Antimilitariste*. Jean Marestan trabalhava na Côte d'Azur. Seções surgiam em Lyon, Bordeaux, Amiens, Dijon, Tarbes, Montargis, Moulins, Montluçon etc. Em pouco tempo Henri Duchmann já tinha elementos suficientes para publicar um longo artigo sobre as reações governamentais, na França, à criação da AIA.[20]

Das seções parisienses, uma das mais ativas era a do 17º Arrondissement, dirigida por Maurice Fournié, o qual organizou excelentes conferências de Sébastien Faure, Laurent Tailhade, Charles Malato e outros, e até obteve a adesão à AIA do deputado socialista, dr. Meslier. Os libertários estavam manifestamente pondo o seu antiparlamentarismo em surdina de modo a melhor concentrar seus esforços na ação antimilitarista. Era Almereyda quem abria todas as reuniões apresentando o histórico, e a reportagem falada, da criação da associação. E o último a falar era, frequentemente, o jovem estudante de medicina, o espanhol Vallina, exilado em Paris, que representara os libertários da Espanha no Congresso de Amsterdã.

Com um pé no *Libertaire* e outro na rua de la Grange-aux-Belles, na CGT, a organização, aos poucos, ia sendo constituída por Almereyda e

---

20. *Le Libertaire*, 10-17 set. 1904.

Yvetot. Através da CGT alcançavam as massas passíveis de mobilização e, ao mesmo tempo, no jornal anarquista, centralizavam a difusão das ideias e das informações. Súbito, veio a faltar este apoio.

No final de outubro de 1904, a periodicidade do *Libertaire* tornou-se irregular.[21] Havia, evidentemente, outras publicações anarquistas que assumiam a ação antimilitarista e recebiam os comunicados da AIA, mas tirante o jornal de Jean Grave, ainda desconfiado em relação a Almereyda, eram publicações sem nenhuma regularidade e que não era possível preencher, como o *Libertaire*, com artigos e comunicados sobre a AIA.

Não obstante as dificuldades financeiras, foi preciso reforçar a propaganda com panfletos, mais raramente brochuras e, principalmente, comícios. Almereyda percorreu a França inteira dando palestras nas seções organizadas ou ajudando a organizar novas seções. Era necessário este esforço para a preparação do primeiro congresso internacional que teria lugar em julho de 1905, em Saint-Etienne.

Entrementes, um acontecimento importante ocorrera na vida de Almereyda. Numa noite de abril, depois de uma das suas incontáveis reuniões de propaganda para o congresso, Almereyda e alguns amigos, dentre os quais Francis Jourdain, ainda tinham se demorado em discussões, inclusive continuando a conversa pela rua enquanto acompanhavam Miguel até em casa. Emily, excepcionalmente, não estava com ele naquela noite.

"Vocês não querem subir e conhecer o meu caçula?", perguntou Almereyda aos amigos, quando chegaram frente à sua porta.

---

21. Essa é, pelo menos, a impressão de quem consulta as coleções conservadas na Biblioteca Nacional (Paris) sob o código LC²5757. Porém, J. Maitron cita, por exemplo, um número de 23-30 jul. 1905. Não resta dúvida de que a publicação foi interrompida, mas quando os acontecimentos o exigiam, alguns números isolados foram ainda publicados. [Nota suprimida no original datilografado.]

“Mais um?”, exclamaram seus amigos, em tom de divertida censura. Almereyda tinha mania de gatos. Já havia abarrotado sua água-furtada de um só cômodo com uma quantidade de gatos vira-latas esfomeados e fedidos. Francis Jourdain não raro o criticara por empestear o ar do seu quartinho com aqueles bichos e, principalmente, sacrificar-lhes parte das magras rações de que dispunha para Emily e ele. Reclamando com Almereyda, subiram todos para ver o novo hóspede.

Petrificados de espanto, depararam com um bebê nos braços de uma Emily um tanto pálida. Ela, ainda na véspera, tinha saído com eles, que não desconfiaram de nada. Como de costume, tinha voltado para casa depois das compridas discussões nos cafés. O bebê nascera poucas horas depois, sem que um grito sequer da mãe chegasse a acordar os vizinhos. Não mais que os amigos, ninguém no prédio, nem a zeladora, percebera que ela estava grávida. Passada a surpresa, o acontecimento pareceu tão engraçado que uma gargalhada geral saudou o nascimento da criança.

A discreta chegada ao mundo de Jean Vigo, a 26 de abril de 1905, em Paris, filho de pais subnutridos, numa pequena mansarda suja e repleta de gatos esqueléticos, foi tida como um “milagre do gênero cômico”.[22]

Almereyda ficou muito feliz por ser pai. Quanto a Emily, estava resolvida a seguir acompanhando, como sempre, Miguel por toda parte. Durante as viagens que ele efetuava para preparar o congresso, Emily se conformava em ficar em casa com o recém-nascido, mas em Paris, onde os comícios e reuniões se sucediam em vista do congresso próximo, estava sempre ao lado do companheiro. Como não pudessem deixar o menino sozinho em casa com os gatos, carregavam-no aonde quer que fossem. Conta Francis Jourdain:[23]

---

22. Francis Jourdain: “Une enfance”, op. cit.
23. Id., ibid.

> Muitas vezes, nos comícios, ouviam-se os gritos do bebê faminto. Prosseguindo sua análise da situação política, ou refutando os argumentos de um contraditor, Miguel, na tribuna, puxava uma mamadeira do bolso onde a mantinha um pouco aquecida, passava-a para um amigo que a fazia chegar ao interessado,

enquanto concluía o seu discurso enfatizando a importância do Congresso de Saint-Etienne, onde o instrumento da Revolução, a seção francesa da AIA, assumiria sua forma definitiva.

O congresso se realizou nos dias 14, 15 e 16 de julho.

Os esforços de Almereyda, Yvetot e seus amigos não trouxeram, aparentemente, os resultados que eles esperavam. O relatório da organização, apresentado no congresso, menciona 93 seções criadas, o que não estava mal mas, por outro lado, registra 5.500 membros, o que já não era tão bom. Um relatório da polícia, por sua vez, citava 2 mil membros. De fato, "o número de carteiras distribuídas, segundo o registro apreendido em casa de Almereyda, eleva-se a 3.167, e os grupos pedem mais carteiras do que precisam".[24]

A ideologia antimilitarista, tal como se manifesta neste congresso, pouco se distingue das noções gerais estabelecidas já por Bakunin na sua distinção entre Estado e Pátria, em que considera que o patriotismo político, o amor pelo Estado, nada tem a ver com o amor pelo país no qual se nasce. "Os anarquistas, portanto, negam-se a fazer uma guerra que tem como único objeto defender, não o patrimônio comum dos homens de uma mesma nação, e sim os privilégios da minoria que dirige o Estado".[25]

---

24. J. Maitron, *Histoire du mouvement anarchiste en France*. Paris: Société Universitaire, 1951.
25. Bakunin, *Œuvres*, v. VI, Bibliothèque Sociologique n. 47-8. Paris: P. V. Stock, 1913, apud J. Maitron, op. cit.

Como as posições socialistas sobre esta mesma questão não estivessem em flagrante contradição com a dos anarquistas, não foi difícil responder à primeira pergunta colocada no congresso:

> Deve a AIA ser a expressão de uma doutrina (anarquista ou socialista), ou deve manter seu caráter exclusivamente revolucionário?
>
> Os delegados decidem, após discussão e em conformidade com a opinião geral das seções da França, manter a AIA com seu caráter exclusivamente antimilitarista revolucionário.
>
> A associação permanece, então, como no passado, aberta a todos os antimilitaristas, sem distinção de escola, com a condição de que cooperem, se for o caso, com a ação insurrecional preconizada pela Associação.[26]

Acertado o ponto ideológico, restava o problema metodológico.

Quanto a isso, Almereyda e seus amigos haviam logrado, em Amsterdã, excluir os tolstoianos e seu método de objeção de consciência, fundamentando-se na moral anarquista, ou seja, na luta contra a religião e a ética que dela decorrem. Mas, com os individualistas Libertad e Paraf-Javal mantendo-se partidários do método único da deserção, a questão ficava em aberto. Estava fora de cogitação, para os libertários, impor um método particular de luta. O congresso se pronunciou sobre a questão recusando-se a condenar ou preconizar a deserção, "sendo o indivíduo o único juiz dos seus próprios atos", embora considerasse, por unanimidade, que não possuía a deserção "nenhum valor prático do ponto de vista antimilitarista".[27]

Mesmo que respeitando o espírito libertário, este voto unânime praticamente excluía eventuais veleidades de Libertad, Paraf-Javal e seus amigos individualistas de voltarem para a organização.

---

26. *Le Libertaire*, n. 38, 23-30 jul. 1905, apud J. Maitron, ibid.
27. Apud J. Maitron, ibid.

Na última seção, Almereyda e Yvetot foram confirmados em seus cargos na direção da AIA francesa.

No Congresso de Saint-Etienne é que Almereyda pôde conhecer melhor um homem que viria a ter grande importância em sua vida, Hervé.

Gustave Hervé tinha na época 34 anos. Desde 1901, vinha sobressaindo-se por suas campanhas antimilitaristas. Havia militado, de início, no departamento de Yonne, na Federação Socialista, ao mesmo tempo em que era professor titular de história no liceu de Sens. Escrevia para o órgão da federação, o *Travailleur Socialiste*, e seu suplemento, *Pioupiou de l'Yonne* [*Soldado-raso do Yonne*], distribuído aos recrutas do departamento quando de sua ida para o quartel, artigos extremamente violentos assinados por um pseudônimo: "um sem-pátria", que ainda cheirava às polêmicas do caso Dreyfus.

Não demorou para que a Justiça o processasse por um dos artigos, e Gustave Hervé teve que sair do anonimato para se apresentar perante o tribunal. Defendido pelo advogado socialista Aristide Briand, foi inocentado, embora o artigo acarretasse sua exclusão da universidade. Verdade é que, no meio-tempo, publicara no *Travailleur Socialiste* outro artigo, intitulado "O aniversário de Wagram", que ficou famoso e pelo qual seria criticado até 1914. Um parágrafo deste artigo, melhor dizendo, é que ficou famoso e não deixaria de ser citado em todas as circunstâncias, durante treze anos, por seus amigos e por seus inimigos, e que ele próprio se veria obrigado, durante toda a primeira fase da sua vida de publicista, a defender, explicar ou interpretar. Só conseguiria libertar-se negando o conjunto de sua atividade revolucionária. Aqui está:

> Enquanto existirem casernas, para a edificação e moralização dos soldados da nossa democracia, e para desonrar aos seus olhos o militarismo e as guerras de conquista, gostaria que se juntassem, no pátio

> principal do quartel, todo o lixo e toda a imundície da caserna e que, solenemente, em presença de todas as tropas de uniforme a rigor, ao som de música militar, o coronel, empenachado, viesse plantar ali a bandeira do regimento.[28]

Ao percorrer as quatrocentas comunas do Yonne em turnês de conferências, Hervé conquistara para as suas ideias, e para si próprio, imensa popularidade entre os camponeses. Mas esta popularidade não ultrapassava os limites do departamento. Ele só começou a ser nacionalmente conhecido a partir de 1904, por ocasião de um comício no Tivoli-Vaux-Hall, realizado no final de um dos congressos preparatórios da unidade socialista. Estava ali, como mandatário dos camponeses do Yonne, para comunicar aos socialistas parisienses que, em caso de guerra, "eles não iam marchar". E o "homenzinho, gordo e cheio, de rosto jovial, lornhão atravessado, voz de inflexões estranhas que iam dos sobreagudos às cavernosas profundezas dos baixos nobres, pôs-se a explicar o que entendia por antimilitarismo".[29] Detalhou as três fases em que deveria se dividir a operação – resistência passiva, recusa formal e insurreição. O público do congresso se comoveu ante a clareza e a violência do seu discurso. Isso, porém, não era nada se comparado ao alvoroço na imprensa do dia seguinte. A grande imprensa informava aos burgueses o nome do virulento inimigo. Entre os socialistas, Gustave Hervé era apontado como *enfant terrible*.

Almereyda e Hervé imediatamente simpatizaram um com o outro, e decidiram que juntos fariam grandes coisas. Para começar, era preciso dar à AIA maior vitalidade por meio de uma boa sacudida país afora.

---

28. "L'Anniversaire de Wagram", na coletânea de G. Hervé, *Mes crimes*. Paris: Éditions de la Guerre Sociale, s. d. (provavelmente março de 1912).
29. Victor Méric, *À travers la jungle politique et littéraire*. Paris: Librairie Valois, 1930.

Hervé teve a idéia de fazer, em nível nacional, o que fazia todo ano em seu departamento com o *Pioupiou de l'Yonne*: lançar um apelo aos recrutas quando estivessem saindo para o treinamento.

Em outubro, portanto, foi afixado nos muros de Paris o "cartaz vermelho", assinado pelos membros do comitê nacional eleito em Saint-Etienne,[30] o qual dizia aos futuros soldados que "toda guerra é criminosa. À ordem de mobilização, respondam com a greve imediata e com a insurreição".[31]

Os signatários seriam processados perante um tribunal aberto nos últimos dias do ano.

Enquanto isso, Kropótkin, o mais autorizado representante do pensamento anarquista no mundo, escrevia a respeito deste cartaz um artigo em *Les Temps Nouveaux*, de Grave, no qual procurava esclarecer melhor a posição dos anarquistas em relação à guerra. Escrevia:

> Que não se compreenda a nossa propaganda de modo equivocado. Caso a França seja invadida por alguma potência militar, o dever dos revolucionários não será cruzar os braços e deixar carta branca aos invasores. Seu dever será dar início à revolução social e defender o território da revolução para lhe dar continuidade. A expressão 'greve dos recrutas' não diz o suficiente. Tem o inconveniente de calar sobre o objetivo essencial da propaganda e dá margem a interpretações equivocadas. Nada diz sobre a revolução e nada diz sobre a necessidade em que se verão os revolucionários de defender, armas na mão, das hordas burguesas e imperialistas

---

30. Amédée Bousquet, Clément, Urbain Gohier, Roger Sadrin, Gustave Hervé, C. Desplanques, Miguel Almereyda, Amilcare Cipriani, Le Guéry , Félicie Numietska, Laporte, Lazare Rogeon, Georges Yvetot, Pataud, Louis Perceau, Nestor Bosche, Arnold Bontemps, Le Blavec, Castagné, Louis Grandidier, Duberós, Eugène Merle, René Mouton, M. Frontier, Garnery, P. Chanvin, Nicolet, Émile Coulais.
31. O texto do cartaz está reproduzido em G. Hervé, *Mes crimes*, op. cit.

> dos invasores alemães, ingleses e, quem sabe, russos, cada polegada do território francês que tiver entrado em revolução...[32]

No *Libertaire*, Almereyda, que se tornara de fato o principal redator, retomava com entusiasmo as idéias de Kropótkin sobre a necessidade, caso estourasse a guerra, de se fazer imediatamente a Revolução e defender o território dominado pelas forças revolucionárias. Tal como ele, considerava as expressões "greve dos recrutas" e "insubmissão dos reservistas" incompletas e equívocas e, de modo amigável, aconselhava Hervé a "ir além". O restante do artigo era muito mais influenciado pelas notícias da Rússia, que estava em plena revolução depois da guerra com o Japão, do que pelo artigo de Kropótkin. "O que se deve dizer e propagar é que a guerra é uma das necessidades táticas da tarefa revolucionária. Mais do que nos opor, por razões sentimentais, às carnificinas internacionais, temos que tirar proveito, para fins de revolução social, das situações particulares criadas por uma guerra."[33]

Kropótkin, porém, voltando à carga na semana seguinte para melhor explicar seu pensamento, chega a uma posição ambígua. Depois de reafirmar a ideia de fazer a Revolução e correr em seguida para as fronteiras, acrescenta:

> Por ter vivido a reação social e intelectual dos últimos trinta anos é que acredito que os antimilitaristas de todas as nações deveriam defender qualquer país invadido por um Estado militar e demasiado frágil para defender a si próprio, principalmente a França, quando for invadida por uma coalizão de potências burguesas que detestam, sobretudo no povo francês, seu papel de vanguarda da revolução social...

---

32. *Les Temps Nouveaux*, n. 26-28 out. 1905, apud J. Maitron, op. cit.
33. *Le Libertaire*, 5-12 nov. 1905.

Era este, para os libertários, um novo posicionamento, e foi muito debatido. Almereyda ateve-se, *pro forma*, aos posicionamentos da semana anterior, embora se note, na série de artigos que ainda publicaria sobre o assunto, alguma hesitação. Afirmava ele que não queria ser confundido com a "turma de Jaurès-Gérault-Richard, [que] fala em defender o território da Revolução mas, compreenda-se, da Revolução passada", porém concluía afirmando enfaticamente que não "se pode, contudo, a pretexto de antipatriotismo, desconhecer que os inimigos da emancipação operária não são apenas os dirigentes franceses".[34] Ele não queria, de jeito nenhum, assumir uma atitude passiva em relação à guerra. Polemicamente, junto com Charles-Albert, do *Temps Nouveaux*, então criticado por Kropótkin e que escrevia: "Antes nos deixarmos fuzilar pelos burgueses franceses do que assassinar, em nome da Revolução, nossos irmãos alemães, ingleses ou russos!", Almereyda exclamava, indignado: "Como! Por uma ridícula consideração de 'lógica anarquista', devo deixar-me degolar? Ora, vamos! Ante a obrigação de matar ou ser morto, o indivíduo, cioso de sua conservação, mata". Mas é exatamente pela Revolução que será possível driblar esta escolha, levando "ao conhecimento dos soldados estrangeiros a atitude fraternal que ela pretende assumir em relação a eles. E esses soldados "hesitarão em entrar em conflito com comunas insurretas, decididas a só lutar contra eles caso eles mesmos deem sinais de hostilidade".[35]

Respondendo nas próprias colunas do *Libertaire*, Charles-Albert, com razão, observava que embora estivesse aparentemente defendendo Kropótkin, Almereyda defendia ideias muito distintas e que, segundo o anarquista russo, era necessário defender a França porque ela era, não o país onde anteriormente se fizera a Revolução, mas o país da Revolução.

---

34. *Le Libertaire*, 12-19 nov. 1905.
35. *Le Libertaire*, 19-26 nov. 1905.

Almereyda, no entanto, estava atrelado a tarefas mais urgentes e, no mesmo número do jornal em que se publicava o artigo do seu opositor, as duas primeiras páginas estavam tomadas por uma imensa reportagem dedicada à defesa de seus amigos Malato e Vallina, e outros dois companheiros, Caussanel e Harvey, que estavam para ser julgados como responsáveis do caso da rua de Rohan. Tratava-se de um caso obscuro, como muitos outros do gênero. Na noite de 31 de maio para 1º de junho, o carro que transportava Alphonse XIII e o presidente, à saída da Ópera, recebeu duas bombas na esquina da rua de Rohan com a rua de Rivoli. Somente uma explodiu, ferindo dezessete pessoas e quatorze cavalos. Nem o rei, nem o presidente foram atingidos. A polícia sabia que um atentado estava sendo preparado e já havia detido Vallina e o inglês Harvey. Posteriormente, envolveu Malato e o tal Caussanel, depois de tentar comprometer igualmente Jean Grave.

Os longos artigos-reportagens de Almereyda, muito bem conduzidos, nos quais ele tentava demonstrar que se tratava de uma provocação policial, parecem de fato ter contribuído para a absolvição geral dos acusados. Se a tese da provocação policial era, antes de mais nada, polêmica, a inocência dos acusados, em compensação, estava bem demonstrada. O culpado, que nunca foi detido, seria, como aponta Maitron, um anarquista espanhol, Aviño, conhecido pelo nome de Alexandre Farras.

Uma vez ganha esta batalha, em 27 de novembro, Almereyda teve que se preparar, às pressas, para outra, representada por seu próprio comparecimento, em 30 de dezembro, ao Tribunal do Sena, junto com Hervé, Yvetot, Urbain Gohier e demais signatários do "cartaz vermelho", com exceção dos escritores Han Ryner e Laurent Tailhade. Haviam usado a assinatura de ambos sem autorização, e eles tinham se dessolidarizado tão logo foi afixado o cartaz. Tailhade, com seu temperamento de panfletário, rompera ruidosamente com os anarquistas.

No seu discurso, Hervé tentou definir com exatidão a doutrina dos antimilitaristas. Era evidente, porém, que falava – aliás, de modo notável – principalmente por si próprio enquanto socialista revolucionário e marxista, embora jamais citasse Marx. Almereyda foi defendido pelo deputado socialista dr. Meslier, que usou de demagogia sentimental, enquanto nos deixava um retrato do jovem militante:

> Se o meu ilustre amigo Enrico Ferri, o grande cientista italiano e deputado socialista de Roma, estivesse nesta sala, apontaria, em Almereyda, todos os inatismos latinos. Sob a pele fina e branca do seu rosto, protegido por compridos cabelos pretos, corre uma rica e fina rede de fibrilas nervosas e veias tênues; a mínima emoção contrai as primeiras e dilata as segundas, e então a fisionomia se anima, a tez ganha um colorido que logo se reflete na fala harmoniosa, vibrante, potente e ampla.[36]

Em sua declaração, muito corajosa, provocadora até, Almereyda não soube disfarçar uma confusão e uma pobreza ideológicas evidentes. Conseguiu, porém, abalar seriamente a acusação, baseada na afirmação, entre outras, de que o movimento antimilitarista era uma via de mão única, quando apresentou a prova da existência de uma seção ativa da AIA na Alemanha.

Testemunha da defesa, Jaurès, depois de uma observação sobre a heterogeneidade de pensamento entre os acusados, passou-os em revista e, a respeito de Almereyda, ponderou que ele, nas suas polêmicas do *Libertaire*, afirmava ser "impossível declarar de antemão que não vamos nos defender, até pelas armas, da intervenção de um estrangeiro que estivesse contra nós, contra as liberdades republicanas, agente da reação internacional".[37]

---

36. Dr. Adrien Meslier, *Un côté de la question sociale: plaidoirie pour le procès des antimilitaristes*. Paris: Jean Allemane, 1906.
37. *Le Libertaire*, 6-13 jan. 1906.

Os acusados receberam diferentes condenações.[38] O socialista italiano Amilcare Cipriani e a militante Félicie Numietska foram absolvidos.

Nas semanas seguintes, os condenados que ainda não haviam sido presos provocaram agitação. Almereyda preparou uma outra edição do cartaz condenado, incluindo mais 2.500 novas assinaturas.

Yvetot, entretanto, desde fevereiro de 1906, percebera que a seção francesa da AIA vinha definhando. Queixava-se da paralisia do movimento apesar, enfatizava, de todo o esforço de Almereyda. O comitê nacional já não se reunia. Yvetot propôs a criação de um novo comitê nacional que viesse a nomear uma diretoria. Lembrou que, de um momento para outro, o secretário honorário, ou seja, ele próprio, "Miguel Almereyda, o secretário efetivo, e Mouton, o tesoureiro, podem ir para trás das grades. Que não se espere chegar este momento para substituí-los". Yvetot aproveitou o ensejo para fazer uma crítica ao passado:

> Já não há necessidade de um secretário honorário! Tampouco de um secretário que não é administrador, e não tem o menor tino para a organização; um tesoureiro sem dinheiro é um inútil funcionário. Contudo, é preciso que haja um e, para que se torne útil, o secretário deve saber lhe dar oportunidade de ser útil, ou seja, deve saber administrar.[39]

Pela primeira vez, a incapacidade administrativa de Almereyda, que mais tarde acarretaria graves consequências, era colocada em evidência.

Os condenados foram detidos dias depois, deixando a organização acéfala. Félicie Numietska assumiu a secretaria e tentou manter a AIA

---

38. Paulo Emílio, no original, pretendia indicar a soma dos anos de prisão a que foram condenados os acusados, mas, aparentemente, não obteve a informação. [N.O.]
39. *Le Libertaire*, 4-11 fev. 1906.

viva. Mas a AIA vegetava. O novo cartaz foi, contudo, afixado. Falou-se até mesmo, embora vagamente, num segundo congresso, internacional e nacional. Nem um nem outro chegaram a se realizar.[40]

No entanto, o movimento de solidariedade para suprir as necessidades materiais das famílias dos presos alcançou alguma amplitude. Mas isto foi graças, principalmente, a um "Comitê de Defesa Social" criado recentemente e que vinha assumindo várias atividades da AIA. Esta se achava em vias de extinção. Alguns militantes, como o companheiro da seção de Reims, que assinava Nada, atribuíam aquela decadência ao fato de que "os anarquistas se corromperam nas seções da AIA, no contato com os coletivistas".

Em todo caso, na prisão de Clairvaux, o anarquista Almereyda e o coletivista Hervé vinham se entendendo cada vez melhor. A cultura histórica de Hervé descortinava para Almereyda, autodidata um tanto ignorante, perspectivas desconhecidas. Hervé, por sua vez, descobria em Almereyda um ardor revolucionário que, aos seus olhos, estava terrivelmente ausente nas fileiras do Partido Socialista.

---

40. Domela Nieuwenhuis tentaria, em agosto de 1907, aproveitar a presença, em Amsterdã, dos militantes vindos para o congresso anarquista, para realizar o II Congresso Internacional da AIA, mas seria impedido por Malatesta. Ver *Congrès anarchiste tenu à Amsterdam, août 1907*. Paris: La Publication Sociale, 1908.

LA GUERRE SOCIALE

Certo dia, Almereyda recebeu na prisão carta do seu amigo Henri Fabre, sugerindo que fosse lançada uma subscrição para a criação de um novo jornal revolucionário. Quase ao mesmo tempo, Merle, que havia sido solto há um mês, escrevia-lhe no mesmo sentido, sem ter falado com Fabre. Tratava-se, para Merle, de um jornal dos condenados do cartaz. Consultado, Hervé disse que já havia pensado nisso. Acreditava que anarquistas como Almereyda ou Merle estavam muito próximos de socialistas como ele, e que parecia chegada a hora de compor o bloco revolucionário.

Fabre lançou a subscrição, Merle enviou incontáveis cartas em que mencionava tiragens de 100 mil, 200 mil até... A cada nova carta, Hervé, prudente e cético, aconselhava: divida por dez. Em Clairvaux, discutia-se antes de mais nada o título do novo veículo. Consta que Grandidier andou se gabando, mais tarde, de ter achado o nome de *Guerre Sociale*. Ele, na verdade, havia sugerido *La Torche*, rejeitado com uma gargalhada geral, e a Hervé é que se deve o título *Guerre Sociale*.

Seriam todos libertados em seguida, por uma anistia datada de 14 de julho e, durante alguns meses, esqueceram um pouco do projeto. Hervé se preparava para o exame da Ordem dos Advogados. Merle e Almereyda começaram a trabalhar na Librairie du Progrès, o primeiro como representante, o outro como redator do *Dicionário La Châtre*, e procuravam, sem sucesso, fazer reviver a AIA.

Fabre recebeu certo dia carta de dois subscritores que, juntos, tinham enviado 1,30 franco, perguntando o que era feito do dinheiro angariado. Muito chateado, comunicou a Almereyda e Merle que ia reembolsar os subscritores. Almereyda compreendeu que isso equivalia a proibir novas subscrições, pediu um prazo de três dias e correu a falar com Hervé. Encontrou seu amigo bastante reticente. Este temia uma aventura arriscada e imaginava que o título de redator-chefe que Almereyda pretendia lhe oferecer pudesse indispor os militantes. Mas Almereyda soube insistir e convencê-lo. Disse-lhe:

> Você é, e sabe disso, um animal revolucionário. Um jornal em que você seja simples redator não vai pegar! Um jornal que passe, aos olhos do grande público, por ser o 'seu' jornal, esse sim vai pegar... E se os nossos amigos se sentirem ofendidos, azar deles! Só parece andar a reboque de alguém quem assim permitir![41]

Dois dias depois, os duzentos francos da subscrição de Fabre pagariam os cartazes anunciando o lançamento do *Guerre Sociale* para 9 de dezembro de 1906. Em seguida, Almereyda reuniu os amigos para conseguir os fundos necessários para o lançamento. Quando saiu o primeiro número, sobravam 49 francos em caixa.

O semanário saía às quartas-feiras. Hervé redigia o editorial que lhe dava o tom. Almereyda era o secretário de redação, e Merle, o administrador. Eram também os principais redatores. Os demais eram

---

41. *Le Bonnet Rouge*, 25 dez. 1915. M.A.: "*Comment nacquit* la Guerre Sociale". [Como nasceu o *Guerre Sociale*]. Transcrição de um artigo publicado no almanaque do *Guerre Sociale*.

F. Stackelberg, Georges Yvetot, A. Bruckère, Charles Malato, Grandjouan, Charles Desplanques, Harmel, Auguste Garnery, Victor Méric, Henri Fabre, R. Louzon, Émile Janvion, Fernand Desprès, uma sábia dosagem de anarquia, socialismo e sindicalismo.

Sendo *La Guerre Sociale* o jornal de todas as correntes, sem exceção, Hervé deduziu, no artigo de apresentação, que não seria redundante em relação ao *Les Temps Nouveaux*, *Le Libertaire* ou *L'Anarchie*, nem ao *La Voix du Peuple*, da Confederação Geral do Trabalho, nem tampouco ao *Le Socialiste*, menos ainda ao *L'Humanité*. Seu objetivo seria o de "arrebatar as massas para a próxima insurreição, tão logo uma guerra, uma greve geral ou qualquer outra circunstância imprevista permita que ela seja tentada com alguma chance de êxito".[42]

E *La Guerre Sociale* se lança em busca da insurreição. Desde o início, critica a classe operária organizada no sindicalismo. Esta, de fato, tornara-se considerável e, dois meses antes, em Amiens, os sindicalistas revolucionários não só tinham reafirmado sua autonomia perante o Estado e os partidos, como tinham deixado claro o seu desejo de independência em relação às "seitas". As "seitas" eram, basicamente, os vários agrupamentos libertários. Para os sindicalistas puros, o *Guerre Sociale*, conglomerado de "seitas" tendendo a redundar num partido, era duplamente suspeito.

Não demorou para que começassem a atacar violentamente a classe operária como um todo. Em junho de 1907, *La Guerre Sociale* ostenta a manchete "A pusilanimidade operária" [La veulerie ouvrière] e Hervé escreve, desanimado:

> A apatia é generalizada, a não ser que se trate de um aumento de salário: só então se arriscam a fazer greve.

---

42. *La Guerre Sociale*, n. 1, 19-25 dez. 1906.

> Mas quando prendem os militantes, deixam suas famílias passando fome, atentam contra os direitos da propaganda, isso não comove ninguém; enquanto não são pessoalmente afetados, nossos bons proletas não sentem nada.[43]

Almereyda era mais realista e constata, resignado, "que somente a ação coletiva dos operários agrupados no terreno sindical é capaz de ferir profundamente a organização social", ao mesmo tempo em que expressa saudades do tempo em que um grupinho organizado conseguia, no dizer de Urbain Gohier, "se apossar da tralha toda".[44]

Isso tudo vinha em função dos tumultos ocorridos nas vinícolas do Sul e da imobilidade da classe operária diante dos acontecimentos. "E as causas determinantes do movimento insurrecional das províncias meridionais acaso não têm raízes operárias?", inquiria Almereyda, no mesmo artigo. E respondia, sem hesitar: "Ora, pouco importa! O essencial não é que o poder seja ignorado, a legalidade, escarnecida, a ordem burguesa, atacada?". Algum tempo antes, criticando uma manifestação organizada pela CGT, Almereyda não se conformava com os militantes, que por uns quinze minutos tinham tido Lépine entre as mãos, e não aproveitaram para lhe aplicar um corretivo, ou pelo menos, ridicularizá-lo: "Que tal, um Lépine de barbicha e cabelos raspados, só de meias e fraldas de camisa ao vento, dá para imaginar?".[45]

Ao afirmar que o essencial era que a "legalidade fosse escarnecida", e procurando o brilho na recusa dos vinhateiros em pagarem seus impostos, ou na ridicularização infligida ao chefe da Polícia, Almereyda dava mostras da confusão ideológica em que os obstáculos da realidade

---

43. *La Guerre Sociale*, 8-14 mai. 1907.
44. *La Guerre Sociale*, 19-25 jun. 1907.
45. *La Guerre Sociale*, 23-29 jan. 1907.

o haviam mergulhado. Depois de compreender a estreiteza e ineficácia do "antimilitarismo" que por muito tempo lhe servira de ideologia, voltara-se naturalmente para aquela classe operária que tantos anarquistas haviam contribuído para organizar. E eis que a CGT, instada por ele e por seus amigos a se lançar na briga do Sul, respondia friamente que não era esse o seu papel, que não era um órgão diretivo e que a iniciativa teria de partir das bases.

Entretanto, em outro lugar, e por iniciativa das bases, outros homens também tinham se negado a participar do caso dos vinhateiros. Mas este era um acontecimento positivo para Almereyda. Os soldados do 17º Batalhão de linha, em Narbonne, ao receberem instruções para restabelecer a ordem, tinham se amotinado.

O antigo antimilitarismo da equipe do *Guerre Sociale* – que já se achava em pleno "militarismo revolucionário" – reacendeu-se de súbito. Escreveram artigos e mais artigos enaltecendo os amotinados. No dia 14 de julho, foi aos gritos de "viva o 17º" e "A Narbonne" que Almereyda e seus amigos vaiaram o presidente da República que "acenava graciosamente".[46] À passagem de Clemenceau, então chefe do governo, os gritos recomeçaram, mas Almereyda em seguida foi ferido na cabeça e na nuca pelos policiais, e detido.

O *Guerre Sociale* fez o possível, quando da expedição ao Marrocos, para que fosse imitado o gesto do 17º, mas em vão.

Clemenceau era naquele momento o principal inimigo, para os demais revolucionários e para o *Guerre Sociale*. De tanto odiá-lo, o jornal chegava, às vezes, a dar a impressão de querer qualquer tipo de revolução, e a escrever, sob uma enorme manchete: "Abaixo a República", e que, por culpa de Clemenceau, "tamanho é o desgosto que, caso os antigos partidos monarquistas tivessem um mínimo de energia, poderiam

---

46. *La Guerre Sociale*, 17-23 jul. 1907.

varrer esta corja republicana que nos governa sem que nenhum de nós erguesse um dedo sequer para defendê-la".[47]

Maurras, Pujo e seus amigos apuram os ouvidos. Não poucas vezes tinham ouvido esta ladainha nos jornais de vanguarda, não raro tinham visto esta indiferença pelo regime.

As equipes do *Action Française* e do *Guerre Sociale* teriam, em breve, a oportunidade de se conhecer melhor: na prisão.

Os constantes apelos à rebelião lançados aos soldados valeram ao *Guerre Sociale* uma chuva de condenações. Almereyda ganhou pessoalmente, em abril de 1908, dois anos de prisão pelo elogio ao 17º, além de um ano por um artigo sobre a expedição ao Marrocos, sem falar nas semanas adicionais de correcional por ofensas a Clemenceau. Pouco depois, a equipe inteira, Almereyda, Merle, Marchal, com Hervé à frente, encontrava-se na Santé.

Veio em seguida juntar-se a eles grande número de sindicalistas de base, o desenhista Delannoy e Victor Méric, que mais tarde escreveria suas memórias sobre esta estada na Santé. Nelas, encontramos um "Almereyda muito arguto, de uma eloquência tocante e cativante, mas de uma cultura rudimentar", enveredando em discussões com Merle, sempre gaguejante: "Eu... eu... digo que a con... con... quiquis... quista do pão".[48] Almereyda, impaciente, nunca o deixava concluir: "Cale a boca, o pão não é nada. A revolução é a conquista do brioche".

Almereyda se sentia, naquele momento, muito seguro de si. Na presença de Hervé, que aproveitava as estadas na prisão para ministrar aos seus jovens amigos aulas de história e de política, sentia-se como

---

47. *La Guerre Sociale*, 17-23 abr. 1907.

48. No original: *Je... je... dis que la con... con... quê quête... quête du pain. La conquête du pain*, conquista do pão, fragmentada pela gagueira de Merle, resulta nesta sucessão de *con* (vulva, em gíria) e *quéquette* (pênis, em linguagem infantil). [N. T.]

quem já aprendeu tudo o que é necessário saber. Chegou a duvidar da autoridade do "general", como todos, depois de Almereyda, passaram a chamá-lo afetuosamente, por causa de um paletó que ele mandara fazer, por economia, de um antigo uniforme militar do irmão, e também por causa do espantoso conhecimento que tinha Hervé de todos os detalhes das batalhas napoleônicas. Se lhe era difícil colocar o "general" em xeque nas grandes questões, compensava nas pequenas, mistificando o pobre Hervé. Este pretendia ser, era a sua única vaidade, grande conhecedor de vinhos, e Almereyda, enchendo uma garrafa de *grand cru* com o vinho da prisão, provou que ele não era, para grande satisfação de Merle e Méric, e sem que o interessado desconfiasse de nada, pois Almereyda jamais teria se permitido magoar o amigo mais velho, por quem nutria, para além da diferença de idade, uma afeição filial.

Os detentos, que nunca deixavam de exigir das autoridades um tratamento compatível com sua condição de "políticos", chegaram ao ponto de reivindicar o direito de ficarem a sós, nas suas celas, com parentes e amigos durante as visitas. Depois de muita insistência, e de várias cartas de Almereyda, encaminhadas pela administração, Clemenceau acabara por conceder tal autorização para a mãe, o pai e a esposa legítima, *legítima*, ele enfatizou, compreendendo perfeitamente do que se tratava. Foi uma consternação geral, já que nenhum deles se achava em regra com a lei. Almereyda tornou a escrever a Clemenceau, desta vez uma carta extensa, explicando-lhe que, nos meios revolucionários, não se dava a menor importância a cerimônias legais, e citando como exemplo seu caso pessoal, ele que há muito tempo vivia com uma companheira, com a qual tinha um filho. Além disso, não conseguiu deixar de reunir na missiva todos os argumentos anarquistas em favor da união livre. Dizem que, ao tomar conhecimento da carta, o chefe do governo explodiu: "Ora essa, eles estão é me gozando!", mas acabou aceitando, com uma única restrição: "Que recebam suas mulheres, vá lá! Mas, cuidado! Faço questão que sejam sempre as mesmas!". Estava perfeito e todos ficaram encantados, com exceção do bom Marchal, gerente do *Guerre Sociale* que tinha brigado com a namorada na véspera de dar entrada na prisão. Almereyda estava radiante, e não era apenas à sua vida conjugal que ele às vezes dava seguimento em sua cela, na maior discrição, mas também à intimidade de uma vida familiar. Festejou o Natal com Emily e Nonô, que já tinha mais de três anos e ali recebeu seus presentes.

O governo Clemenceau também estava às voltas, naquele momento, com os monarquistas, cuja atividade vinha se tornando cada dia mais virulenta. Não raro apareciam uns Camelôs do Rei[49] para passar uns dias ou semanas na Santé, e houve um momento em que se encontraram ali todos os assessores imediatos de Maurras e Daudet: Pujo, Maxime Real del Sarte, André Gaucher e Plateau. Tiveram com os revolucionários uma convivência harmoniosa.

Os monarquistas, há muito tempo, julgavam poder contar com a neutralidade dos sindicalistas e revolucionários na luta que os opunha à república burguesa. No *Action Française*, esboçou-se mais tarde uma tendência que acreditava na possibilidade de uma aliança entre a extrema direita e a extrema esquerda na sua luta contra os governos republicanos, chegando inclusive a cogitar uma síntese dos dois movimentos. Quando Georges Valois, discípulo de Sorel, juntou-se em 1906 ao *Action Française* na expectativa de atrair bases operárias para a monarquia nacionalista, houve quem acreditasse que era chegado esse momento. Mas não era, embora nem por isso deixassem de cortejar os revolucionários antiparlamentaristas tão logo surgisse uma oportunidade.

Ao mandar distintos monarquistas passarem um período junto aos revolucionários, Clemenceau oferecia-lhes nova oportunidade de tentar uma aproximação. No plano humano, Maxime Real e Gaucher

---

49. Partidários da realeza que vendiam jornais monarquistas. [N. T.]

se entendiam facilmente. Já Pujo procurava a junção política. Plateau era incapaz de uma e outra coisa. Muito piedoso e batalhador, o futuro chefe das tropas de combate dos camelôs e organizador da polícia de Daudet só falava em "dar pancada".

Os "monarquistas" se mostravam, nas discussões, muito compreensivos com o posicionamento dos seus adversários. Pujo resume, num artigo, o que era então seu discurso:

> Quanto ao antimilitarismo, ao antipatriotismo, Maurras, sem justificá-los, mil vezes explicou suas causas. Quanto ao resto: a organização da sociedade com base no trabalho – o sindicalismo – queremos, essencialmente, o que vocês mesmos reivindicam.[50]

As aproximações dos monarquistas, porém, não se manifestavam apenas no plano teórico. Expressavam-se também pela corrupção, sob forma de auxílio financeiro a alguns militantes sindicalistas de base. Um deles, além dos recursos que já recebia do seu sindicato, aceitou o dinheiro dos monarquistas. Ao saber disso, Almereyda ficou furioso e, depois de repreender seriamente o militante, procurou Pujo a fim de denunciar a imoralidade da manobra e intimar os monarquistas a não mais se envolverem nos assuntos dos revolucionários.

Durante as longas noites de inverno, quando, cansados das discussões, passavam para a cantoria, surgia outro tipo de dificuldade: Almereyda, com sua bonita voz timbrada, cantava as estrofes de *Tisserands*, e os monarquistas, *Monsieur d'Charrette*. Os sindicalistas, tirante a *Internacional*, só conheciam a *Carmanhola* e, sem se importar com o público, em boa parte constituído de camelôs católicos, entoavam cheios de alegria:

---

50. *L'Action Française*, 17 jun. 1909, apud Méric, op. cit.

O Cristo para a lixeira!
A Virgem para o chiqueiro
E ao Diabo com o Papa...[51]

Plateau ficava furioso e queria *dar pancada*. Foi a vez de Pujo interceder junto aos *responsáveis* entre os revolucionários. Ateu, tal como Maurras, ficava muito à vontade para explicar educadamente a Méric: "Meu caro amigo... Esta *Carmanhola*!... Há crentes, entre nós, que sofrem terrivelmente ao escutar esse tipo de insulto. Você não poderia explicar isso aos seus colegas?...".

Por pouco não se arma uma briga entre os dois grupos, dia 14 de julho. Num jardim da Santé, os detentos se divertiam inaugurando, para os homens célebres, monumentos fabricados com os recursos disponíveis. Uma caveira com bigodes ferozes representava Clemenceau. Espetada na ponta de um cabo de vassoura, fora fabricada por Méric, com betume, e obtivera a aprovação de todos. Maxime Real del Sarte, para o 14 de julho, confeccionara uma medonha cabeça de "Marianne" toda manchada de vermelho, que deveria representar a República decapitada. Os monarquistas pretendiam exibir a obra nos horários de visita. Os revolucionários protestaram e, às pressas, Marchal confeccionou uma efígie, igualmente repulsiva, de Philippe, "o herdeiro de quarenta reis", que também deveria ser inaugurada na presença dos visitantes caso os camelôs teimassem em apresentar a sua. Depois de muita discussão, as duas estátuas foram retiradas, mas Pujo, ao que parece, ficou atônito: "Como assim? Vocês... vocês... republicanos?".

Apesar desses incidentes miúdos, ao sair da Santé, Pujo tinha expectativas muito otimistas para este vínculo que tinham estabelecido, e escrevia:

---

51. No original: "Le Christ à la voirie!/ La Vierge à l'ecurie/ Et le Saint-Père au Diable...". [N. T]

> Os governos que nos puseram em contato já viram acontecer algumas vezes, nas batalhas eleitorais ou parlamentares, coalizões entre gente de extrema esquerda e de extrema direita. O que eles nunca viram, e nunca teriam imaginado, é que essas pessoas pudessem 'compreender-se mutuamente' [...] Os espíritos lógicos e leais, determinados a ver as coisas por todos os ângulos possíveis, percorrem um ciclo completo. Partindo dos pontos mais distantes, aparentemente de costas um para o outro, os espíritos, à medida que avançam, inevitavelmente se aproximam.
>
> Temos aí um motivo de alarme, tanto para o sr. Piou como para o sr. Jaurès. Temos aí combustível para alimentar o grande complô do sr. Clemenceau. Indico-lhe, porém, os primeiros culpados que ele terá de mandar prender. Para começar, ele próprio, que reuniu os conspiradores e lhes forneceu este excelente local: a ala dos presos políticos da Santé. Depois, esses dois outros conspiradores eminentemente suspeitos e perigosos chamados: Natureza-das-Coisas e Progresso-das-Ideias.

Pujo prossegue o elogio dos seus novos amigos:

> Ocorre que Almereyda, catalão de sangue quente, de uma energia implacável, é uma bela inteligência; que Merle, marselhês muito refinado, é um colega dos mais encantadores; que Delannoy, por trás da reserva de homem do Norte, esconde uma arguta capacidade de observação, uma elevada consciência artística e muito talento; que Marchal, enfim, é o melhor dos homens.[52]

Se Hervé não aparece entre os homenageados, é porque lá pelo início de 1909 ele já tinha cumprido sua pena e, enquanto esperava os amigos

---

52. *L'Action Française,* 17 jun. 1909, apud Méric, op. cit., de onde foram extraídos todos os elementos deste trecho.

que permaneciam na Santé, reassumira a direção efetiva do jornal decapitado. Ele já não se sentia o revolucionário científico agindo com base num conhecimento frio do mecanismo de ascensão das classes na história, e à espreita da arrancada proletária. O menosprezo dos cegetistas pelos "políticos" o exasperava.

> Quanto aos revolucionários de gabinete da ação direta, não perdiam a menor oportunidade de debochar do 'revolucionarismo romântico' ou do 'romantismo revolucionário'. Tanto uns como outros ainda não entenderam que o romantismo revolucionário é hoje, como era quarenta, mil anos atrás, a única forma de mexer com a alma das multidões visando uma obra coletiva.
>
> Eu imaginava que as chibatadas de Clemenceau acabariam despertando o antigo espírito romântico e insurrecional dos revolucionários deste país.
>
> Vã esperança![53]

E, concluindo, Hervé cita mais uma vez em exemplo o ardor combativo dos jovens Camelôs do Rei, e do *Sillon* [Sulco], de Marc Sangnier, até então duríssimamente tratado pelo *Guerre Sociale*.

Hervé, que em agosto de 1909 se via às voltas com problemas administrativos sobre os quais nada entendia, pôde anunciar, no mesmo número que dava as primeiras notícias dos acontecimentos sangrentos na Catalunha, que Merle fora libertado.

> Mas e o que dizer do caso de Miguel Almereyda, nosso secretário de redação? Como Merle, pegou dois anos pelo caso lá do Sul; a anistia referente ao caos do Sul não se aplicava a ele, é o que dizem. Também como a Merle, tinham-lhe 'dado aumento' de um ano pelo caso do Marrocos.

53. *La Guerre Sociale*, 10-16 fev. 1909.

> Deveria ter saído com Merle. Ocorre, porém, que Miguel não quer fazer seu pedido de liberdade condicional: uma simples formalidade que nada tem de humilhante; mas ele não quer se submeter a ela. Por esse motivo, vai continuar à sombra mais dezoito meses, apesar de uma saúde que está longe de ser boa, como sabem todos os seus amigos.[54]

Embora não efetuassem nenhum pedido de liberdade condicional, Almereyda e Méric sairiam alguns dias depois mas, em vez de pensar na sua saúde, que estava mesmo precisando de cuidados, Almereyda se lançou ato contínuo na campanha em favor de Ferrer.

O caso Ferrer teve como primeiro resultado dar um fim à troca de sorrisos entre monarquistas e revolucionários. Falando sobre a equipe de *L'Action Française*, o *Guerre Sociale* se pergunta "por que estão sempre tentando flertar com os revolucionários, enquanto não param de denegrir seus camaradas estrangeiros, como faz esse tal Jacques Bainville com o fundador da Escola Moderna".[55]

O desencadeamento da reação clerical na Espanha trouxera, na França, um pouco mais de ordem à vida política.

Recém-nascido, o *Guerre Sociale* tomava parte da primeira campanha em favor de Ferrer, no início de 1907. Um jovem anarquista, Mateo Moral, que fora durante algum tempo professor na Escola Moderna de Ferrer, em Barcelona, apaixonou-se por aquela que estava para se tornar, em breve, a companheira do próprio Ferrer. Desesperado, Moral quis morrer, mas decidiu que sua morte teria de reverter em benefício da causa anarquista. No dia do casamento de Alfonso XIII com Victoria de Battenberg,[56] Moral jogou sobre o carro, em plena Calle Mayor,

---

54. *La Guerre Sociale*, 11-17 ago. 1909.
55. *La Guerre Sociale*, 8-14 set. 1909.
56. No original, Eva de Battenberg. [N.O.]

no centro de Madri, um buquê de flores contendo uma bomba. Um fio desviou a trajetória do projétil, que poupou o casal real mas matou 23 pessoas e feriu cerca de cem.

Tentaram comprometer Ferrer no atentado, apresentando-o como inspirador de Moral. Depois de uma campanha internacional a seu favor, saiu da prisão absolvido.

Barcelona vivenciou, no verão de 1909, uma semana de sangrentos tumultos em que várias igrejas e conventos foram incendiados. Seguiu-se um longo período de repressão e terror. Procuraram comprometer Ferrer, o qual, nos primeiros dias, conseguiu se esconder. Descoberto, foi levado a um conselho de guerra que o condenou à morte.

Esta sentença causou um impacto considerável. No mundo inteiro, tanto na Europa como em Chicago ou São Paulo, com exceção da Rússia e da Turquia, desencadeou-se uma intensa campanha de imprensa em prol daquele homem que era, antes de mais nada, um pedagogo livre-pensador cuja manifesta inocência seria reconhecida mais tarde pela própria Justiça espanhola. Em Paris, a imprensa, mesmo participando da luta por Ferrer, julgava que a condenação não passava de um gesto do governo espanhol e não seria executada.

Em 13 de outubro de 1909, os parisienses descobriram, horrorizados, que por ordem de Maura e com a autorização de Alfonso XIII, Francisco Ferrer tombara nos fossos de Monjuich sob as balas dos soldados, gritando-lhes: "Meus filhos, eu os perdoo! Mirem direito!".

Centenas de milhares de operários e pessoas humildes afluíram espontaneamente ao centro de Paris. A manchete do *Guerre Sociale*, "Todos para a embaixada espanhola!", tornou-se a palavra de ordem daquele dia. Brigas violentas entre os manifestantes e a polícia irromperam por toda parte. No bulevar de Courcelles, Almereyda e seus amigos revidavam com tiros de revólver as investidas dos cavaleiros da Guarda Republicana, e em certo momento até passaram para a ofensiva. Lépine levou um tiro de revólver a dez metros de distância.

Manifestação em repúdio à execução de Francisco Ferrer y Guardia, Paris, 14 out. 1909

O *Guerre Sociale*, que por alguns dias tornou-se cotidiano, no dia seguinte clamava com emoção: "Muito bem! Nossa velha Paris revolucionária, ainda correm nas tuas veias gotas do sangue generoso dos antigos que lutaram em 1793, 1830 e 1848, e morreram pela Comuna".

Nova manifestação teve lugar no domingo seguinte, agora com a autorização do governo. Desta feita, Almereyda convidara os manifestantes a manterem a calma e cantar. Todos os sindicatos participaram oficialmente, e um gigantesco cortejo de 500 mil pessoas se reuniu entre a praça d'Anvers e a praça Clichy, e desceu lentamente em direção à Concorde, pelo bulevar des Battignoles e o Malesherbes, conduzido por Jaurès. Desde os funerais de Victor Hugo, Paris não conhecera uma manifestação assim. Os guardas republicanos a cavalo "avaliavam pacificamente, desta vez, a ascensão de uma nova força...".[57]

Ao constatarem a que ponto os grupos tinham se deixado atropelar pelos acontecimentos, a necessidade de uma organização revolucionária tornou-se ainda mais premente para Hervé e Almereyda.

O problema já se colocara para Almereyda em 1907, quando dos acontecimentos no Sul.

> Sem desistir de propagar nosso ideal coletivista ou comunista que continua sendo, para todos os militantes, sindicalistas, socialistas ou anarquistas, a tarefa essencial, é chegada a hora de, onde quer que se reúnam os militantes revolucionários, colocar-se claramente a seguinte pergunta: se amanhã ou depois surgisse na França uma situação revolucionária, se fosse preciso retardar a mobilização das forças governamentais contra um centro operário ou camponês, o que nós faríamos?

---

57. Victor Serge, *Mémoires d'un révolutionnaire (de 1901 à 1914)*. Paris: Seuil, 1951.

E Almereyda respondia, sempre dentro de um espírito de perfeita ortodoxia libertária:

> Que em cada grupo revolucionário, qualquer que seja o seu rótulo, os militantes troquem ideias, que se perguntem discretamente quais seriam as tarefas necessárias num dia de efervescência, e como executá-las. Que a próxima oportunidade nos encontre preparados para agir de forma útil, o resto virá por acréscimo quando for chegada a hora.

Isso tudo, naturalmente encimado por uma manchete: "Organizemos a Revolução!".[58]

Não tendo este método produzido o resultado esperado, uma tentativa mais específica de organização foi empreendida em 1909. O congresso anarquista que acabava de se reunir em Amsterdã, e que aconselhara um entendimento entre os diversos movimentos anarquistas, facilitou os primeiros passos e nos dias 4, 11 e 19 de abril teve lugar, na Casa das Federações, rua de la Grange-aux-Belles, um congresso que resultou na publicação de um manifesto. Os congressistas se declaravam antiparlamentaristas e recomendavam aos companheiros que participassem do movimento sindical, mas apoiando tão-somente "as formas e manifestações da ação direta que contenham um caráter revolucionário". Proclamavam igualmente "o direito à revolta dos indivíduos segundo as circunstâncias e o temperamento de cada um, e por todos os meios [...] para a destruição radical da sociedade capitalista e autoritária".[59]

Para além de suas declarações de princípios, os congressistas tentaram criar uma organização. De acordo com o relatório da polícia, o comitê diretivo compreendia os companheiros: De Marmande, Miguel

---

58. *La Guerre Sociale*, 26 jun.-2 jul. 1907.
59. *Le Libertaire*, 23 mai. 1909, apud J. Maitron, op. cit.

Almereyda, G. Durupt, Goldschild, vulgo Goldsky, Tony-Gall (tesoureiro) e Belin (secretário).[60]

Essa tentativa contou com a participação do *Guerre Sociale* e foi obra dos setores anarquistas propriamente ditos. "A despeito do seu caráter de maior seriedade", escreve Maitron, "a tentativa não vingou e a situação dos grupos anarquistas vem se tornando cada vez mais crítica".

A experiência seguinte de agrupamento revolucionário partiria de uma iniciativa do *Guerre Sociale* e teria em Almereyda seu principal animador. Ele começou o trabalho efetuando uma ampla pesquisa jornalística, no início de 1910, nos meios revolucionários. "A que obra prática e imediatamente realizável – pergunta ele – você gostaria particularmente de ver os militantes operários e revolucionários se dedicarem neste ano de 1910?"[61]

As eleições legislativas se aproximavam, e Almereyda percebia que o antiparlamentarismo era o terreno comum de onde poderia surgir uma ação combinada entre os diversos grupos. Ele, pessoalmente, era contra o abstencionismo e a favor do voto em branco. Sua proposta foi descartada já na primeira reunião. Os individualistas queriam, além disso, pregar o antissindicalismo durante a campanha antiparlamentarista, e Almereyda mais uma vez pediu sua exclusão e incitou os delegados a aceitarem as propostas de Grandjouan: no plano econômico, o proletariado deveria se apoiar nos sindicatos, e no político, nos grupos de vanguarda que faziam a propaganda revolucionária, insurrecional e antiestatista. Os individualistas foram afastados, e foi criado um Comitê Revolucionário Antiparlamentar, núcleo de um futuro partido revolucionário. Dele faziam parte, entre outros, Almereyda, Ardouin, pai e filho, Durupt, Granjouan, Jean Grave, Marmande, Matha, Merle e

---

60. Apud Maitron, ibid.
61. *La Guerre Sociale*, 5-11 jan. 1910.

Monatte. A presença de Monatte era um êxito em si, considerando-se a vontade que tinham de estabelecer uma aliança com os sindicalistas revolucionários. A declaração inicial se aproximava da posições desses últimos:

> Os trabalhadores não devem esperar uma emancipação total senão de si mesmos, por seu próprio esforço, sua exclusiva iniciativa, e não da intervenção milagrosa de um terceiro por eles eleito, seja ele quem for, seja qual for seu partido, sejam quais forem os princípios que proclama.[62]

Sébastien Faure apoiou imediatamente a ideia, e Gustave Hervé, ainda filiado, apesar de tudo, ao Partido Socialista, escreveu, poucos dias antes de ser condenado a quatro anos de prisão por seu artigo elogiando Liabeuf, um longo artigo preconizando a imediata criação de um Partido Revolucionário.

Durante várias semanas, Almereyda ficou mergulhado no caso Liabeuf e encontrou na ação um derivativo para as intermináveis discussões sobre a organização, que nunca davam em nada e das quais já começava a desacreditar.

A agitação em torno de Liabeuf foi obra sua. Hervé, por seu lado, produziu o artigo que causou a ação judicial e, no tribunal, o excelente discurso no qual condenava a Polícia de Costumes.

Jean Liabeuf era um jovem operário sapateiro detido, certa noite, pela Polícia de Costumes, na companhia de uma prostituta, e condenado como cafetão a três meses de prisão e cinco anos de banimento de Paris. Ao deixar a Santé, Liabeuf não saiu da cidade e trabalhou dia e noite a fim de economizar cem francos para comprar um bom revólver. Com dois trinchetes bem afiados, fabricou em seguida uma couraça eriçada com pontas de ferro. Envolto num casaco, saiu à procura dos dois policiais que tinham

---

62. *La Guerre Sociale*, 9-15 fev. 1910.

causado sua condenação. Antes de encontrá-los, topou, infelizmente, com outros policiais, ou melhor, uns policiais e militares é que toparam com ele. Estava levando vantagem na luta. Com efeito, toda vez que os adversários tentavam agarrá-lo pelo braço[63] para imobilizá-lo, soltavam-no, a mão ensangüentada, dando gritos de dor, até que, ao levar uma violenta espadada no ventre, Liabeuf puxou o revólver e matou o policial Deray.

A grande imprensa, já no dia seguinte, empreendeu uma campanha contra os malfeitores e o próprio Hervé, embora admirando a audácia de Liabeuf e citando-o como exemplo para as pessoas de bem e os revolucionários, de início referiu-se a ele como malfeitor.

Não demorou para que se percebesse, no *Guerre Sociale*, que não se tratava de um malfeitor, muito menos de um cafetão, e sim de um operário enfurecido com uma condenação injusta e com a desonra. Único em toda a imprensa, o *Guerre Sociale* empreendeu uma campanha em seu favor. Queriam, ao mesmo tempo em que defendiam um homem injustamente acusado, condenar a polícia; tal como, durante o caso Dreyfus, condenara-se o exército. Já os jornais de opinião se mantiveram reticentes, e a imprensa de informação divulgou a versão da polícia.

Durante o processo, Liabeuf sequer pensou em se defender do assassinato de Deray. Não cessou de repetir que não era um cafetão, e foi condenado à morte.

Então, parte da opinião se comoveu. Almereyda conseguiu uma carta de Anatole France em seu favor, e Séverine assumiu sua defesa em *L'Œuvre*. Jaurès, Drumont, Rochefort e Léon Bailby juntaram-se a eles, assinando um pedido de comutação de pena ao presidente Fallières.

Liabeuf, contudo, foi guilhotinado no final de junho, no bulevar Arago. Convocadas pelo *Guerre Sociale*, dezenas de milhares de pessoas,

---

63. Segundo Victor Serge, op. cit., Liabeuf utilizou "braçadeiras com pregos sob uma pelerine". [N. O.]

conduzidas por Almereyda, apinharam-se às duas horas da manhã junto às barreiras colocadas no cruzamento Saint-Jacques e na direção da rua Glacière, aos gritos de "Assassinos! Assassinos!". Súbito, ressoaram dois tiros de revólver: um inspetor da brigada dos anarquistas – que já não era comandada por Fouquet, que enlouquecera, e sim por Guichard – caiu morto.

Com a cabeça já enfiada na luneta, Liabeuf ainda berrava que, mesmo assim, não era um cafetão.

Sem sequer parar para recobrar o fôlego, Almereyda lançou o *Guerre Sociale* na campanha contra o presídio militar de Biribi, a propósito do caso Rousset, o vingador de Aernoult. Albert Aernoult era um operário telhador que, condenado a dez meses de prisão por motivo de greve, fora arrebanhado na Petite Roquette por um recrutador de quartel e, tão logo saiu da prisão, despachado para os batalhões disciplinários,[64] onde foi assassinado a coronhadas. Um soldado deste batalhão, Rousset, denunciou o crime em cartas endereçadas à família de Aernoult e viu-se, por sua vez, arriscado a ter a mesma sorte! Foi salvo por uma campanha de toda a imprensa anarquista, socialista e sindicalista, que durou três anos.

Enquanto prosseguia na luta contra Biribi, Almereyda empreendeu outra campanha, diferente das anteriores. Tratava-se da aviação. O tema dos aeroplanos começava a ser muito discutido, em 1910, e, relacionado a ele, "as provocações da imprensa chauvinista". Almereyda decidiu responder a essas provocações com a criação de um comitê popular destinado a angariar os fundos necessários para a compra de um aeroplano que efetuaria, em nome do proletariado francês, um circuito da paz pelas principais capitais europeias. A ideia foi apresentada pela manchete costumeira –

---

64. No original: *bataillons d'Afrique* (ou *Bat d'Af*). Antigas unidades do exército de terra francês, onde a disciplina era mais rigorosa, e que acolhiam jovens civis já condenados pela Justiça civil quando convocados para o serviço militar, ou militares oriundos de companhias disciplinares. [N. T.]

"O aeroplano a serviço do povo" [L'Aéroplane au service du peuple] – e por um longo apelo, provavelmente escrito por Almereyda, mas num tom conciliador, lírico até, totalmente diverso do seu estilo habitual:

> Quando homens-pássaros se fizerem ao largo, as bandas militares poderão tocar a Marselhesa e a Valsa da Despedida; não iremos vaiá-los, pois teremos a impressão de estar ouvindo a voz de nossos gloriosos antepassados de 1792, que foram os primeiros a conceber o sonho que ansiamos por realizar. E, quando o aeroplano fretado por nós, com o dinheiro do povo, alçar-se pelos ares, entoaremos em coro a Internacional.
>
> Excepcionalmente, omitiremos a estrofe que fala de balas nos generais; será uma homenagem ao tenente Camermann e outros oficiais aviadores, que foram alguns dos audaciosos pioneiros do ar; e assim, os burgueses presentes talvez compreendam melhor que, embora nossa bandeira vermelha não passe, atualmente, da bandeira de nossa classe, de uma bandeira de guerra social, ela tem a pretensão de se tornar um dia, quando tiverem desaparecido os clãs, a bandeira da Humanidade reconciliada e o símbolo da fraternidade humana.

Depois de acrescentar que o próprio Kaiser, "apesar do seu horror a novidades", participaria da festa ao não proibir a entrada do aeroplano na Alemanha, o sonho prossegue:

> De campanário em campanário, de Colônia a Magdeburgo, de Magdeburgo a Berlim, nossa mensagem de paz irá anunciar ao povo alemão que é chegado o tempo, anunciado por seu grande compatriota, Karl Marx, de a Internacional, com o auxílio da ciência, derrubar as fronteiras entre os homens.

A ideia foi então assumindo proporções gigantescas. De Berlim, o aeroplano seguiria para Bruxelas, mas acompanhado de mais um, comprado por meio de uma subscrição popular alemã. De lá, uma esquadra de três é que partiria para Londres. Por fim, o retorno triunfal a Paris do aeroplano francês, acompanhado de mais três, o alemão, o belga e o inglês. E em Longchamps

> será como uma grandiosa reedição daquela festa da Federação em que, no Champ de Mars, nivelado por trabalhadores de todas as classes, a 14 de julho de 1790, comungando num mesmo impulso de fé no progresso humano, foram vistos os delegados de 36 mil comunas francesas; será a festa da Federação humana.

O apelo é dirigido à CGT, ao Partido Socialista, às cooperativas, aos revolucionários, a todas as organizações operárias da França, Alemanha, Bélgica, Inglaterra, e conclui afirmando que "é hora de mostrar que a burguesia não detém o monopólio da iniciativa e da audácia; que vocês também sabem ousar e que, já a partir de agora, são dignos de suceder-lhe!".[65]

Enquanto Almereyda, momentaneamente cansado de todos esses projetos de organização revolucionária fracassados, de todas essas pequenas batalhas cheias de ódio, de sangue e até de lama, já sem esperança de assumir realmente o controle dos acontecimentos, enquanto ele descansava no sonho, Hervé, por seu lado, seguia enviando, da Santé, artigos semanais assinados com seu antigo pseudônimo lá do Yonne, "um sem-pátria". Neles, seguia criticando a socialdemocracia alemã devido à sua posição, mais uma vez manifestada no Congresso de Copenhague, ainda equívoca quanto à atitude a ser adotada em caso de guerra ou perigo de guerra. Ao mesmo tempo, Hervé acompanhava atentamente os fatos que haviam redundado na proclamação da República de Portugal, e constatava "que nunca se fez uma revolução contra o exército, e a revolução com a participação do exército é facilitada pelo fato de o

65. *La Guerre Sociale*, 31 ago.-6 set. 1910.

partido revolucionário ter do seu lado, pelo menos, uma parte dos oficiais: é esta a lição que tiramos da revolução portuguesa".[66]

A greve dos ferroviários, em outubro, ofereceu à equipe do *Guerre Sociale*, pela primeira vez, a possibilidade de uma aliança real com o proletariado organizado e em luta. Almereyda e Merle descobriram, no arsenal da ação direta, uma arma que obteve sua total aprovação: a sabotagem. Criaram "a organização de combate" que centralizava a ação de sabotagem durante a greve, e chegaram ao ponto de enviar comunicados aos jornais.

Não foi somente o fiel Yvetot quem escreveu, depois da greve, entusiásticos artigos sobre o papel do *Guerre Sociale*. A própria *Vie Ouvrière*, expressão da ortodoxia sindicalista, distinguia entre a influência nefasta, porque puramente política, da "redação do *L'Humanité*" e "da fina flor dos deputados socialistas", e a influência, passível de crítica, dos "camaradas do *Guerre Sociale*".[67] Na mesma revista, Monatte citava, entre os fatos importantes da greve, a prisão de Almereyda e Merle.

Não foi por causa dos artigos que a Justiça os puniu e chegou inclusive a negar-lhes o tratamento de presos políticos. Mas, por uma vez, tiveram toda a imprensa a seu favor, e não demoraram a se juntar ao velho amigo Hervé na ala política da Santé. Ali permaneceram tempo suficiente para aperfeiçoar certas questões de formulação ideológica. Foi Almereyda o criador do "herveísmo", não só do termo como do conteúdo original. No início de 1908, quando Almereyda lançara o termo pela primeira vez, ele englobava sobretudo a ideia de que o proletariado, em caso de guerra, defenderia as porções de território em que, pela Revolução, o novo regime já estivesse estabelecido. Ora, esta ideia fora formulada por Kropótkin em novembro de 1905, embora ele próprio a renegasse uma semana depois; integralmente retomada, fora primeiro apresentada por

66. *La Guerre Sociale*, 5-11 out. 1910.
67. *La Vie Ouvrière*, 5 nov. 1910.

Almereyda e, depois, desenvolvida no *Libertaire*. Nas suas polêmicas amigáveis, ele chegava ao ponto de opor essas ideias, que tinham se tornado suas, ao antimilitarismo, que julgava sumário, do Gustave Hervé da época. Seja como for, essas ideias são o que Almereyda viria a chamar, em 1908, de "herveísmo". O entendimento entre os dois homens tornara-se quase absoluto. Superando sua desconfiança em relação a celebridades, Almereyda fez de tudo para transformar Gustave Hervé em símbolo e bandeira das ideias revolucionárias, dando-lhe destaque em todas as oportunidades. O que era fácil, já que o esforço maior de ambos se concentrava no jornal, e que Gustave Hervé era um excelente jornalista e até, às vezes, um grande panfletário.

Seja como for, para a opinião pública mediana não existiam naquele momento diferenças notáveis entre o herveísmo e o antimilitarismo habitual dos círculos de extrema esquerda. Adepto, desde 1911, da ideia de conquistar para a Revolução parte dos oficiais do exército, o *Guerre Sociale* precisava dar um outro conteúdo ao herveísmo. Acordaram sobre a formulação de um *militarismo revolucionário*.

Outra coisa os preocupava. Concentrando seus ataques nos sucessivos governos jacobinos e radicais, o *Guerre Sociale* fechara deliberadamente os olhos para as atividades da direita nacionalista, chegando às vezes a incentivá-las com uma neutralidade cúmplice. Foram forçados a constatar tanto os êxitos parciais do *Action Française*, mesmo junto de alguns sindicalistas, como o ressurgimento do perigo nacionalista.

Eram esses os principais problemas de orientação ideológica que precisavam solucionar.

Decidiram rapidamente que, quanto à agitação, já não era possível esperar a criação de um novo partido revolucionário para passar à ação, mas que era impossível, por outro lado, continuar lutando fragmentadamente ao sabor dos acontecimentos.

Almereyda e Merle foram soltos em março, e logo se fez sentir o resultado das suas discussões com Hervé. O *Guerre Sociale* ainda chegou a perguntar, quando Daudet foi espancado: "Será preciso matar Lépine?". Ao mesmo tempo, porém, desencadeava a luta contra os monarquistas e criticava duramente alguns militantes sindicalistas, como Janvion e Pataud, que faziam o jogo dos antissemitas. Denunciou as manobras antirrepublicanas de inspiração nacionalista e revidou energicamente àqueles, Yvetot inclusive, que não tinham apreciado a formulação do militarismo revolucionário.

Houve mudança de tática, mesmo com relação à polícia, e passou a existir uma nova rubrica no *Guerre Sociale*, dedicada ao "irmão tira...".

Para conduzir a ação, Almereyda criou os "Jovens Guardas Revolucionários" recrutando jovens revolucionários decididos que, cansados das "discussões intermináveis sobre assuntos mil vezes repisados", se dispusessem a "preparar a pequena guerra das ruas e a grande guerra social".[68] Esta nova organização tinha à frente um comitê restrito dirigido por Almereyda, do qual tomavam parte Jean Goldsky, René Dolié, jovem militante libertário, Lucien Everard, secretário da Juventude Socialista do 19º Arrondissement, e René Petit, secretário das Juventudes Revolucionárias do Sena.

Tratava-se de derrotar, "por meio do entendimento e da camaradagem na ação" e "pela Revolução sem rótulos", primeiro, a "tirania policial" encarnada por Lépine, e depois, a reação, representada particularmente pelos bem-sucedidos tumultos dos Camelôs do Rei contra uma peça de Henry Bernstein, ou contra a ideia do Circuito da Paz, que fora encampada pelo grande jornal diário *Le Journal*.

A luta contra a polícia de Lépine teve início no 1º de maio, quando os Jovens Guardas Revolucionários participaram oficialmente da manifestação organizada pela união dos sindicatos, apesar das insinuações do *Rappel* (este veículo queria apresentá-los como um ajuntamento de não-sindicalizados composto quase exclusivamente de "anarquistas sem

---

68. *La Guerre Sociale*, 12-18 abr. 1911.

profissão"). A polícia não tardaria a conhecer a coragem dos Jovens Guardas, que trinta anos depois Lépine ainda recordava em suas memórias.

Com o *Action Française*, as primeiras rixas ainda seriam jornalísticas. Pujo escreveu, acerca dos Jovens Guardas Revolucionários, um artigo julgado difamatório por Almereyda, que foi procurá-lo, na companhia de Goldsky, para tirar satisfações. No dia seguinte, mais um artigo de Pujo, distorcendo o encontro, ao que se seguiu uma violenta carta de Almereyda, recheada de insultos. Pujo quis bater-se em duelo, mas Almereyda recusou, embora declarando que, caso o jornalista monarquista não publicasse uma retificação no *Action Française*, nenhuma reunião contando com sua participação na tribuna poderia ser realizada. Ficaram provisoriamente nesse ponto, estando Almereyda muito ocupado com a organização, para 14 de julho, de uma manifestação em frente à Santé em prol da libertação de Gustave Hervé. A manifestação, aliás, foi proibida por Caillaux e, fato inédito, Almereyda cedeu. Cedeu nesta questão, mas em seguida estaria às voltas com o governo e a polícia em função de um acontecimento que viria a ter enorme repercussão.

Definitivamente curados do seu otimismo libertário, Almereyda e seus amigos chegaram ao ponto de querer organizar tudo e, junto com as milícias dos Jovens Guardas Revolucionários, queriam empreender, de modo coerente e constante, um trabalho de contraespionagem. Disso ficava encarregado o "Serviço de Segurança Revolucionária". Começaram por desmascarar, como sendo policial, Dudragne, um gerente do *Libertaire*, o que mesmo assim não passava de presa pequena.

Logo estariam atuando de modo mais espetacular. No *Guerre Sociale* desconfiava-se há anos de um militante sindicalista, um certo Lucien Métivier. Suspeitas deste tipo, embora frequentemente injustas, eram extremamente comuns nos meios revolucionários, de fato infestados de espiões. Em julho, Almereyda e Merle tinham em mãos um conjunto de indícios que lhes dava a certeza moral de que Métivier era um informante. Com um pretexto qualquer, pediram-lhe que viesse, ou ele talvez tenha vindo por conta própria, à sede do *Guerre Sociale*, onde foi sequestrado por Jovens Guardas enquanto outros revistavam sua casa. Poucas horas depois, na presença dos representantes de vários jornais, os redatores do *Guerre Sociale* erigiram-se em tribunal revolucionário e efetuaram o julgamento do dedo-duro. Este não demorou a fazer uma confissão detalhada e descobriu-se, com espanto, que fora pessoalmente recrutado por Clemenceau durante uma entrevista que este, então primeiro-ministro, concedera-lhe em 20 de maio de 1908; posteriormente, tornara-se informante em troca de honorários de 250 francos por mês.

Toda a imprensa do dia seguinte relatava a notícia e criticava os governos, de Clemenceau a Caillaux, pelos métodos escabrosos empregados para enfrentar a classe operária. Caillaux revidou no ato, mandando a polícia invadir o *Guerre Sociale* e prendendo Goldsky e Tissier. Almereyda e Merle tiveram tempo de se refugiar em Bruxelas, onde Kibaltchich, que então ainda não era Victor Serge, ajudou-os a se esconder. Tanto Almereyda como Kibaltchich haviam mudado bastante desde seu último encontro. Almereyda, que tinha a sensação de estar se tornando cada vez mais "realista", deparou com um Victor repleto de veleidades tolstoianas e caçoou dele brutalmente. Kibaltchich respondeu tranquilamente: "Você nunca será mais que um arrivista, vocês começaram mal". Ao que Almereyda retrucou, exasperado: "Você não entende nada de Paris, meu chapa. Livre-se do ranço dos romances russos. Em Paris, a Revolução precisa de dinheiro".[69]

Enquanto não vinha o dinheiro de que a Revolução precisava, era movida em Paris uma ação por sequestro e violação de domicílio contra a equipe inteira. Para preparar o clima, Charles-Albert dirigiu-se a vários escritores, jornalistas e políticos, pedindo que expusessem sua opinião sobre o processo. Obteve imediatamente, como sempre, manifestações de simpatia

---

69. Victor Serge, *Mémoires d'un révolutionnaire,* op.cit.

aos redatores do *Guerre Sociale*, por parte de Anatole France, Mirbeau, Rochefort, Descaves, Bailly, Élie Faure etc. Até mesmo Camille Pelletan, eminente personalidade do radicalismo, fez uma declaração em seu favor. Daudet, em sua resposta, mencionava o seu horror a dedos-duros.

Todos os acusados se apresentaram no processo, que ocorreu em agosto. A pena incorrida foi de trabalhos forçados, calceta. Os acusados, contudo, estavam tranquilos. No momento oportuno, Almereyda provou algumas de suas asserções apresentando uma carta de Métivier a Clemenceau, provavelmente subtraída, sabe-se lá como, do escritório deste último. A partida foi definitivamente vencida quando Almereyda revelou a verdadeira face da "vítima", apresentando a prova de que Métivier não era apenas um informante, um dedo-duro, como também um perigoso agente provocador que jogara pessoalmente uma bomba na casa do jornalista Massard, diretor de *La Patrie*.

A corte pronunciou a absolvição coletiva e Almereyda recebeu congratulações do júri. A polícia foi formalmente obrigada a prender Métivier, embora ele fosse solto algumas semanas mais tarde. Um debate sobre o caso Métivier eclodiu na Câmara, e Clemenceau foi obrigado a escrever cartas constrangidas para os jornais.

No processo contra o dedo-duro, Pujo testemunhou e Victor Méric, nas suas impressões de auditório, elogiou o depoimento do adversário monarquista. Era a última vez que o caminho de Almereyda e seus amigos iria cruzar-se com o do *Action Française* frente a um inimigo comum.

Mas enquanto o *Guerre Sociale* prosseguia em sua campanha pela reconciliação de todos os revolucionários (comunistas, libertários, guesdistas e até jauresistas), com única exceção dos anarquistas-individualistas, chegando a criar uma rubrica permanente "Pelo desarmamento dos ódios" [Pour le désarmement des haines], renascia a discórdia com a CGT. Griffuelhes e Jouhaux supunham que Caillaux "queimara" Métivier de propósito, e teve início uma áspera polêmica entre o *Guerre Sociale* e o *Bataille Syndicaliste* em torno do "Serviço de Segurança Revolucionária".

Uma vez desmascarados Dudragne e Métivier, os libertários e sindicalistas sofreram uma decepção seguida de um forte sentimento de depressão e desconfiança. Para combater esta tendência é que o *Bataille Syndicaliste* procurava minimizar o caso. O próprio Almereyda daria o título de "Confiança" ao artigo em que tirava as conclusões do processo e alertava os camaradas para a mania policial e seu perigo para a saúde do movimento.[70] Mas ele próprio está tomado pela depressão. Diria mais tarde a Victor Serge "que tinha desistido de espreitar a provocação policial no movimento operário para não acabar fazendo mais mal do que bem: 'Eles estão presentes demais!'", acrescentava.[71] Verdade é que, ao dizer isto, em 1916, tentava justificar a própria desistência aos olhos do antigo camarada que saía da prisão. Não sei se Almereyda e sua "Segurança Revolucionária" tinham descoberto mais dedos-duros, e em tal quantidade que, julgando o movimento corrompido, concluíam que não havia mais nada a ser feito. Uma coisa é certa, Almereyda já perdera definitivamente o que constitui a essência de um libertário: a confiança otimista na natureza humana, nos outros e em si mesmo. E, à fé perdida, não vem substituir-se a intuição de que "o melhor e o pior convivem dentro do homem, confundem-se às vezes – e a corrupção do melhor é o que existe de pior", como no caso do seu amigo Kibaltchich, que voltava de Bruxelas, curado dos sonhos tolstoianos, a fim de assumir em Paris a direção do *L'Anarchie*, e que pouco depois estaria envolvido nos dramas dos anarquistas ilegalistas que começavam a surgir naquele final de 1911.

Melancólico aquele final de 1911. No dia da libertação de Madeleine Marc, militante condenada a um mês de prisão, Almereyda e seus Jovens Guardas Revolucionários foram esperá-la à saída de Saint-Lazare.

---

70. "Confiance", *La Guerre Sociale*, 18-28 out. 1910.

71. Victor Serge, *Mémoires d'un révolutionnaire*, op. cit.

No momento em que Emily lhe oferecia um ramo de flores, irrompeu um violento confronto com a polícia. Almereyda só teve tempo de derrubar um policial com uma violenta bengalada antes de ele próprio levar na cabeça uma espadada que o deixou acamado por uma semana. Mal começava a se levantar, caiu novamente de cama com uma nefrite. Estava acamado quando recebeu algumas más notícias, como a da condenação de Rousset a vinte anos de trabalhos forçados pelo Tribunal de Argel, e igualmente de cama quando preparou seu presente de ano-novo para o seu querido patrão: um número especial do *Guerre Sociale*, de oito páginas, composto só de cartas, da primeira à última, das mais variadas personalidades pedindo a libertação de Gustave Hervé. O horizonte de simpatias do *Guerre Sociale* tinha se ampliado consideravelmente. Entre os escritores, já não eram apenas Anatole France, Mirbeau e Descaves que escreviam, mas toda uma gama que ia de Gabriel Séailles a Léon Werth. Entre os sindicalistas, não eram apenas os militantes mais ou menos conhecidos que assinavam as cartas, mas também Griffuelhes e Jouhaux. Os anarquistas estavam presentes de Kropótkin e Grave a Malatesta e Sébastien Faure, só excluindo os individualistas. Quanto ao socialismo, era representado por todas as suas tendências, desde a direita com Marcel Sembat, passando pela esquerda com Jaurès, Vaillant e Guesde, até uma extrema esquerda com matiz herveísta, neste caso encarnada por uma carta do redator-chefe do *Midi Socialiste*, Vincent Auriol:

> Assim, neste momento em que os governantes republicanos coroam, como de hábito, o ano que se encerra condecorando os crápulas, enriquecendo os lacaios, indultando alguns malfeitores, neste exato momento em que os burgueses, magistrados ou agaloados diplomatas e altos funcionários, clericais ou anticlericais, congratulam-se nas recepções solenes, é com orgulho que nós, socialistas meridionais, dirigimos ao estimado prisioneiro, cujo pensamento vigoroso a burguesia em vão tentou

> sufocar, a vibrante homenagem da nossa admiração e a expressão sincera dos nossos melhores votos.[72]

Politicamente falando, o ano de 1912 se inicia na França com a constituição do ministério Poincaré e um importante discurso de Clemenceau no Senado, em que ele exclama:

> Pode-se falar mal da pátria; alguns retóricos, alguns infelizes que não entendem o sentido das palavras que proferem, podem maldizer da mãe, da mãe verdadeira, graças à qual têm direito ao respeito de todos, mas caso chegue este dia em que será preciso marchar, estes sem-pátria hão de vir lhes pedir um fuzil.[73]

O *Guerre Sociale* podia declarar que aceitava o desafio, na verdade já estava bem distanciado de suas posições primitivas. Neste momento, quando Almereyda queria mobilizar os Jovens Guardas, era para que fossem defender a estátua de Rousseau ameaçada por estudantes monarquistas e bonapartistas, durante as comemorações do bicentenário do autor das *Confissões*. A data de 14 de julho é festejada pelo jornal. Almereyda defendia a atuação dos deputados socialistas na Câmara a propósito da lei sobre os recrutas antimilitaristas.

Quando Gustave Hervé foi anistiado, em 14 de julho, e solto dias depois, Almereyda fez com que mais uma vez ele se dirigisse ao governo por meio de uma manchete: "Ora, vão à merda".[74] Este linguajar violento, contudo, não ocultava os profundos ajustes de rota que estavam em

---

72. *La Guerre Sociale*, 27 dez. 1911-2 jan. 1912.
73. *La Guerre Sociale*, 14-30 fev. 1912.
74. "Et je vous dis merde!". Trata-se de uma expressão, "je te dis merde" ou "je t'emmerde", que significa algo como "estou me lixando para vocês". [N. T.]

andamento. É certo que o *Guerre Sociale* prosseguia em sua campanha pelo entendimento entre os revolucionários mas, ao mesmo tempo, vinha valorizando cada vez mais a noção de republicano. Escorregava, como é muito comum na França, da esquerda social para a esquerda política. Doravante, quando o *Temps Nouveaux* de Jean Grave acusava o *Guerre Sociale*, já não era de exacerbação revolucionária, mas do contrário.

Era principalmente através de campanhas em favor de indivíduos que o *Guerre Sociale* ainda mantinha um vínculo com o passado. A campanha por Rousset, que seria vitoriosa em outubro, e aquela pelos grandiosos funerais de Aernoult, logo seriam seguidas pela defesa de Ganzy e Dieudonné, implicados nas façanhas dos anarquistas-bandidos do Bando Bonnot.

A ruptura entre o *Guerre Sociale* e a maioria dos anarquistas só se cumpriu em outubro de 1912. Numa conferência na sala Wagram: "Nossa Pátria – a conquista do exército", Almereyda, Merle e os Jovens Guardas tiveram de se defender, e defender Hervé, dos militantes da Federação Comunista Anarquista que os atacavam usando, inclusive, revólveres. Em sua conferência, Hervé expunha as novas posições de forma coerente. Começava criticando o termo "antipatriotismo", palavra dúbia, palavra equívoca, "palavra que mata", e prosseguia afirmando que "nós, e não os patriotas, é que somos os verdadeiros patriotas, no sentido que nossos antepassados de 1793 davam à palavra". O programa: pela arbitragem para evitar a guerra, pelo emprego simultâneo do título eleitoral e do fuzil, pela escola laica, pela criação de milícias populares, pela revolução armada. A greve geral sem o apoio do exército seria inútil. A deserção não só era uma coisa inútil, como uma tática imbecil. Precisamos é atrair os soldados, os suboficiais e os oficiais, precisamos é de "baionetas inteligentes". Hervé gastou boa parte de sua conferência na sala Wagram tratando de explicar seu célebre artigo, já de onze anos antes, sobre a bandeira no estrume, a propósito das comemorações da batalha de Wagram.

Em "A Batalha de Wagram" – assim intitulou o artigo que relatava os acontecimentos, publicado no dia seguinte – Hervé constata a ruptura com os anarquistas: "Eu a amava; ela me amava. Seu nome? Chama-se Anarquia".[75]

Em Sens, dias depois, durante um banquete oferecido a Hervé pela Federação Socialista do Yonne, Almereyda tomou a palavra. Era provavelmente a primeira vez que fazia um discurso no encerramento de um banquete. "Em meio a todos esses membros do Partido", disse, "dou um pouco a impressão de um selvagem, um selvagem bem civilizado, por sinal, e que não vai tardar – já que fracassou a aliança revolucionária – a sê-lo totalmente". O jornal, ao comentar o discurso, disse que "esta alusão ao ingresso próximo, no Partido Socialista, dos revolucionários não agrupados até esta data, foi aclamada com uma salva de 'bravos'".[76]

Como Gustave Hervé nunca tivesse deixado de ser membro do Partido Socialista, os anarquistas e sindicalistas abriram fogo contra Almereyda, sempre presente nos comícios e conferências e visto como um renegado. Logo foi forçado a abandonar, junto com os camaradas do *Guerre Sociale*, o Comitê de Defesa Social, feudo dos libertários e sindicalistas. A questão da pauta que provocou a ruptura foi a organização do retorno de Rousset a Paris.

Toda vez que Almereyda queria falar em público, em geral na Sociétés Savantes [Sociedades Científicas], os militantes da Federação Comunista Anarquista e de outros grupos, a que se juntavam antigos adversários, os individualistas, organizavam violentas manifestações. Um ato em memória de Ferrer terminou em tumulto, e Almereyda saiu ferido. Não houve um número sequer da imprensa libertária ou sindicalista em que Almereyda não fosse atacado.

---

75. "La Bataille de Wagram", *La Guerre Sociale*, 2-8 out. 1912.
76. *La Guerre Sociale*, 2-8 out. 1912.

No *Guerre Sociale*, o "general" Hervé, como seus amigos o vinham chamando desde algum tempo, assumiu a defesa do seu "tenente":

> Miguel Almereyda, de cujos anos de prisão já se perderam as contas, cuja bravura física e moral pode ser citada como exemplo a toda a França revolucionária, é um renegado e um traidor: seu maior defeito – além de ter uma aparência cuidada e um salário regular, perfeitamente igual ao de todos os redatores do *Bataille Syndicaliste* e dos membros remunerados dos sindicatos – é o de ter, por influência da idade e minha influência pessoal, modificado afinal, aos 28 anos, algumas das concepções simplistas que aceitara, boquiaberto, nos círculos anarquistas, com toda a candura e generosidade dos seus dezesseis anos.[77]

O velho Malato escreveu a Almereyda uma carta desolada:

> O atual conflito é tão entristecedor que evito, quanto a mim, ler as gazetas revolucionárias. E olhe que já vi muita coisa triste e dura de engolir, em mais de um quarto de século; desde aquela época, tão desanimadora como esta agora, em que blanquistas e anarquistas, na sala Lévis, trocavam cadeiradas à guisa de argumentos.[78]

Era mesmo enquanto renovação da luta entre blanquistas e anarquistas que Almereyda preferia encarar a confusão na qual se metera. Tal sentimento o inspirava no documento que vinha preparando para explicar seu ingresso no Partido Socialista.

Num número do início de dezembro, cuja primeira página estava toda tomada por uma homenagem a Kropótkin: "Em torno de uma

---

77. *La Guerre Sociale*, 18-22 out. 1912.
78. *La Guerre Sociale*, 23-29 out. 1912.

Carteira de colaborador do semanário *Les Hommes du Jour*

bela vida" [Autour d'une belle vie], vinha, na segunda, o documento redigido por Almereyda, "Por que estamos ingressando no Partido Socialista" [Pourquoi nous entrons au Parti Socialiste]:

> Solicitamos nossa adesão ao Partido Socialista Unificado. Nossa entrada no Partido constitui o termo de uma evolução sobre a qual queremos nos explicar, de uma vez por todas, com nossos antigos companheiros anarquistas e com os leitores do *Guerre Sociale.*
>
> Para os círculos anarquistas é que os acasos da vida, e talvez também nossos temperamentos de revoltados, nos conduziram tão logo saímos da escola.
>
> Acreditamos, com a candura, a generosidade, a intransigência e a inexperiência dos nossos vinte anos – quinze anos, para alguns de nós! – que bastava um bonito movimento de revolta para instaurar a sociedade livre em que cada um – sem desperdício ou esbanjamento – consumiria segundo suas necessidades e trabalharia segundo suas forças, sem autoridade ou coibição.
>
> Acreditamos sinceramente na viabilidade, logo em seguida a uma revolução, de um comunismo anarquista em que os homens se conformassem tão-somente à sua própria razão e consciência.
>
> Amaldiçoamos esses socialistas que imaginávamos, em bloco, como sendo um rebanho de ovelhas berrantes, votantes e contribuintes, incapazes de um gesto de energia. Vituperamos o estatismo, o legalismo deles, e a maioria de nós defendeu – o que ainda acontece nos meios anarquistas – que o coletivismo socialista era um perigo maior para a liberdade individual e o desenvolvimento intelectual das massas do que o atual regime capitalista.
>
> Não acreditamos mais nestas coisas.
>
> Por mais belo e sedutor que o comunismo anarquista possa parecer, já não nos parece possível afirmar que os homens do nosso tempo estão aptos a realizá-lo. E o dia em que os homens estarão, moral e intelectualmente, em condições de assegurar o funcionamento normal e regular da

sociedade sem a sombra de uma autoridade, parece-nos agora tão distante que não é, a nosso ver, nem muito honesto nem muito político embalar as massas com a ilusão comunista, e entravar a ação daqueles que, mais próximos das realidades, procuram começar a preparar as massas produtoras para um coletivismo ou federalismo ainda autoritário em alguns aspectos.

Antigamente, acreditávamos que uma sociedade poderia passar, sem transição, do estado de desordem atual para o estado de perfeição, uma sociedade de harmonia tal como nos foi apresentada pelos pais do comunismo anarquista.

Um exame mais aprofundado das condições sociais e da natureza dos homens hoje nos traz a certeza de que antes de alcançarem – se é que hão de alcançar! – este estado de perfeição, as sociedades humanas deverão fatalmente, necessariamente, passar por uma série de etapas intermediárias. Pensamos até mesmo que determinadas predicações, como a predicação anarquista, cuja necessidade, do ponto de vista moral e intelectual, é incontestável, não podem se exercer utilmente num meio econômico tão miserável, tão opressivo como o atual.

Para nós, os anarquistas deveriam – ao mesmo tempo que zelando ciosamente pela salvaguarda da liberdade individual – ajudar na aplicação da solução socialista, a qual, ao oferecer aos homens uma independência econômica mais ou menos completa, permitiria que eles fossem trazendo com segurança as novas gerações rumo a soluções cada vez mais libertárias. Aqueles anarquistas que, por não poderem realizar o regime dos seus sonhos, entravam o caminho do socialismo, estão agindo contra o seu próprio objetivo.

Convencidos de que o problema primeiro é um problema econômico, somos revolucionários.

Curados do nosso absolutismo anarquista, somos, do ponto de vista político e econômico, socialistas.

Da nossa passagem pelo anarquismo, guardamos o gosto do senso crítico – desde que ele não mate o idealismo ou a fé, e não degenere em mania de se perder em detalhes; o gosto da cultura individual – desde que o indivíduo não se erija em inimigo permanente da coletividade; o amor da independência – desde que se respeitem as disciplinas necessárias; o amor do espírito de revolta – desde que ele sempre se exerça no interesse da Revolução!

Nosso encontro com Hervé, quer na prisão quer no *Guerre Sociale*, é que vem, de seis anos para cá – a maioria de nós tinha então 22 anos, ou muito menos – nos orientando definitivamente para esta via.

No contato com ele, aprendemos que os socialistas não eram apenas essas ovelhas que nos haviam descrito; que era até possível aliar o espírito de revolta e o desprendimento com o cuidado com a realidade, a organização, a disciplina, e paulatinamente fomos nos tornando socialistas blanquistas, conservando do antigo blanquismo o ódio a todo doutrinarismo, a toda metafísica e ao seu fraco – nos momentos de batalha – pelas organizações insurrecionais centralizadas e disciplinadas.

No fundo, o *Guerre Sociale* foi, desde o primeiro número, um órgão blanquista, como é ainda hoje, depois dos seus ajustes de rota; rompemos, desde os primeiros números, com os doutrinários anarquistas que afirmávamos deixar para lá com sua estéril metafísica, e com os doutrinários sindicalistas que deixávamos à sua estreiteza obreirista.

Depois de três anos de *Guerre Sociale*, em 1909, acreditamos ingenuamente ter curado os círculos anarquistas da sua aversão pela organização verdadeira e pela disciplina, e pedimos a Hervé, contrário a essa ideia, que deixasse o Partido Socialista e nos ajudasse a constituir um Partido Revolucionário no qual contávamos reunir, organizar e disciplinar esses revoltados admiráveis que são os anarquistas. Esperávamos fundar um partido que atraísse todos os revoltados, todos os homens de ação que integram o Partido Socialista, e que se dedicasse exclusivamente à preparação moral e técnica da insurreição para o dia em que as circunstâncias, guerra ou greve geral, tornassem isso possível. A única condição de Hervé – e que aceitamos como condição *sine qua non* – era que o novo partido fosse, ao invés de um partido antissocialista que, como a maioria dos anarquistas, passasse boa parte do tempo atirando no Partido Unificado, fosse, pelo contrário, seu aliado e extensão e, consequentemente, sem se ocupar com eleições, desistiria de pregar o abstencionismo, tendo a propaganda abstencionista, além de outros inconvenientes, o de acabar se colocando contra o Partido Socialista, pois que prejudica tão-somente os candidatos.

Estava igualmente acertado, com Hervé, que seria revisado o antigo antimilitarismo puramente negacionista, e que o nosso blanquismo teria como decorrência lógica a tática da conquista do exército.

Renunciar ao abstencionismo!...

A esta simples proposta, o anarquismo inteiro ergueu-se unanimemente e o Partido Revolucionário caiu por terra.

O militarismo revolucionário, esboçado alguns meses depois, no dia seguinte à greve dos ferroviários, desfechou-lhe o golpe de misericórdia dentro dos círculos libertários.

Há seis meses, voltamos à carga com nosso projeto, mais modesto, de aliança revolucionária. Já não se tratava, desta vez, de um partido homogêneo e disciplinado, e sim de uma simples aproximação entre elementos socialistas, sindicalistas, insurrecionais e libertários.

Convidados a responder a uma pesquisa aberta sobre o tema, os sindicalistas se abstiveram. Os anarquistas só a mencionaram para atacar violentamente a proposta, e o principal agrupamento anarquista parisiense, a Federação Comunista, declarou em nota pública que se negava a discuti-la. Era só o que merecia, para os anarquistas, o trabalho notável, honesto e consciencioso de Charles-Albert e Jean Duchêne.

Pouco tempo atrás, os anarquistas aprofundariam ainda mais o fosso, vomitando sobre o nosso pequeno grupo ultrajes que a reação jamais se atrevera a vomitar, e lançaram mão, na Wagram, na Sociétés Savantes [Sociedades Científicas] e em Bellevilloise, dos procedimentos que se sabe, sem que os grupos libertários de Paris ou do interior se sentissem obrigados a deles se dessolidarizar publicamente.

Hoje, portanto, está provado para nós que os anarquistas franceses, que continuamos a amar por seu belo espírito de revolta e desinteresse, são inorganizáveis e indisciplináveis.

Como não gostamos de ficar isolados, numa época em que não se pode nada sem organização e disciplina, juntamo-nos à única força política popular que se mostrou, na França e fora dela, capaz de organização e disciplina: o Partido Socialista.

Se o Partido Unificado fosse um partido puramente parlamentar, não ingressaríamos nele – embora o parlamentarismo socialista não nos pareça inútil, quer como meio de conseguir respostas, quer como meio de pressão sobre o governo mas, ao admitir em seu seio socialistas insurrecionais que proclamam abertamente que são a favor da conquista insurrecional, e não eleitoral, do poder político e do Estado, e mais uma vez registrando à unanimidade, como fez uma semana atrás, no seu último congresso nacional, o recurso, em caso de guerra, aos métodos revolucionários, incluindo aí a greve geral e a insurreição, o Partido Socialista se afirma, não como um partido exclusivamente parlamentar e eleitoral, mas como um partido de revolução e, é permitido dizê-lo logo após o Congresso da Basiléia sem depreciar nem o movimento cooperativo e nem o movimento sindical, como a maior força popular internacional, como a maior força moral e intelectual organizada do mundo inteiro.

Sabemos que inevitavelmente mais de um santo de pau oco irá atribuir nossa decisão a algum mesquinho sentimento de arrivismo.

O próprio Hervé vem deparando, há vários meses, com essas insinuações venenosas, embora há vinte anos venha teimosamente recusando ser candidato, e ainda recentemente tenha recusado, mesmo que só para poder sair da prisão e por poucos dias apenas, um mandato de deputado.

Tal como Hervé, deixamos ao tempo o cuidado de demonstrar, aos olhos dos mais desconfiados e dos mais amargurados, nossa absoluta falta de ambição eleitoral.

> Nossa única ambição é, com Hervé e ao lado dele, trabalhar no seio do Partido a fim de despertar a tradição insurrecional francesa, um tanto subestimada demais, e sustentar, com ele, a política da aliança cordial entre as organizações política, sindical e cooperativa da classe operária, aliança sem a qual ainda poderíamos ter que ficar séculos esperando pelo triunfo da Revolução Social!
>
> Miguel Almereyda, René Dolié, Émile Dulac, Jean Goldsky, Eugène Merle, Albert Rigaude, Émile Tissier, do *Guerre Sociale*.
>
> Solicitamos aos ex-anarquistas ou sindicalistas desejosos de ingressar no Partido, aos socialistas insurrecionais desejosos de reingressar, caso residam em Paris, que passem no *Guerre Sociale*, que conta com um atendimento diário entre 9 da manhã e 8 da noite e, no domingo, até o meio-dia.
>
> Solicitamos aos companheiros do interior que comuniquem por carta a sua adesão.[79]

As respostas não foram muitas, uma dúzia talvez, entre as quais a de Maurice Fournié, o antigo companheiro dos tempos da AIA, declarando que já se filiara ao Partido Socialista há algum tempo.

Os Bálcãs, naquele final de 1912, já estavam em chamas. Em outubro, Hervé ainda exclamara pela última vez em Londres: "Antes a greve geral e a insurreição do que a guerra". Em dezembro, contudo, enquanto o *Guerre Sociale* dava a manchete "A greve da paz", sua campanha baseava-se principalmente nas declarações de personalidades governamentais da França e da Inglaterra. Duas citações, entre outras, vinham em destaque na primeira página, enquadradas. A primeira: "Uma guerra europeia seria um desafio ao bom senso, à civilização e à humanidade", era uma frase proferida pelo presidente do Conselho francês, Raymond Poincaré, no banquete Masnerand, em 13 de

79. *La Guerre Sociale*, 4-10 dez. 1912.

novembro. A segunda: "Diria o mundo, sobre a geração que deixasse estourar semelhante guerra: é uma geração de doidos", era extraída de um discurso pronunciado na Câmara dos Comuns pelo ministro da Marinha inglês, Winston Churchill, em 30 de novembro.

Almereyda, no início de 1913, dirigia os Jovens Guardas numa série de intervenções que varreu os Camelôs do Rei do Quartier Latin. No mais das vezes, os monarquistas sabotavam as reuniões que não eram do seu agrado espalhando-se, simplesmente, pela sala e armando uma tremenda barulheira articulada, que deflagravam no momento oportuno. Outras vezes, bandos organizados, armados de cassetetes e comandados por Marius Plateau, rebentavam a cabeça de alguns cidadãos que tinham tido o azar de gritar na sua presença "Viva a República!" ou "Viva a Revolução Social!". Em pouco tempo, o bairro inteiro tremia diante dos camelôs.

Foi por ocasião de um comício organizado no Manège du Panthéon,[80] em que iriam discursar alguns professores da Sorbonne particularmente execrados pelos monarquistas, como Gabriel Séailles e Victor Basch, que se deu a primeira ação dos Jovens Guardas contra os camelôs. Permitiram que eles entrassem, mas eram reconhecidos e, com um sinal, Almereyda posicionava alguns Jovens Guardas em volta de cada um. Mas não eram apenas Plateau e seus amigos que estavam ali naquela noite. Avistando Pujo, Almereyda, que estava definitivamente tomando gosto pela autoridade, disse-lhe mais ou menos o seguinte: "Esta noite, sou aqui como um chefe da Polícia. Se quiserem escutar, muito bem. Mas estou resolvido a não tolerar nenhuma perturbação, nem o menor grito".[81]

---

80. Antiga escola de equitação situada na rua Lhomond. [N. T.]
81. O episódio foi relatado por Méric, op. cit., e pelo próprio Almereyda na sua brochura *Les naufrageurs de la Patrie*. Paris: *Le Bonnet Rouge*, s. d.

Foi aberta a sessão e, poucos minutos depois, um primeiro camelô levantou-se e tentou gritar "Viva o Rei", mas antes que pudesse terminar a frase, foi agarrado e, antes que compreendesse o que estava acontecendo, foi passado de mão em mão até a porta e jogado na rua. Alguns correligionários que vieram em seu socorro tiveram a mesma sorte. Outros, que tentavam resistir com mais energia, levaram no ato umas cacetadas. Em poucos minutos, dezenas de monarquistas, entre os quais Pujo e Plateau, foram postos para a rua. O orador da tribuna mal percebeu uma movimentação confusa no fundo do salão. A equipe do *Action Française* compreendeu, naquele dia, que encontrara adversários dispostos a brigar no seu mesmo terreno e com seus mesmos métodos. Plateau encontrou um Almereyda tão forte como ele e, até a guerra, não pararam mais de se cruzar, nas ruas de Paris, em lutas no mais das vezes leais. A guerra viria a mudar isso também.

Os políticos e professores socialistas, ou simplesmente radicais, estavam encantados por poderem, doravante, proferir tranquilamente seus discursos e conferências no Quartier Latin. Almereyda recobrava, nos círculos da burguesia avançada da capital, o prestígio perdido nos círculos libertários ou sindicalistas. Seria um erro supor que Almereyda se apresentava em primeiro lugar como o corajoso chefe de um bando de sujeitos fortões, naquela Paris radical, inclusive de esquerda, da qual até então mal se aproximara.

A façanha realizada pela equipe do *Guerre Sociale*, passando de uma tiragem de 15 mil em 1908 para 35 mil em 1910, e em seguida 50 mil, causara impressão nos meios jornalísticos parisienses. Era a primeira vez que um semanário de extrema esquerda era tão bem-sucedido. A qualidade jornalística dos editoriais de Hervé, sustentada pelo talento administrativo de Merle, era apoiada e completada pelo trabalho de Almereyda que, em 1913, era considerado um dos melhores secretários de redação da imprensa parisiense.

Esta reputação lhe valeu, como também a Merle, um convite para trabalhar no semanário internacional *Courrier Européen*, de que Charles Paix-Séailles e André Mouzet preparavam o relançamento. Em março de 1913, Gustave Hervé anunciava, em termos emocionados e afetuosos, a saída de Almereyda e Merle do *Guerre Sociale*.

O novo *Courrier Européen*, cujo primeiro número saiu em 14 de março de 1913, era um veículo republicano de esquerda com importante participação socialista. Integravam o comitê diretor, além do republicano espanhol Pérez Galdós, o líder do Partido Constitucional Democrático da Rússia, Pavel Miliukov, o liberal Georg Brandes, o historiador Seignobos, os filósofos Sergi e Gabriel Séailles, e três líderes socialistas europeus, Vandervelde, Marcel Sembat e Eduard Bernstein. Entre os colaboradores estavam Jaurès, G. Plekhanov, L. Martov, Karl Liebknecht, Émile Bourgeois, Vilfredo Pareto, René Claparède, além de uma série de personalidades mais ou menos conhecidas que não se estava acostumado a encontrar no sumário das revistas parisienses: antigos ministros japoneses, juristas sul-americanos, jornalistas balcânicos. Mas Almereyda igualmente encontrou, ou levou consigo, antigos conhecidos – Domela Nieuwenhuis, Francis Jourdain, Georges Pioch e a jornalista Fanny Clar, que ele recrutara pouco antes para o *Guerre Sociale*.

Os nomes de Almereyda e Merle não apareciam. Não era o caso de assustar a honrada companhia com "selvagens" recém-convertidos. O trabalho de Almereyda e Merle era quase exclusivamente técnico: paginação, colher notícias locais. A orientação da revista – aproximação franco-alemã, anticlericalismo, luta contra os três anos [de serviço militar] – era assegurada por Paix-Séailles. No noticiário local, os dois amigos ainda podiam defender Dieudonné e atacar Lépine, que estava querendo se eleger senador, mas era só isso. Faziam, no entanto, novos contatos e se preparavam para concretizar um projeto de há muito acalentado: o lançamento de um semanário satírico.

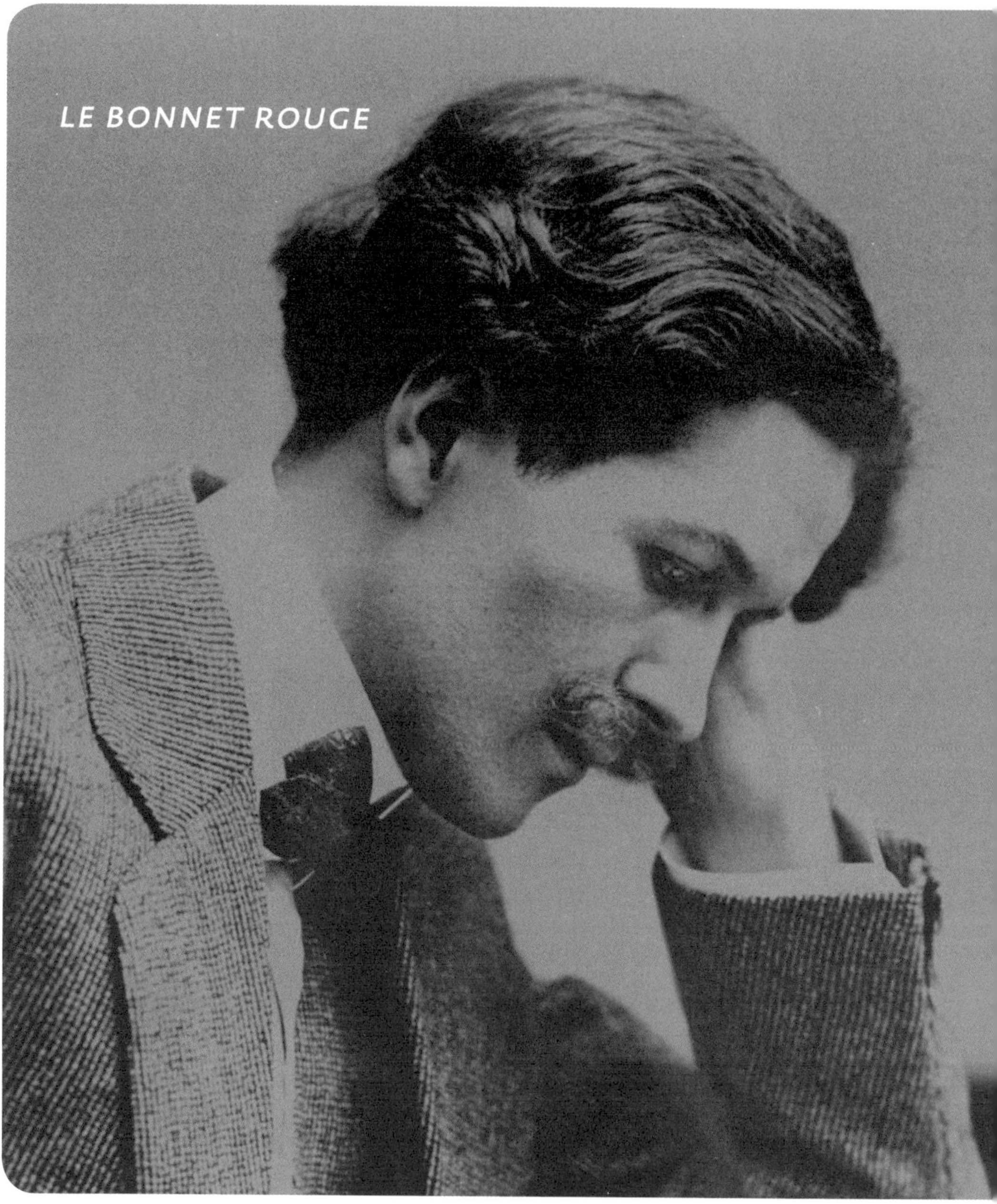
LE BONNET ROUGE

Paix-Séailles foi quem forneceu a Almereyda e Merle os recursos para que eles lançassem, em novembro de 1913, o *Bonnet Rouge*, "semanário político, satírico e fartamente ilustrado". Foi igualmente Paix-Séailles quem os estimulou e ajudou a transformar o jornal em diário vespertino. As experiências do antigo *Libertaire* – com seu financiamento aleatório que às vezes dependia até dos roubos por arrombamento do ilegalista Alexandre Jacob – ou da aventurosa criação do *Guerre Sociale* de nada serviam ante o problema, totalmente diverso, de lançar um jornal diário.

O universo em que se moviam ainda não lhes era muito familiar, e eles próprios ainda suscitavam não pouca desconfiança nos círculos da esquerda política, sobretudo entre os radicais, mas também entre os socialistas. Foram, assim, dispensados "não sem certa brutalidade",[82] pelo líder do partido radical e então ministro das Finanças, Joseph Caillaux, que no entanto almejava ter alguma influência num cotidiano de esquerda para contrabalançar um pouco a crescente importância do *Humanité* de Jaurès. Tinha inclusive tentado, pouco antes, um contato com o *Bataille Syndicaliste*, numa

---

82. Joseph Caillaux, *Mes mémoires*, v. III. Paris: Plon, 1947.

época em que, às voltas com dificuldades financeiras crescentes, o jornal do sindicalismo ameaçava desaparecer.[83]

Em todo caso, contaram com a garantia de outros apoios, e o *Bonnet Rouge* torna-se um diário em 24 de março de 1914. Almereyda como redator-chefe, e Merle, secretário-geral. O administrador, indicado por Paix-Séailles, era Paul Raoult. Completava a equipe um grupo de jovens, quase todos já velhos companheiros: Victor Méric, Jean Goldsky, René Dolié, Maurice Fournié, Georges Pioch, Fanny Clar, Raphaël Diligent.

O dinheiro levantado foi todo consumido já no primeiro número, e graças à "excepcional dedicação dos amigos e colaboradores de Almereyda"[84] é que o jornal não soçobrou no terceiro ou quarto número. Graças, também, a Caillaux. Exatamente nas poucas semanas que precederam a transformação do *Bonnet Rouge* em jornal diário, Calmette, o diretor do *Figaro*, deflagrou uma campanha acirrada contra o homem de Estado do Partido Radical. O jornal de direita começara a publicar cartas íntimas trocadas entre Caillaux e sua mulher alguns anos antes – eram então amantes, o ministro ainda preso aos laços do primeiro casamento – quando a sra. Caillaux matou Calmette, com vários tiros de revólver, na sua sala do *Figaro*.

Ao se tornar jornal diário, o *Bonnet Rouge* já no primeiro número assumia a defesa da sra. Caillaux com um artigo de Fanny Clar, e nos dias seguintes Almereyda e seus amigos defenderam ardorosamente o próprio Caillaux. Esta defesa era coerente com a linha política que o jornal pretendia manter: no plano da política interna, apoiar o bloco eleitoral de radicais e socialistas nas eleições legislativas que se avizinhavam e, em matéria de política externa, preconizar uma aproximação

---

83. Pierre Monatte, "Notre Presse Syndicale", in *Révolution prolétarienne*, fev. 1951.
84. Maurice Fournié, *Miguel Almereyda: L'Affaire du Bonnet Rouge*, relato publicado por Lang, Blanchong & Cie., set. 1917.

franco-alemã. Caillaux era o líder radical mais odiado pela direita nacionalista, tanto por sua política interna (o imposto de renda) como pela política externa, porque solucionara, sem guerra, o conflito franco-alemão no caso de Agadir. Para além dos motivos políticos, repare-se que a violência do gesto da sra. Caillaux, em si, não desgostava Almereyda – o qual acabava, em janeiro, de ser mais uma vez condenado a dois meses por agressão aos nacionalistas. Nos pequenos grupos que permaneciam revolucionários, aliás, a decisão da sra. Caillaux causara boa impressão, e o próprio *Libertaire*, embora não quisesse envolver-se neste *fait divers* das altas-rodas, dirigia-lhe elogios.

Em compensação, os jornais nacionalistas não deixavam de atacar e insultar, toda manhã e toda tarde, Caillaux e sua esposa. Os inimigos do antigo presidente do Conselho conseguiram inclusive penetrar na grande imprensa de informação e fazê-la participar da campanha por meio de notas, ou citações dos trechos mais pérfidos dos artigos do *Action Française*, ou outros veículos nacionalistas.

Caillaux nunca fora popular. Na capital, sua frieza de grande burguês aristocratizado criava um abismo entre ele e os parisienses, e a opinião pública – sensível, na época, às campanhas nacionalistas – começava a se colocar contra ele. Os jornais dos seus amigos políticos estavam, evidentemente, do seu lado, mas hesitavam em defendê-lo no mesmo tom com que era atacado. Acima de tudo, não queriam mexer na maior arma dos inimigos, o cadáver de Calmette.

Caillaux estava precisando de um jornal "bom de grito".[85] Receava que Almereyda, magoado com sua atitude no primeiro encontro de ambos, fosse juntar-se à turma que o perseguia, e ficara tocado ao ver que, "pelo contrário, assumia corajosa e claramente, sem ter sido solicitado, a defesa

---

85. Caillaux, op. cit.

da sra. Caillaux".[86] Caillaux mandou chamá-lo, manifestou sua gratidão e pediu-lhe que continuasse. "Mas é claro, seria um prazer", respondeu Almereyda. "Desde que tivesse condições para tanto."[87] E explicou-lhe a difícil situação do jornal. Caillaux prometeu ajudar e repassou-lhe, até o início de julho, diferentes quantias que somaram, no total, uns 40 mil francos.

O jornal estava salvo e Caillaux pôde assim, como escreveria em suas memórias, "retrucar aos jornais nacionalistas, impor respeito à grande imprensa, mandar finalmente publicar documentos, como o testamento de Calmette, que jamais teriam vindo à luz caso eu não dispusesse de um veículo".

Durante todo o processo, ao fim de cada audiência os Camelôs do Rei organizavam manifestações contra Caillaux. Com o agravo da situação internacional no final de julho de 1914, decorrente do rompimento das relações diplomáticas austro-sérvias, essas manifestações, principalmente quando coincidiam, no sábado à noite, com "os recolhimentos militares", transformavam-se em atos belicistas aos gritos de "Para Berlim! Para Berlim!". Por seu lado, os amigos de Caillaux tratavam de recrutar pessoas que aplaudissem o antigo ministro. O deputado Pascal Ceccaldi organizava uma espécie de guarda corsa, parcialmente constituída de indivíduos de má fama, tal como Napoleone Poggiale, Filippi, cognominado Pasquale, ou Tavera, cognominado o Assassino. Almereyda trazia-lhe o reforço dos Jovens Guardas, que em definitivo tinham se especializado no combate aos camelôs do *Action Française.* E quando as Juventudes Sindicalistas conclamavam seus membros a se manifestarem contra os "recolhimentos militares" do sábado à noite, possantes manifestações surgiam às vezes no bulevar, aos gritos de "Viva a República", "Viva Caillaux", "Abaixo a guerra", "Abaixo os três anos".

---

86. Id., ibid.
87. Id., ibid.

O *Bonnet Rouge* firmou-se e alcançou facilmente uma tiragem média de 80 mil exemplares, chegando certos dias a 200 mil.[88] O jornal inovou, em vários sentidos, as fórmulas do que viriam a ser, mais tarde, no entreguerras, os diários vespertinos, políticos ou de informação. *Paris Soir*, aliás um modelo típico desses jornais, seria fundado por Eugène Merle. As manchetes de primeira página tratavam de acontecimentos de todo tipo, fossem eles políticos, esportivos, policiais e até artísticos.

Os artigos de Almereyda, de início, não eram realmente artigos, eram "anotações" muito breves, não raro triviais. Quando polemizava, às vezes recobrava um pouco do antigo ardor, que era autêntico. Mas Almereyda nunca foi, já se sabe, um bom jornalista-escritor. Além disso, obviamente já não se encontrava no lado da trincheira que lhe era familiar quando escrevia, acerca de uma revolta de subagentes: "Uma greve dos serviços públicos não é uma greve como as outras. Envolve inúmeros interesses, e suas consequências são demasiado graves, para que não se reflita duas vezes antes de deflagrá-la".[89]

Depois do atentado de Sarajevo, quando se aproximavam os dias decisivos, Almereyda, muito envolvido na campanha Caillaux, além de ser incapaz de escrever verdadeiros editoriais, recorreu a Gustave Hervé, reproduzindo os artigos que este publicava no *Guerre Sociale*. Gustave Hervé, em 28 de julho, ainda mantinha certa esperança e desaprovava uma guerra contra a Áustria em defesa da "honra" russa. Contudo, a partir de 31 de julho, o *Bonnet Rouge* reproduz um artigo intitulado "O militarismo revolucionário" [Le militarisme révolutionnaire] no qual, finalmente, a expressão assumia seu sentido definitivo quando se lia:

---

88. Maurice Fournié, op. cit.
89. *Le Bonnet Rouge*, 25 jun. 1914.

> E, hoje como em 1793, hoje como no tempo das 'guerras até a morte' que levaram à Comuna, o nosso patriotismo revolucionário seria, se preciso fosse, a grande mola propulsora e a suprema salvaguarda da pátria em perigo.

O *Bonnet Rouge*, tal como o *Guerre Sociale*, lançara-se então em socorro da imprensa sindicalista e socialista na sua campanha de lavagem cerebral que, na França, seria responsável pelo desmoronamento, face à guerra, do movimento operário europeu.

Sob o impacto emocional causado pelo assassinato de Jaurès, imediatamente seguido pela declaração de guerra, Almereyda passou a escrever diariamente editoriais repletos de grandiloquência demagógica, que pouco destoavam do conjunto da imprensa francesa. No editorial dedicado ao assassinato do tribuno socialista ele ainda acusava, embora veladamente, os nacionalistas de serem os instigadores de Villain e declarava: "Um dia ainda acertaremos as contas", acrescentando em seguida: "Por enquanto, todos unidos pela França", e também, "Nada de represália! Calma! A Pátria da Revolução está em perigo!".

No dia seguinte, começava a guerra, "A nossa guerra", conforme o título do editorial de Almereyda, "uma guerra santa". Ele afirmava, porém, que nem por isso havia renunciado ao

> grande sonho da fraternidade universal. Pelo contrário. Nessa hora trágica que vivemos, o que torna nossos corações mais valentes é exatamente a convicção de que esta guerra traz em si a realização do grande sonho. Da guerra atual, surgirá a República da Alemanha. E a República da Alemanha significa, num futuro muito próximo, os Estados Unidos da Europa, ou seja, a paz enfim assegurada, o caminho definitivamente aberto para o progresso social!
>
> Então, avante!
>
> Socialistas, meus irmãos, releguemos nosso internacionalismo e nossa bandeira vermelha. Nosso hino será, de ora em diante, a Marselhesa, e nossa bandeira, a tricolor!

Como em 93, encerram ambos, essa em suas dobras, aquele em suas estrofes, a alma dos povos livres!

Num pós-escrito, Almereyda esclarece sua situação pessoal:

> Sou reformado. Oito anos atrás, quando o governo ofendia a mim e aos meus amigos julgando que, em caso de guerra defensiva, seríamos criminosos a ponto de nos opor à mobilização, fui reformado, não por incapacidade física, e sim, ao que tudo indica, no intuito de me afastar do exército, onde temiam ver-me exercer alguma ímpia propaganda.
>
> Hoje, seria para mim um ultraje cruel ser mantido à margem da defesa nacional.
>
> Sou saudável, e creio já ter dado provas de que não tenho medo de briga.
>
> Ontem, às seis da tarde, fui colocar-me à disposição do governo.
>
> Ante a impossibilidade de encontrar-me com o presidente do Conselho, perguntei ao sr. Malvy, ministro do Interior: 'Onde devo alistar-me?'. O sr. Malvy respondeu: 'Por ora, homens como o senhor são mais úteis em Paris do que na fronteira. Peço-lhe que fique'.
>
> 'Fico.' No exato instante em que me disserem: 'Vá!', aonde quer que seja, hei de responder: 'Presente!'.

Houve quem ponderasse, na época, que para descobrir onde se alistar não havia necessidade de ir incomodar Viviani, o presidente do Conselho, ou o ministro do Interior. O fato é que, desde algumas semanas, Almereyda, diretor de um diário que, ainda por cima, participara da campanha eleitoral do atual governo, vinha frequentando cada vez mais os círculos radicais, talvez introduzido pelo próprio Caillaux. Embora este estivesse, no momento, politicamente neutralizado pela tragédia do *Figaro* (não fosse este acidente, teria naturalmente sido chamado, ao invés de Viviani, para constituir o governo oriundo das últimas eleições), permanecia o líder dos radicais.

Por outro lado, ao mencionar a importância de Almereyda em Paris naqueles dias decisivos antes e depois da declaração de guerra, Malvy dizia a verdade. Alguns dias antes da ação, esta importância fizera-se sentir num problema delicado que ele ajudou a solucionar. Tratava-se do Carnet B, a famosa lista de suspeitos que deveriam ser automaticamente detidos em caso de mobilização, cuja existência fora justamente trazida a público por Almereyda durante uma campanha do *Guerre Sociale* no início de 1912.

Esta lista continha, em 1914, alguns nomes antimilitaristas, em sua maioria sindicalistas ou libertários, mas também bom número de socialistas e até dois parlamentares, Pierre Laval e Lauche.

Num artigo de abertura, o *Bataille Syndicaliste* aludia ao Carnet B, afirmando que "o governo achou uma única solução para a crise internacional: preparar a repressão contra a classe operária". No mesmo número, uma nota em destaque completava a informação. Na véspera, no Conselho dos Ministros presidido por Raymond Poincaré, recentemente eleito presidente da República, o ministro da Guerra exclamara: "Deixem-me a guilhotina, que eu garanto a vitória". E acrescentara:

> Que não fiquem esses homens pensando que vão simplesmente ficar trancados na prisão. Precisam saber que vamos enviá-los para as primeiras linhas de fogo: se não marcharem, pois bem, vão levar bala pela frente e por trás. Assim, ficamos livres deles.[90]

O autor do artigo acrescentava que o único ministro a protestar ante esse discurso fora Malvy, ou seja, justamente aquele a quem cabia, enquanto ministro do Interior, aplicar as instruções e deter todas as pessoas inscritas no Carnet B.

---

90. Apud Alfred Rosmer, *Le mouvement ouvrier pendant la guerre*. Paris: Librairie Travail, 1936.

Quando ficou evidente que seria decretada a mobilização geral, Almereyda foi visitar Malvy a fim de saber quais eram suas intenções com relação ao Carnet B. Num artigo publicado mais tarde, em outubro de 1915, quando estava em seu apogeu,[91] Almereyda relatou o episódio dando a entender que a decisão do governo de não aplicar o Carnet B devia-se à sua exclusiva intervenção. É improvável, pondera Rosmer, que Malvy, representante da ala esquerda radical num governo apoiado pelos socialistas, não tenha conversado com estes sobre a questão. O deputado Renaudel retrucara, aliás, na mesma época do artigo, que Malvy também conversara a respeito do Carnet B com representantes bem mais autorizados da classe operária, ou seja, se soubermos ler nas entrelinhas, com o próprio Renaudel. É provável, além disso, que Malvy tenha igualmente recebido a visita de líderes da CGT cujos nomes nunca foram conhecidos.

Seja como for, o certo é que Malvy já inclinara o governo para a tese da não aplicação automática do Carnet B quando recebeu a visita de Almereyda. Mas estava em dificuldades. Como, em poucas horas, escolher entre 3 ou 4 mil nomes? Para contornar a dificuldade, é provável que quisesse riscar os nomes dos socialistas, selecionar entre o grupo mais numeroso – os sindicalistas – e, por fim, aplicar automaticamente as instruções no caso dos anarquistas. Porém, esta divisão prévia em três grupos era, em si, difícil. As listas não raro tinham por base relatórios de policiais que não entendiam grande coisa das nuanças do antimilitarismo. Finalmente, a renovação das listas quase que se limitara ao acréscimo de novos nomes, e era provável que elas ainda incluíssem, por exemplo, o de Almereyda. Era tudo bastante complicado e extenso.

Malvy devia estar sendo sincero quando, em resposta a Almereyda, que lhe perguntava o que faria com o Carnet B, afirmou:

---

91. Paulo Emílio, em seu manuscrito, escrevera: "no apogeu do seu arrivismo". [N. O.]

"Ah! Que bom o senhor mencionar este assunto. É minha maior preocupação".

"Não deve prender ninguém!", prosseguiu Almereyda, "se prender os militantes da classe operária, nossa imprensa terá obrigação de atacá-lo, terá o grupo socialista parlamentar contra o senhor, terá a França partida ao meio".

Essa era também a opinião de Malvy.

"E se eu não prender ninguém", disse ele, "se confiar em todos esses *enfants terribles* da democracia, e amanhã me aparecerem uma bomba aqui, sabotagens ali? Que responsabilidade! Vão acabar me fuzilando".

Almereyda retrucou que Malvy não conhecia os militantes revolucionários, que os homens que estaria mandando prender, em que pese suas blasfêmias e exageros – muitas vezes provocados pela inabilidade do poder – eram os mais seguros e ardorosos patriotas.

Malvy mandou chamar Richard. O diretor da Segurança Pública considerou que não poderiam aplicar o Carnet B, a não ser no caso dos anarquistas individualistas, "único grupo que talvez escape à ação do sr. Almereyda e dos seus amigos". Almereyda protestou e pediu 24 horas para encontrar-se com o tal grupo. Retornou no dia seguinte, satisfeito com a sua missão e garantindo ao ministro que poderia confiar em todos eles.

Enquanto isso, apesar da pressão de Messimy, que trouxera para o Conselho, já assinada de seu próprio punho, uma ordem de prisão para todos os inscritos no Carnet B, pedindo a contra-assinatura de Malvy, e apesar de Clemenceau que, consultado, respondera: "Meu amigo, você seria o último dos criminosos se não saísse imediatamente da minha sala para ir assinar a ordem de prisão", Malvy convencera Viviani e a maioria dos dez ministros a segui-lo. Quando voltou a encontrar-se com Almereyda, autorizou-o a publicar a notícia no *Bonnet Rouge*.

Como se vê, Clemenceau já não acreditava em sua própria profecia de fevereiro de 1912: "Se um dia porventura for preciso marchar, esses sem-pátria virão lhes pedir um fuzil". Contudo, estava certa a sua profecia, e a política de Malvy era a única capaz de resultar numa mobilização isenta de complicações.

Foi, provavelmente, em decorrência desta colaboração direta entre Malvy e Almereyda que se estabeleceu entre os dois homens uma certa ligação, quem sabe até alguma amizade. Almereyda se gabou por muito tempo das suas novas relações políticas, a começar por Caillaux e Malvy. Este último negou, posteriormente, qualquer intimidade com o jornalista, e tentou explicar que o recebia como a qualquer outro diretor de jornal, ao passo que Daudet, Barrès e Clemenceau caíram no exagero contrário, apresentando-os como amigos íntimos que se tratavam por "você", colegas de pôquer e de alegres noitadas.

Seja como for, no início da guerra, quando despencaram as vendas do *Bonnet Rouge,* assim como a dos outros jornais de opinião, Malvy concedeu a Almereyda, como a vários outros, subvenções tiradas dos fundos secretos do Ministério do Interior.[92]

Neste período, foi absoluto o conformismo do *Bonnet Rouge* perante a guerra e o governo. Em seu editorial de 23 de agosto, "Silêncio nas fileiras!" [Silence dans le rang!], encorajava a censura, opunha-se à afirmação de que "o povo francês podia saber tudo". Escreveu Almereyda:

> Ora, vamos!, você, eu, podemos saber tudo, pois já refletimos e nos instruímos o suficiente sobre os fatos da guerra para não nos deixarmos abalar por alguma derrota. O povo, a multidão, não!

Não gostava das invectivas de Clemenceau contra o governo em *L'Homme Libre*:

---

92. Maurice Fournié, op. cit., afirma que foram distribuídos 30 milhões de francos à imprensa durante os três anos de guerra.

> A França é, neste momento, um gigantesco exército. Os jornalistas não passam de soldados. Assim também o sr. Clemenceau! Nas fileiras não discutimos. Obedecemos. Silêncio aos irresponsáveis!

Até a equipe do *Bataille Syndicaliste*, que andava comportado, e onde os anarquistas Charles Malato e Charles-Albert demonstravam o aspecto racial da luta necessária contra a Alemanha, achava que Almereyda estava exagerando.

Prosseguia Almereyda no dia 29, referindo-se, aliás, antes aos jornalistas e políticos nacionalistas que criticavam o governo do que aos sindicalistas:

> Que sejam amordaçados, o general Gallieni é um homem de pulso. Como também o novo ministro da Guerra.[93] Espera-se deles que chamem os tagarelas à razão. Se reprimir for preciso, que reprimam!

Almereyda participou integralmente da operação que mais tarde se chamou "lavagem cerebral":

> Na ação, no coração da batalha, em meio à explosão de balas e obuses, vejam o francês: um leão. Observe-o fora do combate, longe do perigo, em Paris: é uma lebre... Na linha de fogo, ri de tudo. Perigo? Morte? Não existem para ele![94]

Isso foi publicado no ápice da batalha do Marne. Enquanto o governo, parte dos deputados e parte dos jornalistas seguiam para Bordeaux, Almereyda decidiu não sair de Paris e tornou a falar em se alistar no mais exaltado tom patriótico.

---

93. Trata-se de Millerand.
94. *Le Bonnet Rouge*, 31 ago. 1914.

Em meados de setembro, houve uma brusca mudança de tom. Após a vitória dos franceses, Almereyda, juntamente com outros jornalistas, visitou o campo de batalha e, nos dias 13 a 17, publicou suas impressões com o subtítulo: "Visão de terror" [Vision d'épouvante]. Já no dia 14, a censura suprimiu o subtítulo, que Almereyda substituiu no dia 15 por "Sob as flores" [Sous les fleurs] que, como se pode imaginar, não tinha a menor relação com o texto dos artigos. Nestes artigos, não só não se falava nas flores, como tampouco se mencionava os bárbaros ou boches[95] ou o heroísmo dos soldados franceses. Versavam tão-somente sobre os cadáveres dos jovens alemães, sobre as fotos ou cartas encontradas em seus bolsos. Uma dessas fotos e cartas ainda não fora enviada, o que Almereyda se comprometeu a fazer, mais tarde, a uma noiva na Pomerânia. Adiante, encontrara uma coletânea de cantos patrióticos alemães, e oferecia a tradução de alguns que achara muito bonitos. Seu ódio desaparecera por completo e só lhe restavam horror e compaixão. Nesses artigos todos, só excepcionalmente se observa um retorno ao tom patriótico: quando ele descobre o corpo de um camponês fuzilado.

No último artigo desta série, Almereyda ainda tentou, mas com pouquíssima convicção, chegar a uma conclusão apropriada à circunstância:

> Eu não faria nada para deter a guerra. Uma vez aberto o vinho, só resta tomá-lo. Disso dependem a salvação do mundo civilizado e o futuro da liberdade. Ainda assim, permitam-me ter esperança de que esta carnificina seja a última, e que meu filho nunca veja o que, para vergonha do gênero humano, o seu pai viu.

---

95. Designação pejorativa do inimigo alemão. [N.T.]

Foi preciso este choque para Almereyda voltar um pouco à realidade e constatar que, do ponto de vista puramente político, esta realidade estava longe de ser gentil, que a União Sagrada não estava brincando e que a questão, agora, era saber se a guerra seria direcionada para a direita ou para a esquerda. Evoluía, porém, a sua própria crise pessoal, e a partir de 10 de outubro, lhe era difícil ver na guerra um objetivo em que conseguisse acreditar. Num artigo intitulado "Depois", em que transparecem o remorso e o desejo de fugir à realidade, aborda a "pretensa falência do nosso internacionalismo".[96] Quando tratava dos problemas reais do momento, era para bombardear Barrès (Você está abusando!) [Tu vas fort!] que, no *Écho de Paris*, afirmava que a espionagem alemã estava organizando o anticlericalismo na França, ou ainda para constatar, a propósito da questão das moradias, que "Doutor Tubarão[97] não estava morto".[98]

Já por volta do final do ano, um soneto de Georges Pioch,[99] "Homenagem a Albert, rei dos belgas", destoava do conjunto dos colaboradores. Na mesma época, Almereyda compunha um elogio a Karl Liebknecht e, em 2 de dezembro, uma declaração contra a guerra,

---

96. "Après", *Le Bonnet Rouge*, 15 out. 1914.
97. No original: *Monsieur Vautour* (Senhor Urubu). Expressão cunhada pelo militante anarquista Georges Cochon (1879-1959), fundador da União Sindical dos Locatários, para denominar os proprietários de imóveis que, antes da Primeira Guerra Mundial, enriqueciam às custas dos milhares de camponeses trazidos para a cidade pela Revolução Industrial. Na gravíssima crise habitacional que se instaurou, com uma demanda de habitações populares dez vezes maior do que a oferta, os lucros e desmandos desses proprietários eram evidentemente absurdos.
98. *Le Bonnet Rouge*, 16 out. 1914.
99. *Majestade, vosso exemplo, hoje, é que domina;*
Abençoando o mundo qual um céu clemente;
E a morte dos nossos filhos lançados contra os alemães
Com vossa lealdade suavemente se ilumina.

embora truncando-a de modo a esvaziá-la do seu verdadeiro conteúdo internacionalista revolucionário, inaceitável, aliás, para a censura. Ele escolhera como terreno político a defesa do Parlamento e da sua função em tempos de guerra, contra a reação e os clericalistas, polemizando especialmente com o *Écho de Paris* e o *Intransigeant*. Léo Poldès, que iniciava então sua colaboração no *Bonnet Rouge*, cobria de sarcasmos o projeto de lei apresentado por Maurice Barrès à direção da Câmara, decretando feriado nacional no dia de Joana d'Arc. A crônica de Fanny Clar sobre o ano-novo vinha repleta de melancolia e, no dia seguinte, 1º de janeiro de 1915, a propósito de 1914 exclamava

---

Para Vós, o Direito, sangrando em terras flamengas
Nutre com nobre esperança a cidade e a mina;
E o clarão de beleza que dourou Salamina
Consagra a Bélgica, inextinguivelmente.

Monarca de coração perfeito, bem lhe cabe o renome
Como brilhante soldado, e melhor: brioso homem
Que fundou no amor a sua inteira verdade...

A glória nos será mais humana e mais clara
Já que na noite fulva em que a guerra se sacia
Ergue-se, como um sol, vossa imortalidade.

À la gloire d'Albert, roi des Belges
Sire, c'est votre exemple, aujourd'hui, qui domine;/Le monde en est béni comme d'un ciel clément;/Et la mort de nos fils rués sur l'Allemand/De notre loyauté doucement s'illumine./Pour Vous, le Droit, saignant sur le pays flamand/Nourrit d'un noble espoir et la ville et la mine;/Et le jour de beauté qui dora Salamine/Consacre la Belgique, inextinguiblement./Monarque au cœur parfait, il sied qu'on vous renomme/Comme un soldat très grand, et mieux : comme un brave homme/Qui fonda sur l'amour toute sa vérité.../La gloire nous sera plus humaine et plus claire/Puisque la nuit fauve où s'assouvit la guerre/Monte comme un soleil votre immortalité.

Almereyda: "Você despertou bestialidades ancestrais em cada um de nós, e suscitou monstros".[100]

Em 1915, a linha de Almereyda e do *Bonnet Rouge* seria quase sempre a da defesa republicana. Na prática, esta defesa republicana se manifestou de diversas maneiras. Prosseguia a campanha a favor do Parlamento, e o *Bonnet Rouge* publicou uma importante série de artigos de parlamentares. Eram, na maioria, artigos de deputados radicais de esquerda, tal como o velho Camille Pelletan ou Ferdinand Buisson, que era também presidente da Liga dos Direitos do Homem, ou Édouard Herriot, ou ainda membros da direita do Partido Socialista, tal como Marcel Cachin, ou então de centristas do mesmo partido, tal como Jean Longuet, o neto de Marx. A defesa de Joseph Caillaux continuava. O ex-ministro permanecia numa espécie de ostracismo político e a imprensa nacionalista, especialmente *La Libre Parole* e *L'Action Française*, acabava de voltar ao ataque em razão de sua viagem ao Brasil.

Para as personalidades militares, a defesa republicana consistia em glorificar os oficiais republicanos, ou considerados como tal, e reduzir o eventual brilho das ações dos generais "jesuítas". Joffre era republicano e, além disso, catalão – o que era importante para Almereyda, já que seu próprio despertar patriótico vinha acompanhado de um regionalismo mais duradouro – mas seu republicanismo era pouquíssimo político e, com a vitória do Marne, ainda não ousavam contestá-lo. Almereyda cuidou do caso de Percin, amigo político de Camille Pelletan, caído em desgraça por um infortúnio militar. Logo, porém, foi definitivamente cassado o comando de Percin, que se tornaria cronista militar do jornal, e o *Bonnet Rouge* passou a dedicar-se principalmente a Sarrail. Como a censura proibia que se questionassem os oficiais, nos corredores da Câmara e nas salas de redação é que os deputados e jornalistas

---

100. *Le Bonnet Rouge*, 1º jan. 1915.

nacionalistas acusavam o general Sarrail de manter "em Verdun uma corte e mesa farta... para os deputados radicais e socialistas".[101] Na verdade, Sarrail, antigo partidário de Dreyfus, era geralmente considerado, na época, o mais esquerdista dos generais franceses e uma eminente figura da maçonaria. Além disso, era ligado a Caillaux. Por todos esses motivos, quando Sarrail foi indicado, em agosto, para comandar o Exército do Oriente, em Tessalônica, Almereyda deu grande destaque ao fato e cobriu o general de elogios. Tão logo chegou em Tessalônica, o seu oficial-ordenança, capitão Mathieu, enviou para Paris, ao endereço de Paix-Séailles, documentação confidencial com vistas a uma campanha de imprensa sobre as necessidades militares no Oriente. Paix-Séailles entregou o material a Almereyda, que o utilizou numa série de artigos publicados em fins de setembro. Posteriormente, Almereyda ainda receberia mais de uma vez, pelos mesmos intermediários, documentos para outras campanhas, que ele guardou cuidadosamente, utilizados ou não, no cofre-forte do jornal.

Almereyda fez do governo objeto de apreciações diversas que vão da constante apologia a Malvy ao violento ataque a Millerand, que se tornara ministro da Guerra: esse típico renegado do socialismo, apadrinhado pelos nacionalistas e inimigo do sindicalismo, seria o "câncer do atual gabinete", ousa escrever Almereyda em 12 de agosto, pelo que o *Bonnet Rouge* recebeu uma semana de suspensão.

Paralelamente, crescia dia após dia o tom anticlerical do jornal. No início, não passava de um anticlericalismo corriqueiro, a que nem o próprio Clemenceau ainda escapava, e que consistia em destacar a pretensa germanofilia do papa. Então, aos poucos, começou a barrar o caminho dos católicos franceses que planejavam aproveitar a guerra

---

101. L. Marcellin, *Politiques et politiciens pendant la guerre*, v. 1. Paris: La Renaissance du Livre, s. d.

para recolocar em questão certos fundamentos da República, tal como a escola laica. Vários colaboradores do *Bonnet Rouge* tomaram parte desta campanha anticlerical, inclusive o próprio Almereyda, mas foram principalmente os artigos do administrador Paul Raoult que lhe deram o tom.

Apesar de todas essas indicações, é difícil, no entanto, perceber uma verdadeira linha política coerente no conjunto do *Bonnet Rouge* desta época, ou até, simplesmente, nos artigos escritos diariamente por Almereyda. Simultaneamente, o jornal fazia uma distinção entre os alemães, e esforçava-se para mudar o tom convencional usado em relação a eles, destacando a fidelidade ao socialismo de Clara Zetkin, Rosa Luxemburgo, Karl Liebknecht, Ledebour, Franz Mehring e Otto Rühle. Também eram criticadas as ideias de "paz prematura", e Almereyda chegava a comparar a guerra com uma greve, e os que falavam em paz, com fura-greves.[102] Seus artigos voltaram a ser muito curtos, e ele foi inclusive deixando de escrever por períodos cada vez mais longos. Tinha outras ocupações. Para fazer frente às necessidades financeiras do jornal e às suas próprias que, como se viu, tornavam-se significativas, Almereyda precisou se envolver nas mais diversas operações. Para conseguir, abriu mão de vários escrúpulos.

Quando se tornara diário, o *Bonnet Rouge* empreendera uma campanha contra o alcoolismo. De modo que seus leitores ficaram um bocado surpresos ao ler, no número de 14 de janeiro de 1915, um artigo de Almereyda criticando inopinadamente um decreto contrário ao absinto e que limitava os pontos de venda de bebida alcoólica.

---

102. *Le Bonnet Rouge*, 15 jun. 1915.
Fura-greves, no original: *Jaunes*. Referência aos sindicatos patronais, ou "sindicatos amarelos" (cor de suas insígnias), criados a partir de 1899 em oposição aos sindicatos operários, com o objetivo de dividir os trabalhadores. *Jaune* incorporou, na língua francesa, o sentido de *fura-greve*. [N.T.]

Nos dias seguintes, o jornal viu-se obrigado a responder a um bom número de cartas de leitores surpresos. Algumas semanas depois, um senador do departamento do Rhône, chamado Beauvisage Georges, publicou, nas colunas da primeira página reservada aos parlamentares, uma ardorosa defesa do absinto.[103] Mais tarde, aproveitando uma grande campanha contra os entorpecentes e seus traficantes, Léo Poldès encontraria uma maneira de defender o absinto enquanto atacava a cocaína.[104]

A explicação – que não foi oferecida aos leitores – era que o *Bonnet Rouge* recebia subvenções da Weill-Picard, proprietária da marca Pernod, por intermédio do agente publicitário Marion, que também concedia a Almereyda, ocasionalmente, empréstimos de certa importância. O sr. Goulet, negociante de vinhos, verteu igualmente algum dinheiro no *Bonnet Rouge*, em nome de um sindicato de comerciantes.[105]

Um editorial de Almereyda datado de 11 de junho deve ter causado curiosa impressão em alguns leitores mais atentos. Defendia os "homens de negócios" e justificava o seu papel durante a guerra. O autor julgava que não se recorria o suficiente às suas iniciativas e fornecimentos.

Na mesma ocasião, Almereyda empenhava-se em fazer chegar ao ministro do Armamento, o socialista Albert Thomas, as reiteradas reivindicações de um industrial, o sr. Francfort, "acerca de uma licitação para fornecimento de máscaras".[106] Quer tenha sido, ou não, satisfeito o seu desejo, Francfort repassou para o caixa do *Bonnet Rouge* a considerável quantia de 130 mil francos.

---

103. *Le Bonnet Rouge*, 23 mar. 1915.
104. *Le Bonnet Rouge*, 13 set. 1915.
105. *La Revue des Causes Célèbres, Politiques et Criminelles* (1918).
106. Declaração de Albert Thomas no *Matin*, apud Monniot, *Le mystère de Fresnes*. Paris: [s. e.], 1919.

Boa parte dessas subvenções era então empregada por Almereyda em suas necessidades pessoais. Com efeito, desde que se tornara diretor do jornal e fora introduzido nos círculos da política e dos negócios da burguesia radical, um meio de "pândegos degenerados cujos costumes morais lembram os do Diretório", como lamentava o recatado Hervé, numa época em que quis novamente unir-se a eles contra a ameaça cesarista, a vida privada de Almereyda passara por mudanças ainda mais profundas que sua vida política. É possível acompanhar, através dos documentos, as diversas etapas desta última. Já sobre sua vida privada, a documentação das bibliotecas só oferece, no mais das vezes, ecos de ferozes campanhas que exigiriam um extenso trabalho de pesquisa. Citando apenas três dos temas recorrentes na pena de seus adversários – os carros, as casas e as amantes – seu número e marca variam incessantemente. Monniot menciona "três amantes caras, três residências e três automóveis".[107] Já Daudet cita duas famílias, um palacete e uma casa de campo em Saint-Cloud, e "os cinco ou seis automóveis que Almereyda possuía".[108]

Seja como for, em 1915, um velho amigo como Francis Jourdain deixou de frequentá-lo. "Deixei de ver Miguel, meio desconcertante. Diretor de um jornal diário, tinha um carro, um palacete, criados, amantes caras".[109] Kibaltchitch, ao sair da prisão, foi fazer-lhe uma visita no *Bonnet Rouge*, e encontrou-o no seu "gabinete de redação-estilo-bomboneira-império dos grandes bulevares, mais elegante, mais Rastignac[110] do que nunca". Como praticamente todos os

---

107. Monniot, op. cit.

108. Depoimento de Daudet no processo de Malvy, *La Revue des Causes Célèbres* (1918).

109. Francis Jourdain, "Une enfance", op. cit.

110. Eugène de Rastignac: personagem da *Comédia Humana* de Balzac que não hesita em usar de todos os meios para chegar aos seus fins e se integrar às altas-rodas sociais. O nome ficou como sinônimo de "arrivista". [N.T.]

revolucionários, logo deixou de frequentar Almereyda, o qual, ao que ironicamente se dizia, fazia "alta política nos baixos bastidores das altas finanças".[111]

A enumeração de Daudet, afora o delírio dos carros e o exagero do palacete, parece ser a mais próxima da verdade. Almereyda, como era usual nos meios que agora frequentava, instalara a sua amante oficial, Émilienne Brévennes, num apartamento de Montmartre, e alugara em Saint-Cloud uma casa para ele e a família, isto é, Emily e Nonô. Emily tinha sua vida própria. O menino mal via os pais, envolvidos na agitação de suas vidas, ficando a maior parte do tempo em casa com os empregados.

Jean, às vezes, tinha o prazer de sair para umas férias curtas com o pai que ele adorava, prazer partilhado por Almereyda, e adoração que bem retribuía ao filho, mas era raro. Com Fanny Clar, que se tornara sua grande amiga, é que Jean ia frequentemente para o campo, a ela é que comunicava suas descobertas e impressões sobre os animais, a natureza e os homens, eventualmente aproveitadas pela jornalista em suas crônicas.[112] Costumava passar as férias de verão no Sul, com os Aubès.

Em Saint-Cloud, era em geral à noite, correndo, que Almereyda encontrava tempo para dar um beijo em Jean, já deitado. Quando, mais tarde, Jean quis falar sobre o pai com um amigo,[113] foi o Almereyda de uma dessas noites, impecável no seu fraque, perfumado, que ele evocou...

Do Almereyda desta época, Louis Dumur esboça em seu romance um retrato malevolente, que coincide, porém, em certos aspectos, com os documentos fotográficos:

---

111. Victor Serge, op. cit.

112. Ver especialmente o *Bonnet Rouge* de 16 mai. 1914.

113. Claude Aveline.

> Um homem ainda jovem, esbelto, quase franzino, de uma equívoca elegância de prostíbulo, envolto numa rica peliça de lontra, com um chapéu de feltro mole posto de lado e ligeiramente para trás, um rosto oval, pálido, demasiado bonito, com uma expressão nervosa e depravada, um fino bigode meridional, cabelos pretos e sedosos, ondulados e cacheados, bonitos olhos escuros, aveludados, viciosos e cativantes.[114]

Num relato do *Paris-Télégrammes*, a propósito de uma estada de Almereyda em Paramé, lê-se que ele "chegou de automóvel, acompanhado de uma pessoa muito elegante, seguido de um negro que tinha função de chofer, um camareiro espanhol e dois cães enormes".[115]

Essas indicações, por fragmentárias ou questionáveis que sejam, ainda assim apresentam um Almereyda muito diferente daquele do *Libertaire* ou do *Guerre Sociale*. Olhando mais de perto, contudo, percebemos que o novo está ligado ao antigo por mais de um aspecto. Basta lembrar que na época em que Almereyda, no campo político, optara por uma eficácia imediata, uma de suas primeiras preocupações fora criar uma espécie de polícia revolucionária. Por ocasião do caso Métivier, Jean Grave não conseguiu deixar de escrever a Almereyda e Merle, saudando-os enquanto "primeiro chefe da Polícia e primeiro procurador imperial da revolução vindoura".[116] É de supor que a ideia não desagradou de todo a Almereyda se, algum tempo depois, para proibir aos Camelôs do Rei qualquer manifestação durante uma conferência, disse ele a Pujo: "Esta noite, sou aqui como um chefe da Polícia". No momento das grandes campanhas de imprensa e dos

---

114. Louis Dumur, *Les défaitistes*. Paris: Albin Michel, 1923.
115. Apud Monniot, op. cit.
116. Jean Grave, *Le mouvement libertaire sous la troisième République*. Paris: Les Œuvres Représentatives, 1930.

processos de 1917, 18 e 19, seria bastante comentada a influência de Almereyda no Ministério do Interior, e o procurador do processo Malvy apresentaria o jornalista como tendo sido, em 1915 e 1916, o verdadeiro chefe da Polícia de Paris. Os motivos para tais exageros serão compreendidos mais adiante.

O fato é que as relações cordiais que Almereyda mantinha com o ministro do Interior Malvy propiciavam-lhe alguma influência em determinados círculos desta polícia contra a qual ele tanto havia lutado. E não há dúvida de que ele a utilizou para satisfazer um gosto novo pela autoridade. A acreditarmos, porém, nos poucos fatos estabelecidos durante as investigações dos processos, Almereyda empregou seu prestígio principalmente em pequenos casos que tratavam da libertação de alguns operários italianos presos no Sul, ou da obtenção de um visto de permanência para estrangeiros ameaçados de expulsão, como um brasileiro de origem alemã ou um sírio, chamado Rabbat, que lhe emprestara cinco mil francos num momento difícil. Parece evidente que essas atividades foram, no mais das vezes, desinteressadas, e que Almereyda só se envolveu nelas porque jamais deixou de ser generoso. No entanto, ele se aproveitaria das fontes policiais a que tinha acesso em sua reiterada luta contra o *Action Française*.

E a equipe do *Action Française* fez o mesmo. Léon Daudet, a quem tampouco desagradava que seus adversários o chamassem, caçoando, a exemplo de Sembat, "procurador d'el rey", preparava-se para a luta contra a esquerda buscando apoios na polícia, principalmente na Polícia Militar, mas também entre os adversários do seu inimigo Malvy pertencentes à própria polícia deste último. Confiara a tarefa de investigar e estabelecer fichas a Marius Plateau, o adversário de Almereyda nos confrontos pelas ruas de Paris.

Altercações isoladas já haviam defrontado o *Bonnet Rouge* e o *Action Française* no primeiro trimestre de 1915, a propósito das mais diferentes questões, que iam de Joana d'Arc a Joseph Caillaux. A censura suprimira integralmente, em 7 de março de 1915, um artigo em que Almereyda acusava diretamente Urbain Gohier, um antigo companheiro que se tornara nacionalista, e Daudet, de planejarem o assassinato de Caillaux, tal como tinham assassinado Jaurès. No dia 6 de junho, o *Bonnet Rouge* desencadeou sua grande campanha contra Léon Daudet e o *Action Française*, inaugurando uma rubrica de primeira página: "Os servos do estrangeiro" [Les serviteurs de l'étranger]. Daudet revidou no dia seguinte com "Vigo, o traidor" [Vigo le traître]. Travou-se assim uma batalha de violência mortífera entre os dois jornais, em que nenhum dos dois recuava diante de nada. Ambos sustentavam a mesma tese: o outro era um agente da Alemanha. Era este um dos aspectos da luta entre duas vanguardas: a ponta monarquista do nacionalismo contra a ala esquerda dos republicanos. A ideologia do *Action Française* tinha mais coerência interna que a do *Bonnet Rouge*. A tendência da propaganda monarquista durante a guerra havia sido claramente definida: supervalorização militarista, depreciação do parlamento e outras instituições "a fim de que nossos amigos do *front* encontrem ao regressar um exército firme para derrubar a República e estabelecer o nosso Rei. Esta guerra terá ao menos servido para alguma coisa".[117] Daudet, em 1915, colocou em surdina a campanha que vinha travando contra o Cassino de Monte Carlo, denunciado como o principal centro de espionagem alemã na França,[118] e começou a elaborar outra tese, que mais tarde ficaria famosa e até oficial: a existência, na França, de um gigantesco esquema de traição (em cujo cerne atuava Caillaux), com ramificações por toda parte, notadamente dentro do governo, onde era representado por Malvy, e na imprensa, pelo *Bonnet Rouge*.

---

117. Declaração de Léon Daudet, de 22 mai. 1916, de acordo com um relatório da polícia. Apud Malvy, *Mon crime*. Paris: Flammarion, 1921.

118. André Gaucher, *L'honorable Léon Daudet*. Paris: Parole Française, [192-].

Contra Almereyda, particularmente, Daudet tratava de ir buscar no seu passado os fatos mais passíveis de impressionar desfavoravelmente a opinião pública e colocá-los em destaque. Mais tarde, o panfletário monarquista resumiria, ele próprio, sua campanha contra Almereyda, ao afirmar: "Este ladrão, este fabricante de explosivos, este malfeitor que é, por sua vez, chefe de malfeitores".[119] Além de duas referências às aventuras de juventude de Almereyda e a suas atividades de chefe dos Jovens Guardas, o *Action Française* também alardeava suas antigas atividades antimilitaristas e, apesar da violência extrema de sua linguagem, ainda não resvalava na calúnia pura e simples. Daudet pareceu atribuir imensa importância à descoberta do verdadeiro nome de Almereyda, passando a chamá-lo sempre de Vigo, assim como o *Bonnet Rouge* em sua coluna passou a ser sempre *Le Torchon*.[120] Sem nunca dar uma explicação clara, Daudet insinuava constantemente, com ar entendido, que não por acaso escondia-se Vigo por trás do nome Almereyda, sendo esta a chave de muitos mistérios. Num processo que o *Action Française* iria mover contra Almereyda, o seu advogado, como outros no passado, precisou dar explicações a este respeito. "Com efeito", afirma o dr. De Monzie no seu arrazoado, "Miguel Almereyda é um pseudônimo, sendo o verdadeiro nome de meu cliente Eugène Bonaventure de Vigo. Trata-se do neto do antigo *viguier* de Andorra".[121] Era a primeira vez que se evocava publicamente a imagem do *viguier*, o que não impediu Daudet, logo imitado por Barrès e outros, de continuar jogando este nome – Vigo – na cara de Almereyda, como ameaça, depois como acusação, por fim como ofensa, numa demonstração do estranho poder da polêmica.

---

119. Depoimento de Daudet no processo *Malvy, La Revue des Causes Célèbres*.
120. Pano de chão ou, também, texto mal redigido. [N.T.]
121. *Le Bonnet Rouge*, 16 mar. 1916.

Vasculhando a vida e as amizades de Daudet, o *Bonnet Rouge* apresentava-o como uma espécie de cafetão à espreita da herança de senhoras idosas, um homem perdido com vícios caros e disposto a tudo por dinheiro. No plano político, Almereyda afirmava que "para restaurar a monarquia, Daudet aposta numa guerra desastrosa"[122] e que Maurras, "ao procurar novas colaborações, encontrou a do inimigo".[123] Era justamente no terreno político que o *Bonnet Rouge* estava em posição de inferioridade em relação ao *Action Française*, porque não possuía um projeto bem definido nem uma tese consequente. Almereyda atacava veementemente o *Action Française* em nome dos interesses da França em guerra, mas ele próprio acreditava cada vez menos na guerra. O *Bonnet Rouge* não tinha nenhuma ideologia, percebe-se nele principalmente um estado de espírito. Almereyda e os demais redatores tinham inclusive o sentimento de que, ao tomarem parte da guerra, a esquerda socialista e, principalmente, a extrema esquerda sindicalista, haviam sido logradas. Mas eles, além de já não serem militantes, não sabiam como se reabilitar e sair da situação em que se tinham colocado. Ao final de 1915, esta confusão se manifestava de diversas maneiras: pelo vínculo com Caillaux, tido por desejar uma paz de compromisso, pela defesa de Romain Rolland, que procurava ser lúcido, ou pela simpatia demonstrada ao relatar a reunião internacional dos socialistas ocorrida em Zimmerwald em setembro de 1915.

A posição de Gustave Hervé era bem diferente. Seu pensamento acompanhava a corrente e vinha se tornando mais e mais nacionalista, já sem a menor possibilidade de volta. Escrevia, em 24 de dezembro de 1915, no *Guerre Sociale*:

---

122. *Le Bonnet Rouge*, 16 jun. 1915.
123. Id., ibid.

> Faço questão de proclamar que nos sentimos mais próximos do mais clericalista e reacionário dos patriotas franceses, que deseja a guerra até o aniquilamento do militarismo prussiano, do que dos pseudossocialistas de Zimmerwald, que parecem muito dispostos a aceitar a paz alemã. Não queremos mais nenhuma guerra social, nenhuma guerra civil, nem hoje e nem amanhã,

e Hervé anunciava então que, no início de 1916, o *Guerre Sociale* se tornaria *La Victoire*.

O *Bonnet Rouge* reproduziu, sem comentários, a declaração de Hervé, mas no dia seguinte Almereyda publicou um artigo que ele escrevera em 1912 para o Almanaque do *Guerre Sociale*: "Como nasceu o *Guerre Sociale*". [Comment naquit *La Guerre Sociale*]. Destacando o papel preponderante, seu e de Merle, na criação do jornal revolucionário, Almereyda queria dar a entender que, no exato momento em que Hervé abandonava não só a bandeira, mas também o título do *Guerre Sociale*, o *Bonnet Rouge* pretendia perpetuar sua tradição.

Almereyda anunciou pessoalmente a Viviani e Malvy, no início de 1916, que não estava mais de acordo com a linha política do governo e tencionava recobrar sua liberdade de ação e de crítica. Malvy deixou de subvencionar o jornal e Viviani aconselhou aos parlamentares que não colaborassem mais no *Bonnet Rouge*. O fim da subvenção chegava em mau momento. Desde algum tempo o jornal vinha atravessando nova crise financeira. Merle e Dolié haviam sido convocados. A incapacidade administrativa de Almereyda, já observada dez anos antes por Yvetot, e agravada por sua vida desordenada e uma saúde cada vez mais precária, estava levando o *Bonnet Rouge* à falência.

Almereyda recorreu a Marion, que lhe adiantou 25 mil francos. Alguns dias depois, quando obteve das empresas cuja publicidade dirigia um novo depósito de 40 mil francos para o *Bonnet Rouge*, Marion se ofereceu para administrar o jornal. Almereyda aceitou, mas Marion, pouco depois, ficou impossibilitado de realizar a função e sugeriu um certo Duval para substituí-lo.

Duval, por muito tempo um modesto funcionário da Assistência Social,[124] tornara-se jornalista já em idade avançada. Tinha por volta de cinquenta anos e, do ponto de vista político, sua origem era bem diferente daquela da equipe do *Bonnet Rouge*, já tendo sido agente eleitoral do nacionalista Dausset e redator-chefe da *Revue Française*, veículo de direita com certa tendência clerical. A partir da guerra, por intermédio de Dausset tornara-se administrador de uma empresa em vias de liquidação, a San Stefano. A Société des Bains de Mer San Stefano [Sociedade dos Banhos de Mar San Stefano] planejava investir em hotéis e num cassino na Turquia. O negócio, que envolvia principalmente capitais alemães e franceses, ficara comprometido com a guerra e a liquidação estava sendo efetuada em terreno neutro, na Suíça. Enquanto representante dos interesses dos capitalistas franceses, Duval efetuava viagens frequentes, munido de passaportes regulares expedidos pelo Ministério do Interior. Aproveitava suas estadas na Suíça e os contatos que estabelecera com os representantes dos interesses alemães na sociedade para redigir relatórios sobre a situação interna da Alemanha, que ele em seguida comunicava à Segurança Nacional. Dispondo de quantias consideráveis, que lhe permitiam emprestar à vontade ao *Bonnet Rouge*, e até participar, mais tarde, da fundação de um novo jornal, Duval nunca deixara – e também nisso se diferenciava do seu novo meio – de ter um padrão de vida modesto, ao lado da esposa iletrada, humilde empregada de lavanderia no hospital Lariboisière,

---

124. "Assistance Publique", hoje, "Aide Sociale". Trata-se de um conjunto de vários tipos de auxílio financeiro a pessoas abaixo do padrão mínimo de renda, sejam velhos, crianças etc. É comum, nos romances da época, a menção aos "enfants de l'Assistance", órfãos encaminhados a asilos. [N. T.]

que nunca largou o trabalho. Duval, em compensação, era educado e fino, e em breve daria a medida do seu talento numa nova rubrica que viria a assumir no *Bonnet Rouge*, além do seu trabalho de administrador.

Também por intermédio de Marion, Jacques Landau ingressara no jornal. Jornalista de amenidades de uns quarenta anos, já tinha sido diretor de uma temível gazeta panfletária, *Je Dis Tout* [Eu digo tudo], e era adversário de Maurras, com quem já se batera em duelo. Na primavera de 1916 o *Bonnet Rouge*, apesar de todas as suas contradições, adotava definitivamente o tom que iria singularizá-lo na imprensa francesa da época. A expressão *jusqu'au-boutisme*,[125] designando a vontade de guerra até a morte, sem medir sacrifícios, pode ter sido cunhada no *Bonnet Rouge*. Em 25 de maio de 1916, Almereyda chegou a apresentar aos *jusqu'au-boutistes* o espectro da guilhotina: "Ah!", exclamava ele, num artigo intitulado "Até o fim" [Jusqu'au bout],

> Vocês rejeitam a mediação? O que vocês querem é o êxito completo?
>
> Então, vamos lá! Mas em caso de tiro perdido, ainda resta aos inábeis esta sexta arma.
>
> Estamos entendidos?

O general Percin, que se manteve *jusqu'au-boutiste*,[126] foi substituído na rubrica militar por Landau, que assinava como General N. artigos em que divulgava aos civis distantes da frente de batalha expressões como *lavagem cerebral* e *lavadores de cérebros*, já populares no exército. O tom com que defendiam Romain Rolland foi se elevando e, na medida em

---

125. De *jusqu'au bout*, até o fim. Entrou para a língua como sinônimo de extremismo em idéias políticas. [N.T.]

126. No entanto, pelos nacionalistas era considerado pacifista porque gostava de aludir ao *slogan* da "última das guerras".

que o permitia a censura, cada dia mais severa com uns e mais indulgente com Clemenceau, publicavam todos os artigos e apelos do escritor. Foi esta uma das maiores críticas ao *Bonnet Rouge* no processo de 1918. Sem disfarçar o quanto lamentava não ter sido incumbido de montar o processo contra o escritor, o tenente Mornet, comissário do governo perante o Terceiro Conselho de Guerra, iria declarar em seu requisitório:

> Outra apologia um tanto significativa, e que indica o rumo que esses homens foram tomando aos poucos, a apologia de Romain Rolland [...] Senhores, não preciso montar o seu processo: basta preparar o do *Bonnet Rouge* e lembrar, como decorrência, da atitude dos homens envolvidos, até demais, infelizmente, na atuação desses que hoje estão sendo julgados.
>
> Observo, em 1915, no *Bonnet Rouge*, uma nota nada discreta, e sim ditirâmbica, em favor de Romain Rolland. Todos são livres de pensar o que quiserem sobre Romain Rolland do ponto de vista literário. Poderão dizer que foi um grande escritor, mas nunca dirão que foi um grande francês. Quem sabe até, senhores, se no futuro aqueles que lerem Romain Rolland não chegarão a se perguntar se ele era um francês ou um novo Henri Heine. Aliás, não, senhores, pois Henri Heine soube render à França uma justiça que Romain Rolland jamais lhe rendeu.

Mornet não esqueceu de acrescentar que a nota do *Bonnet Rouge* talvez fosse, em toda a imprensa francesa, a única favorável a Romain Rolland.[127]

Quando o escritor recebeu o prêmio Nobel, o *Bonnet Rouge* dedicou-lhe um número quase inteiro. A Almereyda, que "lhe pergunta o que ele pensa sobre o papel da literatura (censurado) e depois da guerra", Roland responde:

---

127. *La Revue des Causes Célèbres* (1918).

Está me perguntando qual deve ser a atitude dos escritores depois da guerra.

Para eles, existe um só dever, igual antes e depois: a verdade. Mas tenho esperança de que, depois, mais homens hão de conhecer esta verdade e saber o seu preço. Vão tê-la visto face a face, dentro da dor e do horror...

Pois então, que falem, que falem todos! Que cada um deles diga o que viu, sentiu, pensou, até o fim! Que se atreva a olhar até o fundo da própria consciência, que se atreva a trazer à tona e submeter à luz terrível e saudável da realidade tudo aquilo que esconde ciosamente na sombra do coração: crenças verdadeiras ou falsas, convenções, preconceitos, pequenos credos laicos, obrigatórios, mas não gratuitos! Que cada um reponha tudo em questão: os próprios sentimentos e ideias – que foram grandes e estimulantes um dia, mas são hoje em grande parte princípios de morte – ídolos soberbos e mofados!

Precisamos livrar a consciência social das mentiras com que a educação do Estado, as tradições interessadas, os hábitos de preguiça orgulhosa, o medo da confusão ou do esforço, sufocam a vida moderna.

Tarefa: limpar a casa de modo a abrir espaço para o ar fresco, a luz e o sopro do amanhã.

Palavra de ordem: 'Abaixo a mentira!'.

Sei de muitos franceses que saberão se dedicar a isso.[128]

Para conduzir abertamente a luta pela paz, recorreram, em 13 de setembro, a citações como a de Victor Hugo: "E nós, nós todos que estamos aqui, o que queremos? A paz, queremos a paz. Queremos o imenso apaziguamento dos ódios".

O que parece admirável, porém, ao leitor moderno do *Bonnet Rouge*, quando não ao contemporâneo, muito mais que os textos em nobre estilo de Roland ou Hugo, é a rubrica *De um assunto a outro* [A Batons

---

128. *Le Bonnet Rouge*, 17 nov. 1916.

Rompus], onde Duval publicava as crônicas assinadas sr. Badin.[129] Na época, o sentido dessas crônicas parece ter escapado à média dos leitores e até, não raro, às suspeitas da censura – Bouchardon, capitão-instrutor encarregado dos casos de traição entendeu que sr. Badin era um pseudônimo de Anatole France.[130] O método habitual de Duval era partir da propaganda oficial e da imprensa nacionalista e levá-las às últimas consequências. O efeito era de uma comicidade não raro irresistível, por vezes trágica.

Depois de constatar, segundo as informações oficiais, a abundância generalizada dos gêneros de primeira necessidade, o sr. Badin simplesmente observava, numa conclusão ligeira, que "se não se encontra carvão em lugar nenhum, é porque o ardor guerreiro que abrasa toda a nação tornou desnecessário o uso dos demais combustíveis". Fazendo eco ao otimismo oficial diante da participação, para breve, de várias repúblicas sul-americanas na guerra, ele acrescentava: "Por fim, um último fato acaba de nos tranquilizar. Os pinguins estão se mobilizando e se preparando para declarar guerra à Alemanha", o que só vinha a fortalecer a impressão do capitão Bouchardon. Mas Maurice Barrès era quem mais dava oportunidades à verve desencantada de Duval, e um diálogo entre o sr. Badin e uma vaca patriota no pasto, orgulhosa de saber que os rins do seu jovem vitelo foram servidos à mesa do acadêmico[131] permanece um modelo de humor. Nem em 1918, perante seus juízes militares, Duval deixou em paz o acadêmico, e explicava ao tenente Mornet que reprovava os seus artigos: "Mas eu nunca choquei pessoas sensatas; choquei pessoas como o sr. Barrès".[132]

---

129. Badin: jocoso, alegre. [N.T.]

130. A. Fabre-Luce, *Caillaux*. Paris: Nouvelle Revue Française, 1933.

131. O escritor Maurice Barrès [1862-1923] foi eleito em 1906 para a Academia Francesa de Letras. [N.T.]

132. *La Revue des Causes Célèbres*, 1918.

O *Bonnet Rouge*, contudo, não se limitava a expressar um vago anseio de paz ou a ironizar os *jusqu'au-boutistes*. Almereyda procurava simultaneamente orientar o jornal para os diferentes rumos de onde pudesse vir a paz. Continuava apoiando Caillaux que, entre os radicais e na intimidade, preconizava veementemente a paz negociada. Por outro lado, suas simpatias iam para os socialistas minoritários que tinham se desligado da União Sagrada. A defesa "dos homens de Zimmerwald e Kienthal", de início apresentada pelo ângulo patriótico, passou a sê-lo pelo do internacionalismo revolucionário, às vezes por Longuet, que mudara para a esquerda socialista.

No plano militar, o entusiasmo do *Bonnet Rouge* atinha-se a umas poucas derrotas infligidas aos búlgaros pelo Exército do Oriente comandado por Sarrail, a quem Caillaux, nos devaneios que compensavam sua inatividade forçada, atribuía importante papel num hipotético golpe de Estado, anterior ou posterior – dependendo das circunstâncias – a uma paz negociada.

Quanto ao governo, embora sustentando uma oposição constante ao gabinete Briand como um todo, o jornal não deixava de apoiar certos gestos isolados de Viviani ou Malvy. Este, pressionado pela campanha do *Action Française*, que começava a questioná-lo, se bem que de forma velada devido à censura, estava preocupado com a orientação do *Bonnet Rouge* e a audácia com que combatia esta censura. Além disso, chegavam-lhe comentários relativos às despesas pessoais e aos carros do diretor do *Bonnet Rouge*, e ele encarregou o policial Dumas de investigar a respeito. Assim que foi informado dos resultados, no dia 7 de setembro, mandou convocar Almereyda. Este, que "parecia estar doente, bastante indisposto", prestou esclarecimentos ao ministro sobre os seus recursos e, quanto aos famosos carros, explicou que não possuía nenhum, mas que utilizava automóveis de uma garagem de Levallois-Perret. Tranquilizado, Malvy informou a Dumas, meio desapontado, "que sua investigação não acrescentava muita coisa, não, não acrescentava".[133]

Os problemas de saúde de Almereyda tornavam-se alarmantes. Para suportar dores que vinham aumentando diariamente, ele apelava para a morfina. Uma primeira cirurgia trouxe-lhe um alívio temporário, mas não lhe deu forças para abandonar a droga. À sua volta, começavam a se preparar para a eventualidade de sua morte. Duval, cujo crédito no jornal já passava dos 150 mil francos, temia por seu dinheiro. A fim de evitar qualquer surpresa, organizou com Marion, em acordo com Landau e até Goldsky, sua entrada em posse do jornal.

Depois de uma segunda cirurgia, Almereyda achava-se convalescendo em Marselha e não tinha a menor intenção de morrer. Percebia claramente o plano dos seus colaboradores, e tampouco tinha a menor intenção de deixar por isso mesmo. Acostumado que estava, agora, a pensar grande, planejava se safar aumentando a difusão do jornal, com capitais obtidos em Paris e a criação, em Marselha, de uma edição regional, e aproveitava a sua estada para estudar as possibilidades *in loco*. Entretanto, conta Maurice Fournié[134] que nesta época, ao comprar o *Bonnet Rouge* na [avenida de la] Cannebière, Almereyda conferia todo dia, meio brincando e meio a sério, se seu nome não havia sumido do expediente.

Ele ainda tinha gosto pela luta. Mas as doenças, a droga e os prazeres haviam consumido sua energia. Almereyda se tornara preguiçoso. Teve, contudo, antes do final da convalescença, um desses surtos de energia de que fala Eugène Merle,[135] retornou a Paris em dezembro de 1916 e reergueu a situação do *Bonnet Rouge*. Com Cohen, banqueiro e homem

---

133. Processo Malvy, *La Revue des Causes Célèbres* (1918).
134. M. Fournié, op. cit.
135. Depoimento no processo do *Bonnet Rouge*, *La Revue des Causes Célèbres* (1918).

de negócios, obteve 200 mil francos e reembolsou parcialmente Duval. É com satisfação que Almereyda veria Landau e Goldsky se desligarem em fevereiro do *Bonnet Rouge*, não fosse eles estarem se dedicando a outro jornal, o *Tranchée Républicaine* [Trincheira Republicana], lançado graças ao apoio financeiro de Duval e que, por sua fórmula e suas tendências, iria tornar-se um concorrente. Assim como o *Bonnet Rouge*, o *Tranchée Républicaine* buscava uma aproximação com todas as forças pacifistas, desde a tendência um tanto conservadora representada por um Caillaux, até os socialistas que se mantinham internacionalistas e revolucionários. Se o *Bonnet Rouge* contava com Romain Rolland, o *Tranchée* publicava cartas de Anatole France.

Almereyda começou a apostar na carta da paz com mais afinco no início de 1917. Contra os militares, procurava mais uma vez apoiar-se no Parlamento e na pouca atividade dos deputados. A propósito de um bofetão infligido a um deles por um oficial, escreveu: "Graças à indolência excessivamente prolongada de alguns parlamentares é que os partidos da reação, sempre com o apoio – não há nada de novo debaixo do sol – da cruz e da espada, puderam ter esta audácia e estas insolências".[136] A intervenção de Wilson, pedindo aos beligerantes que dessem a conhecer seus objetivos de guerra como condição prévia para negociações com vista à paz, foi recebida com entusiasmo. A Revolução Russa de fevereiro[137] foi saudada com um entusiasmo ainda maior, e em 8 de maio de 1917 o *Bonnet Rouge* divulgou as explicações de Lênin, considerado pelo conjunto da imprensa francesa como um agente do Estado-Maior alemão, relativas às condições de sua travessia do território alemão.

---

136. *Le Bonnet Rouge*, 21 dez. 1916.
137. "Março" no original, devido à defasagem entre o calendário gregoriano, adotado na época pelos russos, e o nosso calendário juliano. [N.O.]

Pela primeira vez desde a guerra, foi autorizado um comício. Tratava-se justamente de uma reunião em homenagem à Revolução Russa e, a propósito do cartaz afixado nas paredes de Paris pela Liga dos Direitos do Homem, o *Bonnet Rouge* menciona as "palavras tão sugestivas de um comício ou revolução. A era dos grandes comícios não se encerrou em 2 de agosto de 1914", prossegue o jornal. "A vida pública está recomeçando. Vamos poder nos apaixonar, e decerto lutar um pouco também. É tão bom lutar quando se sabe por que e contra quem se luta..."[138]

Quinze dias depois, deram-se as ofensivas desastrosas do general Nivelle, militar medíocre promovido a generalíssimo graças a Poincaré e, entre o final de abril e o final de junho, foi se amotinando um número crescente de soldados que já não sabiam por que lutavam. A rebelião do exército francês alcançou 75 regimentos de infantaria, 23 batalhões de cavalaria ligeira e doze regimentos de artilharia. Oficiais foram executados, bandeiras vermelhas surgiram, soldados cantaram a *Internacional*. Soube-se, no *front*, que soldados vietnamitas andavam atirando em mulheres grevistas em Paris, e os amotinados quiseram marchar sobre a capital.

Isso só viria a público muito mais tarde. Durante aqueles meses decisivos, o país não sabia de praticamente nada. De qualquer modo, na França, nenhum grupo organizado estava apto a aproveitar a crise revolucionária de abril-junho para mudar o rumo dos acontecimentos. Do lado da classe operária, o núcleo criado no início da guerra em torno de Pierre Monatte e Alfred Rosmer, embora com influência crescente, ainda não representava mais que uma ínfima minoria. Ligados a eles, alguns socialistas como Jean Longuet ou Rappoport tinham igualmente escolhido a via revolucionária. Porém, não passavam de um punhado

---

138. *Le Bonnet Rouge*, 21 abr. 1917. Apud Charles-Léon Claudy, *Le Bonnet Rouge*. Paris: Eugène Figuière, [19--].

de homens perdidos em meio a aventureiros à Laval, oportunistas à Cachin, governistas à Thomas ou hesitantes à Renaudel.

Do lado burguês, só existia a lucidez conservadora de Joseph Caillaux. Ele se atinha ao modelo – nem paz alemã, nem paz francesa, e sim uma paz europeia – e via com clareza que, em 1914-15, a França só conseguira, e a muito custo, sustentar a guerra graças à participação russa, e que a partir de 1917 os franceses já não podiam continuar sem depender dos reforços americanos. Ele via a Europa perdendo o seu lugar preponderante no mundo e queria se opor a este processo através de uma paz negociada com a Alemanha e a construção de uma nova Europa burguesa. Mas Caillaux não tinha meios de alimentar este sonho e limitava-se a desejar que Sarrail fosse promovido a generalíssimo. Afora isso, o pacifismo, qualquer que fosse em 1917, era egresso da esquerda, e o reforço militar dos alemães em seguida aos acontecimentos na Rússia, em breve tornavam a Revolução impopular. A hábil repressão de Pétain e a perspectiva da chegada dos americanos, enquanto dominavam a rebelião do exército também levantavam o moral patriótico da nação. A crise revolucionária viria a beneficiar os nacionalistas. Os sucessivos governos da República, com Viviani em primeiro, Briand que acabava de cair, Ribot que ocupava o cargo, Painlevé que iria lhe suceder, haviam se mostrado, ou iriam se mostrar incapazes de conduzir de fato a guerra ou de concluir a paz. Caillaux julgava-se capaz de firmar a paz. Clemenceau, a guerra. O velho Tigre se preparava.

Muito se exagerou, para fins de propaganda nacionalista, clemencista ou poincarista, as chances e a eficácia do "partido da paz" de Caillaux, assim como o papel de Almereyda neste movimento. A atuação de Caillaux se limitava a contatos e diligências nas esferas parlamentar e jornalística, e a Liga Republicana que ele pretendia fundar nunca passou do estágio de projeto, de acordo com Almereyda e outros jornalistas pacifistas. Naquele momento, Almereyda já não era capaz de sustentar uma atividade continuada. No entanto, esta propaganda deixou marcas duradouras e, trinta anos depois, Victor Serge, falando sobre este período – que ele, ausente de Paris, só viria a conhecer depois – diria que Almereyda se tornara o "*condottiere* deste partido" (da paz) e, em caso de êxito, "teria sido um ministro popular, capaz de explorar sincera e perfidamente os sentimentos das massas socialistas e anarquizantes". Na verdade, nesse primeiro semestre de 1917 Almereyda encontrava-se num estado de absoluto desgaste físico, já dependia de um carro para se deslocar e só se mantinha em pé graças a doses crescentes de morfina e, mais tarde, heroína. Escreveu mal alguns artigos em apoio às primeiras declarações do governo Ribot, ou uma carta aberta de demissão da Liga Antialcoólica. A notícia da morte, no *front*, de René Dolié, em seguida à de Léon Israel, seus dois amigos mais chegados desde a época dos Jovens Guardas, mergulhou-o na maior desolação. Foi julgado mais um processo entre o *Bonnet Rouge* e o *Action Française* e, desta feita, Almereyda, que era parte civil, ganhou.

A luta contra o *Action Française* não cessara um dia sequer. Mais tarde, fazendo as contas, Daudet constatou que havia sido atacado em mais de setecentos números do jornal. A polêmica, sempre violenta ao extremo, conhecera no entanto diferentes fases. Na primeira, Almereyda retrucava a Maurras, o qual propusera uma discussão, que se tratava de uma "execução": "Enfie na cabeça esta palavra: *executar*, e não nos venha mais falar em começar uma controvérsia".[139] À censura que tentava impedir o prosseguimento da campanha contra Daudet, dizia Almereyda: "Quando puserem uma focinheira neste canalha do Daudet, e em todos os seus congêneres, aí sim consentiremos em calar. Antes disso, não!".[140]

---

139. *Le Bonnet Rouge*, 25 jun. 1915.
140. *Le Bonnet Rouge*, 5 out. 1915.

Daudet, lá por dezembro de 1915, começara a pedir a prisão de "Vigo", acusando-o de ser amigo dos senhores Lombard e Garfunkel, os quais tinham problemas com a Justiça militar. A partir daí, Daudet e Almereyda conseguiram ir ainda mais longe no ódio e na violência.

> Embora sifilítico hereditário, embora imperfeitamente curado da sua morfinomania, embora se dedique ao ocultismo e à esbórnia, embora o medo do diabo altere vez ou outra suas faculdades mentais, Daudet não é louco. É um bandido defendendo a própria pele, e um porco defendendo a sua gamela.

Escrita num estilo melhor, alterado o nome de Daudet, suprimidas as alusões ao ocultismo e ao medo do diabo, esta frase poderia ser extraída dos ataques do *Action Française* contra Almereyda. Escreve ainda Almereyda:

> O temor de Daudet é que eu venha a ajuntar, depois da guerra, contra ele e o seu bando, os nossos militantes vindos do *front*. O *Action Française* representa, para o desenvolvimento da República e o futuro da civilização, um perigo tão real como os boches.[141] E quem há de esmagá-lo sou eu...[142]

Daudet, no dia seguinte, acusava friamente Almereyda de ter sido agente provocador a serviço da polícia nos tempos do *Guerre Sociale* e das sabotagens. Louis Grandidier, no *Bataille Syndicaliste*, defendeu Almereyda da monstruosa acusação e Hervé, já politicamente tão distante do seu antigo discípulo, escrevia, em 31 de dezembro:

---

141. Buscamos de volta, para esta circunstância, a palavra banida.
142. *Le Bonnet Rouge*, 17 dez. 1915.

> Miguel Almereyda, com todos os seus defeitos – pois ele tem sua cota, como todo mundo –, é, de todos os revolucionários que conheci intimamente no tempo em que preparávamos a Revolução Social e estávamos alojados nas mesmas prisões, a alma mais altiva, o coração mais valente, o caráter mais leal. Não falo na sua bravura, que já é lendária.

Este ataque ao que ele tivera de puro na vida, a sua juventude libertária, comoveu Almereyda. Agora era a sua vez de propor uma discussão. Depois de afirmar a Daudet que, em tempos normais, lhe teria queimado os miolos, pediu que um júri de honra examinasse as acusações precisas do *Action Française*, a saber, enriquecimento através de fornecimentos ao exército, posse de um palacete, reforma militar fraudulenta, amizade com Lombard e Garfunkel etc. Daudet recusou, respondendo que era perante a Justiça que ele teria de se explicar.

A luta se trava por duas vezes perante os tribunais correcionais, mas não foi ali que ela se deu de fato, com seu aspecto irremediável de luta de morte. Nesse meio-tempo, a polícia privada de Daudet e Plateau se tornara poderosa, graças à ampla cumplicidade que havia angariado na Polícia Militar, em alguns setores da Polícia Civil, e jogando habilmente com a tradicional rivalidade entre as duas instituições.

Simultaneamente, com o esfriamento de suas relações com Malvy e, na medida em que, em meio a uma total confusão ideológica e à desordem de sua vida privada, Almereyda tentava reatar com algumas ideias da sua juventude, flertando com uma solução revolucionária da guerra, delineava-se contra ele um endurecimento desconfiado no círculo do ministro do Interior. Não é impossível que esta semirruptura com a polícia tenha proporcionado a Almereyda uma espécie de alívio. Se, por um lado, ficava privado de informações detalhadas sobre as atividades dos monarquistas, ou de alguma ínfima informação sobre os hábitos morais do inimigo, o que não deixava de ter importância dado o nível extremamente rasteiro da polêmica, por outro, ele já estava cansado desta luta diária por meio de insultos na imprensa e intrigas policiais. Não apenas sentia-se vulnerável, como também, por um retorno à sua antiga mentalidade, restava-lhe uma exclusiva perspectiva: "Assim que acabar a guerra", ficava repetindo aos amigos, "o *Action Française* vai desaparecer num ato da justiça sumária das periferias. Vai pagar, de uma só cajadada, pelo assassinato de Jaurès, por todo o passado e todo o presente".[143]

Do lado do *Action Française*, as teses de Daudet tinham se ampliado consideravelmente. No momento, a censura ainda impedia que ele as expusesse claramente ao grande público, o que ele se limitava a fazer, privadamente, aos políticos, jornalistas e militares. Qualquer acontecimento negativo era, aos seus olhos, o hábil resultado de uma atuação combinada entre o Estado-Maior alemão e os judeus. Esta atuação já se manifestara na Rússia durante o primeiro semestre de 1917, através da Revolução de Kerenski, e prosseguia através das maquinações de Lênin e Trótski. Em relação à França, o plano deles era mais ou menos igual. Além de empregar os seus quadros – notadamente Malvy e Almereyda – num eficiente trabalho de espionagem militar (daí o insucesso da ofensiva Nivelle em abril), o Estado-Maior alemão estava organizando a revolução na França, cujas primeiras manifestações haviam sido os motins no *front*, e em Paris, algumas greves. Os dois principais centros desta ação revolucionária pró-alemã eram o Ministério do Interior de Malvy e o *Bonnet Rouge*, sendo o conjunto, naturalmente, dirigido por Caillaux. A maioria dos jornalistas, políticos e militares nacionalistas acabou, não raro com algumas reservas, por se deixar convencer da verossimilhança das teses de Daudet. As conclusões de Barrès, mais bem informado politicamente, porém carecendo dos elementos

143. Joseph Caillaux, *Mes prisons*. Paris: Sirène, 1920.

detalhados fornecidos pela polícia,[144] iam ao encontro das de Daudet. Estabeleceu-se uma colaboração entre os dois escritores. Barrès, que era deputado, informava Daudet sobre as sessões secretas da Câmara, e dele recebia informações de origem policial.

Para Almereyda, o duelo com o *Action Française* tinha adquirido um sentido em si, que ele separava de suas demais perspectivas políticas. Nesse terreno, já não escutava sequer Caillaux que, embora contando com a simpatia do *Bonnet Rouge* e mantendo com Almereyda relações pessoais e políticas cordiais, desaprovava, por questões táticas, o prolongamento da campanha, e amiúde repetia a amigos da Câmara que, se tivesse meios para tanto, suprimiria imediatamente ambos os jornais até o final da guerra.

Caillaux pressentia que o *Bonnet Rouge* estava se tornando o ponto fraco não só do "partido da paz", mas talvez também do Partido Republicano, que ainda segurava o leme, embora de modo pouco satisfatório.

Concentrando os seus ataques no *Bonnet Rouge* e em Almereyda, Daudet, além de procurar derrubar um inimigo julgado perigoso, mirava em seu real objetivo, a fortaleza que a censura lhe impedia de mirar diretamente: Malvy. O certo é que nem os nacionalistas mais otimistas esperavam o verdadeiro presente que foi para eles o caso do "cheque Duval".

Duval, em maio de 1917, preparava-se para uma nova viagem à Suíça, onde ainda tratava da interminável liquidação da San Stefano. Era a sua décima terceira viagem desde o início da guerra. Nunca deixara de enviar seus relatórios à Secretaria de Segurança. Desta vez, no entanto,

---

144. Assim, graças a uma conversa com René Berthelot, em fevereiro de 1917, Barrès compreende que homens como Lênin e Trótski não são necessariamente vendidos aos alemães. Em compensação, em março ele ainda se pergunta "Que Carnet B é esse? Que Vigo é esse?" (Barrès, *Cahiers*).

encontrou certa resistência na expedição do seu passaporte. Pediu a Almereyda que interviesse, mas este aparentemente não teve êxito, e não insistiu. Duval partiu assim mesmo, depois de obter um visto por seus próprios meios. Ao regressar, em 15 de maio, foi revistado na fronteira de Bellegarde pela Polícia Militar, que encontrou em seu poder um cheque de uns 100 mil francos a descontar em Paris, o qual foi retido, fotografado pelo serviço de informações do exército e repassado à Polícia Civil. Um alto funcionário do Ministério do Interior, Leymarie, devolveu o cheque a Duval, depois de ouvir suas explicações.

Plateau só veio a saber do caso um mês depois, por volta de 15 de junho de 1917, sem conhecer ainda a natureza do documento apreendido, nem exatamente a que pessoa beneficiava. Daudet e ele já sabiam que o governo tinha em mãos documentos comprometedores para o *Bonnet Rouge*. Não obstante o esquadrinhamento minucioso a que submetiam cada número do jornal, limitavam-se a observar que ele "baixara curiosamente o tom".[145] Uma história muito complicada do sr. Badin, intitulada "Cheque", publicada no dia 18 e contada em forma de roteiro de cinema, escapou-lhes por completo. As finas crônicas de Duval continuavam a passar despercebidas até para os mais atentos leitores do *Bonnet Rouge*.

O caso, entretanto, transpirou. Os chefes do governo tomaram conhecimento e, dia 22, depois de um Conselho de Ministros em que o presidente da República falou pela enésima vez na necessidade de pôr um fim às campanhas do *Bonnet Rouge*, Painlevé, ministro da Guerra, colocou-o a par da história do cheque. Poincaré insistiu para que Painlevé ordenasse imediatamente a abertura de um inquérito. Daudet, por seu lado, resolveu agir e, dia 26, interveio junto a Maginot, ministro das Colônias – cujo patriotismo exaltado o inclinava mais, no momento, para os nacionalistas do que para os republicanos radicais –,

---

145. Léon Daudet, *L'hécatombe*. Paris: Nouvelle Librairie Nationale, 1923.

informando-lhe os segredos que Ribot, o chefe de governo, hesitava em comunicar a alguns dos seus próprios ministros.

Embora Ribot e os ministros radicais – especialmente o chanceler Viviani, que no passado havia subvencionado o *Bonnet Rouge*, e Malvy, que permanecia em boas relações com Almereyda –, temendo a oposição de Clemenceau e dos nacionalistas que desejassem abafar o caso, agora já não podiam continuar calados, e só lhes restava tentar minorar suas consequências políticas.

Abriu-se contra Duval um inquérito por comércio com o inimigo e ele foi detido no início de julho, após as perquirições. Por enquanto, os fatos habilmente conduzidos por Ribot e o setor radical do governo, e a ameaça de um escândalo pareciam sob controle. Naquele momento, aliás, os *jusqu'au-boutistes* é que se achavam em situação ruim por fatos muitíssimo mais graves. Após o desastre de abril, a Câmara queria levar aos tribunais o general Nivelle, favorito dos nacionalistas e protegido de Poincaré. Uma tendência cada vez mais forte esboçava-se contra este último, tido como principal responsável das ofensivas malogradas. Caillaux trabalhava ativamente junto aos seus amigos da Câmara no sentido de demonstrar que as responsabilidades de Poincaré eram muito mais amplas e era ele o verdadeiro responsável pela guerra.

No exército, embora tivessem cessado os motins, o anseio por paz continuava crescendo perigosamente. Este anseio ameaçava, às vezes, adquirir feições revolucionárias. O próprio Renaudel, em recente reunião do grupo socialista, declarava: "A revolução é iminente, temos de recobrar nossa liberdade de ação".[146] Um congresso socialista internacional para discutir a paz, com a participação dos socialistas alemães, estava previsto em Estocolmo, e deputados franceses haviam requerido passaportes para comparecer. Alguns jornais, a começar pelo

146. Raymond Poincaré, *Au service de la France*, v. IX. Paris: Plon, 1932.

Bonnet Rouge, faziam campanha a favor da participação francesa. Questionado, o general Pétain já respondera a Poincaré e Painlevé que, caso esta reunião contasse com a presença de delegados franceses, ele já não teria como controlar o exército e fazer com que seguisse combatendo.

É difícil saber se a esquerda política previu, acertadamente, que o caso Duval constituía, para os *jusqu'au-boutistes* em geral e Poincaré em particular, uma distração ideal das crescentes ameaças que se esboçavam à sua volta. Seja como for, Malvy sentia-se absolutamente tranquilo quando, em 7 de julho, falou à Câmara sobre diversas questões. Chegou inclusive a dirigir alfinetadas aos nacionalistas. Barrès o interrompeu, dizendo num tom brutal e sarcástico: "Fale-nos um pouco sobre aquela canalha do *Bonnet Rouge*".[147] A intervenção não tinha a menor relação com o discurso de Malvy, e este ficou atônito, empalidecendo. Barrès insistiu: "Quando vai mandar prender aquela canalha do *Bonnet Rouge*?".[148] A impressão que temos é que Malvy não estava preparado para o ataque, e sua resposta foi confusa. Ribot precisou acudi-lo, explicando sucintamente à Câmara o caso Duval. Mas Barrès já alcançara o seu duplo objetivo: tornar o caso público e associar-lhe o nome de Malvy.

No dia seguinte, a imprensa inteira tratou do incidente, apesar das amplas lacunas impostas pela censura, e Almereyda se defendeu com veemência no *Bonnet Rouge*. No mesmo número, o jornal trazia um derradeiro artigo de Duval, que já estava preso, sobre os métodos de instrução dos processos na França. O sr. Badin queixava-se de que os acusados eram tratados como condenados e, depois de explicar como se passavam as coisas na Inglaterra, concluiu com uma última

---

147. Daudet, *L'hécatombe*, op.cit.

148. M. Barrès, *Mes cahiers*, v. XI. Paris: Plon, 1938.

ironia: "Ora, por que não imitamos os ingleses também naquilo que eles têm de bom?".[149]

No Conselho de Guerra de 9 de julho de 1917, Ribot, chateado, questionou Viviani sobre o andamento da instrução e este, dando sinais de muito nervosismo, informou que ela pouco avançara. Poincaré gostaria que prendessem Almereyda em seguida, lembrando que este "já sofreu inúmeras condenações que nunca cumpriu. Viviani e Malvy retrucaram que eram anteriores à guerra e que, para essas penas antigas, ele devia ser beneficiado, como os outros todos, de uma espécie de anistia moral".[150] Poincaré queria que, pelo menos, fosse suspenso o jornal. Ribot se alinhou a esta opinião e, na sessão seguinte do Conselho de Guerra, dia 12, com base no relatório de Viviani, foi decidida a suspensão por tempo indefinido, a partir daquela mesma tarde.

Poincaré e Ribot voltaram à carga nos dias seguintes, pedindo a prisão de Almereyda. No Conselho de Guerra de 19 de julho, Viviani acabou se aborrecendo e declarou abertamente que "se é preciso prender Almereyda para contentar cinco senadores e garantir um êxito parlamentar, procurem outro chanceler".[151] Após a sessão, Ribot confidenciou a Poincaré que lhe parecia óbvio que Viviani estava poupando Almereyda. Em seu diário, o velho presidente do Conselho escrevia que, desde 5 de julho, data da prisão de Duval, "seus modos (os de Viviani) andavam estranhos".[152]

Viviani estava, de fato, razoavelmente abalado. Se, por um lado, mandava prender, com base em informações um tanto vagas, um suposto redator do *Bonnet Rouge* que, fantasiado de estivador, teria ido

---

149. *Le Bonnet Rouge*, 9 jul. 1917.

150. Poincaré, op. cit.

151. Id., ibid.

152. Ribot, *Journal et correspondances inédites*. Paris: Plon, 1936.

espionar os americanos em Saint-Nazaire, e mandava vigiar um obscuro funcionário do jornal, Joucla, suspeito de ter ido à Espanha estabelecer contatos com uma gazeta germanófila, por outro, legalmente não podia concordar em prender Almereyda para ceder a pressões políticas. As presunções sobre a cumplicidade entre Duval e Almereyda eram, de fato, mínimas. O diretor do *Bonnet Rouge*, convocado como testemunha, fez chegar ao juiz de instrução um relatório sobre a procedência dos fundos de que dispunham o jornal e também ele próprio. As quantias emprestadas por Duval representavam pequena parte dos capitais que Almereyda conseguira recolher e, além do mais, estavam sendo reembolsadas, o que demonstrava seu caráter de empréstimo.

Depois da interpelação de Barrès na Câmara, o caráter político do caso vinha assumindo a primazia. Clemenceau julgou que era chegado o momento de uma primeira investida contra o governo. Examinou metodicamente a situação: o ponto fraco do governo agora era Malvy, e o ponto fraco de Malvy era Almereyda.

Em meados de julho, Clemenceau se preparou para a batalha. No domingo, como fazia frequentemente, saiu com Martet, seu secretário, para um passeio de automóvel nos arredores de Paris: ia dar uma passada em sua propriedade de Bernonville e fazer uma visita a Claude Monet em Giverny. Na volta, Clemenceau vinha cochilando. Conta Martet: "Rodávamos há uns quinze minutos. Súbito, o sr. Clemenceau virou-se para mim:

"Almereyda?", perguntou. "Ele não tratava Malvy por 'você'?"

"Recomeçara a batalha."[153]

Ele iria travá-la, vitoriosamente, em 22 de julho no Senado. Neste dia, fulminou Malvy e abriu para si próprio o caminho do poder.

O Senado estava reunido em comitê secreto e prosseguia a discussão, iniciada dia 19, sobre os motins. Estavam presentes todos os senadores

153. Jean Martet, *Le Tigre*. Paris: Albin Michel, 1930.

e Ribot se encontrava na bancada do governo, tendo ao seu lado Viviani, chanceler; Painlevé, ministro da Guerra; Malvy, ministro do Interior, e todos os demais ministros.

Painlevé obtivera expressivo sucesso ao responder a algumas críticas, e os senadores levantaram-se para aplaudi-lo. Clemenceau, que tomou a palavra em seguida, teve a habilidade de não dar a perceber que iria contradizer um discurso tão apreciado. Começou por cobrir Painlevé de elogios, e anunciou, com astuciosa modéstia, que iria apenas complementar o discurso do ministro da Guerra. Nada mais falso. Painlevé dissera que não havia necessidade de polícia "para manter a disciplina natural e entusiástica deste povo".[154] "Precisamos da polícia", foi o que disse, em suma, Clemenceau. Ele explicou que, para enfrentar a fase final, a mais difícil da guerra, "precisamos – como disse muito bem sua excelência o ministro da Guerra – precisamos pôr ordem neste país". Painlevé havia dito, na verdade, que reinava a ordem no país. Mas o tom de Clemenceau era tão conciliatório que seria ocioso interrompê-lo sobre o que parecia uma simples questão de formulação. E, prossegue tranquilamente Clemenceau, neste ponto estavam todos de acordo, "a começar pelo ministro que interpelo. Perfeitamente. Eu poderia lhes citar as instruções que ele dá e que são conformes a tudo o que eu poderia esperar. Se estou nesta tribuna é porque há uma falha em algum ponto. Vamos juntos buscar esta falha".[155]

Depois de resumir a discussão, ocorrida em torno de alguma propaganda pacifista que não fora reprimida e da explicação oferecida por Malvy (não queria baixar a mão nas organizações operárias), perguntou a este último se era mesmo essa a sua resposta. Diante da afirmativa, Clemenceau disparou: "Como pode insultar as organizações operárias,

---

154. Apud Martet, op. cit.
155. Martet, op. cit.

cujos verdadeiros representantes estão nas trincheiras, confundindo-os com os miseráveis que escrevem coisas que vou ler, daqui a pouco, para os senhores?".[156]

As "coisas" que ele iria ler consistiam, em sua maioria, em excertos de artigos ou antigos discursos de Almereyda, do tempo das suas atividades antimilitaristas. Só precisava escolher, e foi direto ao artigo do *Bonnet Rouge*, do final de 1915, dando conta da ativa colaboração entre o ex-anarquista e Malvy em prol da não-aplicação do Carnet B. A leitura do artigo, "entrecortada de comentários pérfidos",[157] foi o ponto culminante do discurso.

Consta que os senadores mergulharam na maior estupefação e, mesmo tendo proferido, em sua extensa carreira, discursos muito mais brilhantes, nunca antes Clemenceau comovera os seus ouvintes a este ponto. Seu discurso, no entanto, não continha nenhuma *revelação*. A explicação é que, sendo o Senado constituído, por definição, de uma massa moderada cuja esquerda nunca está demasiado à esquerda, nem a direita demasiado à direita, a esmagadora maioria dos senadores nunca tinha lido nem o *Action Française*, que transcrevia constantemente antigos artigos revolucionários de Almereyda e publicava diariamente sua ficha criminal, nem o *Bonnet Rouge*, onde eles poderiam ter lido o artigo que hoje, um ano e meio depois, impressionava-os a tal ponto. Além disso, os senadores estavam encantados por descobrir, para os motins da primavera, outra explicação que não a estupidez do Estado-Maior. Em vão, Painlevé explicaria mais tarde que, nos relatórios dos generais sobre o moral das tropas, o *Bonnet Rouge* jamais fora mencionado.

Sem saber em que pé estava a questão do cheque, Clemenceau evitou enveredar por este terreno. Era suficiente, para ele, impressionar os bravos senadores com a biografia de Almereyda e o constante lembrete

---

156. Apud Martet, op. cit.
157. Alfred Rosmer, op. cit.

da sua amizade com Malvy. Enfatizou, de passagem, que também ele tivera de tratar com Almereyda, que "criticou minha violência e brutalidade. Compreendo-o: fiz com que fosse condenado a dois anos de prisão".

Em sua réplica, Malvy procurou antes de mais nada defender a política de não-aplicação do Carnet B na época da mobilização e demonstrar os resultados positivos que ela obtivera. "Com a aplicação do Carnet B, uma parte do povo ficaria fora da lei e fora da pátria..."[158] Mas Clemenceau o interrompeu para, mais uma vez, vincular Almereyda a Malvy. Era, agora, a Ribot que ele se dirigia: "Vai permitir que digam isso, que prender Almereyda é o mesmo que deixar fora da pátria uma parte do povo?".

Na sua bancada, Ribot e Viviani, que eram ambos hábeis parlamentares, e o segundo, grande orador, não tinham a menor vontade de tomar parte no duelo.

Painlevé estava tranquilo. Talvez já previsse que, em caso de queda do ministério, a ele é que caberia substituir Ribot à testa do governo. Na saída da sessão, numa alusão aos elogios que Clemenceau lhe dispensara em seu discurso, disse-lhe: "Quer dizer então que é amor?", ao que o "Tigre" respondeu: "Ah! Cuidado, certos amores trazem consigo a sífilis".[159] O filho de Painlevé, Jean, um adolescente de quatorze anos que esperava pelo pai para jantar em sua companhia, em vão pediu aos oficiais de ordenança que lhe explicassem o sentido daquelas palavras.[160]

Depois do discurso de Clemenceau, o caso do *Bonnet Rouge*, como seria doravante chamado o caso do "cheque Duval", transformara-se

---

158. Apud Martet, op. cit.
159. Jean Painlevé, "Rencontre avec Jean Vigo", in *Ciné-Club*, n. cit.
160. É bem possível que o sentido político do diálogo tenha escapado, não só aos oficiais de ordenança como ao próprio Painlevé. É o seguinte: em parte levado pelo "amor" de Clemenceau, Painlevé substituiria Ribot dez dias depois. Em seguida, tendo o "amor" do "Tigre" cumprido sua tarefa, foi ele próprio substituído por Clemenceau em 16 de novembro.

Le Bonnet Rouge, 29 nov. 1913.
Desenho do pintor
Raphaël Diligent

numa bomba nas mãos do governo. Depois de a instrução demonstrar que Duval recebera, na Suíça, altas quantias de um banqueiro alemão de Manheim, Viviani contava livrar-se do pacote todo repassando a instrução para a Justiça militar, que mudaria a sua qualificação e, julgava ele, "possivelmente moveria uma ação contra Almereyda".[161] Mas era politicamente importante para o governo que Almereyda fosse detido pela Polícia Civil, e andavam à espreita de uma oportunidade.

Tendo Malvy saído para descansar após o golpe fulgurante de Clemenceau, Viviani cumulava as pastas da Justiça e do Interior. No início de agosto, recebeu do *Action Française* a informação de que, no porão da residência de Almereyda, estavam escondidos documentos de suprema importância.

---

161. Raymond Poincaré, op. cit.

Mandado de prisão de Miguel Almereyda, 6 ago. 1917

Desde a suspensão do jornal, Almereyda, doente, só raramente deixava sua casa de Saint-Cloud, onde passava os dias na companhia do filho Jean ou dos raros amigos que então o frequentavam. Há muito que Jean não tinha a oportunidade de ficar tão constantemente com o pai. Aproveitava ao máximo, só saindo de perto dele para fazer compras. Certa tarde do início de agosto, por exemplo, foi comprar cadarços para as botinas de Almereyda. Foi ele quem recebeu, na volta, o delegado de polícia que viera efetuar uma perquirição. Assistiu, na companhia do pai, à operação cujo único resultado foi a apreensão de documentos destituídos de qualquer interesse. Foi com algum receio que Jean viu partir seu pai, na companhia do delegado, o qual pedira a Almereyda que fizesse o favor de acompanhá-lo à redação do *Bonnet Rouge*. Tranquilizou-se, porém, ao vê-lo retornar poucas horas mais tarde.

No cofre-forte da redação, contudo, o delegado encontrara documentos confidenciais sobre o Exército de Sarrail, que Paix-Séailles fornecera a Almereyda para as campanhas do jornal. Relata Poincaré:

Miguel Almereyda durante o processo do caso do *Bonnet Rouge*, ago. 1917, alguns dias antes de sua morte

Quando essas peças foram descobertas, Vigo ficou perturbado e acabou desmaiando. O juiz imediatamente instaurou uma nova instrução. Vigo foi posto sob vigilância. Será detido esta noite em sua casa, se voltar para lá antes do pôr-do-sol, ou na rua (o que é permitido pelo estado de sítio) numa hora qualquer da noite.

Somente dois dias depois, na noite de 6 de agosto, é que Almereyda foi detido e enviado para a Santé. No dia seguinte, os redatores do *Bonnet Rouge* enviaram aos jornais uma carta em defesa de Almereyda,[162] mas a censura proibiu sua publicação. No mesmo dia, escrevia Almereyda ao juiz de instrução:

> Confirmo-lhe, conforme a solicitação que me fez esta manhã, meu pedido de imediata liberdade provisória.
>
> Segundo toda evidência, é incontestável a minha boa-fé no caso que me vale este processo, e o meu objetivo ao aceitar documentos e sugestões relativos à necessidade de se reforçar o Exército do Oriente é dos mais louváveis, já que os utilizei numa campanha cuja intenção patriótica não pode ser contestada.
>
> Encontro-me, além disto, num estado de decaimento físico quase absoluto. Expliquei-lhe esta manhã que regime penoso e particularmente delicado venho seguindo desde alguns meses. Tenho, além disso, um filho de doze anos que ficou sozinho. Todos estes motivos me parecem

---

162. Almereyda reuniu os seus colaboradores no dia 9 de julho e pediu-lhes que fizessem um relatório apresentando recibos de cerca de 1 milhão de francos de subvenções diversas, recebidos a partir de agosto de 1914. Era o mesmo relatório que ele apresentara ao juiz Drioux ao ser citado como testemunha na instrução do processo Duval. Assinaram a carta em defesa de Almereyda: Georges Clairet, redator-chefe; Maurice Fournié, secretário da direção; Henri Dié, secretário da redação; Arnold Bontemps, redator esportivo; Marcel Sérano, crítico dramático; Fanny Clar; Raphaël Diligent, desenhista; H. P. Gassier, desenhista; Louis Lévy; Jacques Janin, crítico de música.

> militar em favor da medida que venho pleitear, e ouso esperar que Vossa Excelência há de julgar o mesmo.
>
> Acrescento ainda, Excelência, que jamais recuei ante nenhuma responsabilidade, e o fato de receber tratamento em liberdade e assumir o futuro do meu filho em nada entravaria o curso de sua instrução, e nunca irá me ocorrer a ideia de a ela me furtar.

Almereyda não exagerava quando declarava estar num estado de decaimento físico quase que absoluto. Dias depois, a autópsia informou que ele padecia de peritonite e apendicite supuradas. Ao abrirem o corpo, deram com um apêndice "do tamanho de um indicador, congestionado, cheio de pus e congestão mole".[163] Em suma, Almereyda estava com um litro de pus no abdômen.

Foi negada a liberdade provisória, mas o doutor Socquet, designado pelo juiz Drioux para examiná-lo, reconheceu que o estado de Almereyda requeria cuidados especiais que não podiam ser ministrados na penitenciária da Santé. Nela permaneceu, porém, até o dia 11. O diretor da prisão, ansioso por conhecer todos os detentos *interessantes*, do assassino de Jaurès a Joseph Caillaux, passando por Duval, Bolo Pacha e todos os demais, afirma, contudo, nas memórias que viria a escrever mais tarde em colaboração com sua mulher, que nunca chegou a ver Almereyda. Mas lembra-se que era um detento difícil, que empregava todas as astúcias imagináveis para conseguir morfina. "Padecia de uma grave afecção intestinal e ficar sem morfina era para ele uma tortura."[164] Na verdade, no ponto em que chegara, a morfina já não bastava e ele recorria à heroína. Mas o regulamento proibia qualquer tipo de injeção, apesar do perigo evidente de uma reação fatal ante a radical abstinência do entorpecente. Permaneceu uma semana nesta situação.

---

163. Monniot, op. cit.
164. B. e P. Dabat, *Souvenirs d'un directeur de prison*. Paris: P. Bossuet, 1929.

Durante sua transferência para a prisão de Fresnes, decidida porque lá poderia receber melhor tratamento que na Santé, não foram tomadas as precauções que o seu estado exigia. Ao invés de chamar uma ambulância, sujeitaram Almereyda ao longo transporte em viatura penitenciária, pelos pavimentos esburacados e a estrada acidentada, mais uma vez correndo o risco de matá-lo.[165]

Em Fresnes, Almereyda teve de se acamar. Reclamou droga aos médicos e recomendou-lhes que cuidassem bem dele. Queria viver e se defender. Na segunda-feira 13, solicitou uma entrevista com o advogado. Iria vê-lo no dia seguinte. Neste dia, 14 de agosto de 1917, foi passado à imprensa um comunicado oficial:

> Bonaventure de Vigo, vulgo Almereyda, diretor do *Bonnet Rouge*, detido há poucos dias nas condições que se conhece, fora transferido da Santé para a prisão de Fresnes. Faleceu ontem, ao meio-dia, na enfermaria desta prisão para onde fora transportado. Teria sucumbido em decorrência de uma hemoptise.

Foi esta a primeira das diferentes versões, oficiais ou não, que seriam veiculadas. Em outro comunicado oficial, dia 15, informava-se que Viviani, ao anúncio do falecimento de Almereyda, "ordenou ao Ministério Público que designasse três médicos legistas para avaliarem a natureza da causa do falecimento". Esta providência resultou na segunda versão oficial, anunciada por Viviani no dia 21, que era o suicídio de Almereyda, enforcado na barra da cama com o cadarço dos sapatos. Mais tarde, em seu depoimento ao Supremo Tribunal durante o processo Malvy, Viviani apresentaria uma variante desta segunda e definitiva versão governamental.

---

165. Estes fatos foram expostos pelo advogado Paul Morel num "Mémoire" à Câmara de Acusações. Apud Monniot, op. cit.

Corredor da prisão de Fresnes (Val-de-Marne), 1947

Pelos resultados conhecidos das investigações, fica muito difícil se orientar no labirinto das inúmeras mentiras, admitidas ou não, dos funcionários de Fresnes, desde o diretor Pancrazi até o último dos vigias, passando pelos três médicos envolvidos. É compreensível que Viviani, avaliando com alguma preocupação a importância política do fato, quisesse se assegurar das circunstâncias exatas da morte de Almereyda, precavendo-se contra aqueles que a julgassem demasiado oportuna. É possível que não fosse levado a agir deste modo por nenhuma suspeita especial, e sim pela simples vontade de estabelecer claramente as circunstâncias desta morte natural por meio de uma investigação em regra. Percebeu rapidamente que aquela não tinha sido uma morte natural, mas não é improvável que, num primeiro momento, tenha de fato acreditado num suicídio, disfarçado de morte natural pela administração de Fresnes com o intuito de ocultar sua própria negligência. É muito improvável, contudo, que ele não tenha entendido pouco depois que se tratava, bem possivelmente, de um assassinato. Neste caso, Viviani teria firmemente contribuído para maquiar o assassinato em suicídio.

De fato, não resta mais que uma ligeira sombra de dúvida sobre Almereyda ter sido assassinado, mas são inconsistentes as hipóteses de Albert Monniot e do dr. Morel acerca das motivações políticas do assassinato, derivadas das teses de Daudet. Em contrapartida, é impecável a demonstração material que fizeram do assassinato de Almereyda na cela n. 14 de Fresnes, na noite de 13 a 14 de agosto.[166] Segundo eles, o assassino, o detento Bernard, encarregado de velar naquela noite o prisioneiro enfermo, teria se aproximado da cama de Almereyda enquanto este dormia, armado dos seus cadarços. Depois de amarrar um no outro, os teria passado por baixo do seu queixo, puxado as duas

166. Esta demonstração se encontra na obra citada de A. Monniot.

pontas até as barras da cama, onde as teria amarrado. O pescoço de Almereyda e as barras da cama teriam, deste modo, ficado presos pelo cadarço ainda frouxo. Dentro dele, Bernard teria enfiado, por trás, uma camisa da vítima torcida ao comprido para fazer as vezes de cabo de saca-rolhas. Bastara a Bernard girar rapidamente o pano de maneira a puxar com força a cabeça de Almereyda e grudá-la na face interna das barras. A vítima teria se debatido tão pouco que a secreção característica dos enforcados se congelou nas suas coxas, numa poça que não ia além da pele molhada pela ejaculação.

Foi provavelmente assim que se deu a execução. Mas se quisermos hoje nos perguntar quem teria dado a Bernard a ordem de matar Almereyda, teremos de nos ater a vagas hipóteses de verificação extremamente difícil. Durante os meses seguintes, a hipótese geralmente aceita era a de que Almereyda havia sido morto por ordem de Malvy e Caillaux, contra os quais estaria de posse de segredos terríveis. Uma vez Clemenceau no poder, o essencial das teses de Daudet foi retomado e tornou-se oficial. Apesar de todos os obstáculos, tentou-se, especialmente na instrução do processo Caillaux, estabelecê-las legalmente. Não consta, porém, que algum esforço tenha sido feito no sentido de acrescentar o assassinato de Almereyda à trama extremamente complexa que estava então sendo urdida.

Podem também ter dito, e escrito ainda recentemente, que Almereyda "foi estrangulado pela polícia de Clemenceau",[167] mas trata-se de uma afirmação sem fundamento.

Ao contrário daqueles que, no caso Almereyda, acreditam estar "quem sabe, diante da mais espantosa aventura já registrada em nossa História" (Albert Monniot), ou que afirmam ser "o caso Almereyda a chave de um

---

167. Georges Sadoul, *Histoire d'un art: le cinéma des origines à nos jours*. Paris: Flammarion, 1949.

formidável enigma" (Paul Morel), houve também motivo de se perguntar se a tragédia não teria se dado num nível bem mais baixo.

Durante os processos, tanto o de Malvy como o de Duval e dos demais, os policiais que vieram depor como testemunhas manifestaram por Almereyda um ódio tal,[168] um ódio antigo, nascido na época das lutas do militante, depois escarnecido e invalidado pela amizade de Malvy, que é inevitável acrescentar às outras hipóteses este assassinato não ter passado de um acerto final entre Almereyda e a polícia encarniçada contra um velho inimigo indefeso.

As memórias publicadas pelas personalidades da época, tão ricas em detalhes sobre a prisão de Almereyda, não se referem à sua morte. Assim, Ribot silencia sobre o ocorrido. Poincaré, na época, visitava o rei da Itália. Malvy estava de férias. Quanto a Viviani, não publicou memórias e quando faleceu, em 1925, já não tinha mais memória nenhuma, tendo desde alguns anos mergulhado na loucura.

A censura ficara ainda mais severa para tudo o que se referia a Almereyda e, no momento de sua morte, os jornais de informação limitaram-se a publicar os comunicados oficiais. Com exceção do *L'Éveil*, do *Pays* e do *Journal du Peuple*, os jornais de opinião estão recheados de insinuações e perfídias.[169]

Também Hervé se deixou levar pela corrente desfavorável a Almereyda, a acreditarmos nas críticas amargas de Fournié.

Emily, auxiliada pelos amigos de Almereyda, custou a conseguir a entrega do corpo. Precisou escrever várias cartas às autoridades, em seu nome, como companheira de Almereyda, mas acima de tudo, "em nome

---

168. "Um malfeitor de direito comum, um ladrão, um falsário, um pederasta", dizia, a respeito de Almereyda, o policial Perrette no processo Malvy.
169. Segundo informado por Fournié, op. cit.

de meu filho, Jean Vigo".[170] Finalmente, depois de muitas negociações, o corpo lhes foi entregue dentro do cemitério parisiense de Bagneux. A censura proibira aos jornais, sob pena de suspensão, que divulgassem a data do funeral, e a intendência de polícia anunciara em comunicado especial que havia sido realizado dois dias antes. Diz Fournié que, mesmo assim, cerca de cinquenta amigos reuniram-se ao redor do túmulo de Almereyda.

"O caso Almereyda" estourou em 1917, neste ano que Poincaré chamou de "ano tumultuado",[171] e que poderia ter sido o ano luminoso do século. Foi, em todo caso, decisivo. Na França, uma das expressões-chave da guerra, *não devemos tentar entender*, por pouco não foi então abandonada. As massas começavam a tentar entender. O avanço da conscientização era lento, mas seu ritmo poderia se acelerar de repente. Durante algum tempo, teria favorecido o bom senso burguês e as ambições pessoais de Caillaux. No entanto, a verdadeira solução para a crise era expressa pelo pequeno grupo de Pierre Monatte e seus amigos, herdeiros da última grande geração francesa, a de Pelloutier, Grifuelhes, Merrheim.

Os grandes "casos" ditos de "traição", sendo o de Almereyda cronologicamente o primeiro, serviram de pretexto para interromper a expansão desta tendência revolucionária. Tal vitória permitiu à última grande figura combatente da burguesia francesa, Clemenceau, que cumprisse o seu papel, enquanto hipotecava o futuro.

Foi principalmente depois da chegada do "Tigre" ao poder que a exploração política do "caso Almereyda" atingiu seu apogeu. O processo de Duval e seus coacusados, Goldsky, Landau e Marion, passou a ser exclusivamente conhecido como "o caso do *Bonnet Rouge*" e, para a opinião pública, ficou centrado na pessoa de Almereyda. Os processos

---

170. Carta publicada na obra de Fournié.
171. Título do volume IX de sua obra.

Cemitério parisiense de Bagneux

de Malvy e Caillaux eram montados de maneira a envolvê-los no "caso do *Bonnet Rouge*", pois era sobretudo Almereyda que ambos frequentavam.

Antes mesmo da chegada de Clemenceau ao poder, em novembro de 1917, "casos" que não tinham a menor relação com Almereyda ou seu jornal – como os de Loustalot ou Bolo Pacha – eram anunciados em *La Victoire* sob o título genérico de "Os mistérios do *Bonnet Rouge*", que se tornou uma rubrica para cobrir todos os casos de traição.

Em suma, conseguiu-se fazer com que a opinião pública engolisse a imensa trama (existe *um* único caso de traição, dizia o procurador Mornet) que Bouchardon procurou criar durante a instrução do processo Caillaux. Ninguém lembrou que Almereyda não havia sido inculpado no "caso do *Bonnet Rouge*", e que seu processo seria julgado em outra instância. E quando este processo teve início os jornais mal falaram em Almereyda. A Justiça, aliás, não deu importância ao caso, e aos seus co-acusados – o capitão Mathieu, que enviara os documentos do Exército do Oriente a Paix-Séailles, e o próprio Paix-Séailles, que os entregara a Almereyda – coube uma condenação de princípio, de três meses para o primeiro e um ano para o segundo, acompanhada de *sursis*.

Em meio à enxurrada de ultrajes dirigidos a Almereyda, houve em determinado momento uma voz discordante, que as circunstâncias tornavam mais comovente: a de Gustave Hervé. Tendo alcançado o ápice do chauvinismo *jusqu'au-boutiste*, um abismo o separava do Almereyda pacifista do primeiro semestre de 1917. Entretanto, citado como testemunha no processo Malvy, iria reagir contra as ignomínias de um Perrette, e encontrar um tom distinto daquele que empregara no momento da morte de Almereyda. Prestou uma derradeira homenagem ao antigo companheiro:

> Eu talvez seja o único, aqui, que realmente o conheceu, e posso assegurar-lhes que, longe de ser o perfeito miserável que os senhores talvez

> imaginem, Almereyda era a inteligência mais brilhante que já encontrei nos partidos avançados; era o mais corajoso de todos os militantes; era um companheiro confiável e um polemista de grande influência. Era este Almereyda que exercia uma irresistível sedução...

Nas palavras de Hervé, desponta uma última vez a nostalgia de seu passado revolucionário comum, e o discurso soa como um adeus definitivo, não só ao velho Almereyda, como também ao Gustave Hervé de 1910, defensor de Liabeuf.

Era, porém, uma voz isolada, perdida em meio a uma opinião pública arrebatada contra Almereyda, ex-Vigo, nome outrora rechaçado por um menino sensível e orgulhoso e que, descoberto e usado pelo ódio, voltava a atingir o homem, ou melhor, o defunto, feito uma acusação ou insulto. "Vigo evoca naturalmente", diria o primeiro biógrafo de Almereyda, "a idéia de um sinistro de onde escorre ouro, abundante, sobre o aviltamento da escória".[172]

De há muito falecido o velho *viguier* de Andorra, restava na França de 1917 um único depositário do nome, um menino de doze anos, Jean Vigo. Mas esta é uma outra história.

Paulo Emílio Sales Gomes
Paris, 1949-52

---

172. A. Monniot, op. cit.

NOTAS DE APOIO

A leitura de *Vigo, vulgo Almereyda* exige certa familiaridade com personagens que atuaram há um século. Quando Paulo Emílio o redigiu, no início do decênio de 1950, já encontrara dificuldades para esclarecer algumas passagens e, às vezes, levantar a documentação que pudesse comprovar suas hipóteses, especialmente aquelas decorrentes de uma inquietação não satisfeita pelas fontes disponíveis. A investigação do caso Almereyda, classificado como de "traição", não foi facilitada pelas autoridades, que chegaram mesmo a interditar a consulta a determinadas fontes por cem anos!

Para acompanhar uma primeira edição tardia, publicada em 1991, pela Cinemateca Brasileira, em associação com Edusp e Companhia das Letras, julgamos indispensável fornecer ao leitor a oportunidade de orientar-se nos temas do anarquismo e situar os atores desse movimento no processo político que se instaura no início do século XX. Para isto, na ocasião convidamos o prof. Edgard Carone a elaborar as notas históricas, com a colaboração de Olga Toshiko Futemma e do organizador, a partir de demandas sugeridas pelo próprio texto. Para esta edição, acrescentamos verbetes sobre as personagens mais marcantes, elaborados pelo pesquisador Adilson Inácio Mendes. É certo que a leitura, com as notas, adquire outra dimensão, facultando o acesso à riqueza dos elementos e sutileza das análises que Paulo Emílio nos legou.

Manifestação na praça Saint-Augustin após a execução
de Francisco Ferrer y Guardia, Paris, 17 out. 1909

ACTION FRANÇAISE Fundado em 1908, o L'Action Française teve como principais expoentes Charles Maurras, Jacques Bainville e Léon Daudet. O movimento nacionalista e monarquista surgiu por ocasião do caso Dreyfus e caracterizava-se pela defesa do "nacionalismo integral" e de uma monarquia "hereditária e antiparlamentar", na qual a Igreja católica teria a função de garantir a ordem. Os vendedores das suas publicações, conhecidos como Camelôs do Rei, rapidamente se transformaram em uma organização de combate político.

Jean ALLEMANE [Boucou, 1843-1935] Tipógrafo e militante operário. Destacou-se como um militante que depositava esperança na ação livre do proletariado, na greve geral, entendendo a via eleitoral apenas como uma forma ocasional de agitação e propaganda. Chegou a Paris muito cedo e, em 1861, já era um organizador ativo da câmara sindical de sua profissão. Participou da Comuna de Paris (1871), como presidente da V Legião. Em 1888, fundou o jornal *Le Parti Ouvrier*, e em 1890 foi um dos fundadores do Partido Operário Socialista Revolucionário (POSR), dito "allemanista". Mesmo com enormes diferenças com os "jaurèsistas" e os "guesdistas", foi um dos responsáveis pela unificação socialista francesa de 1905.

AMILCARE CIPRIANI [Rimini, 1844-1918] Militante político. A história e o exemplo paternos o encorajaram à revolta: o pai fora um liberal perseguido pela Igreja num tempo de convulsão social na Itália. Em 1860, tomou parte na batalha de Nápoles com Garibaldi. Em 1864, participou da fundação da Internacional. Membro da Comuna, foi ferido e deportado, só retornando com a anistia em 1880 para no ano seguinte ser condenado e preso até 1888. Retornou a Paris e colaborou em diversos jornais de vanguarda, divulgando o entendimento entre franceses e italianos, além de participar da vida socialista francesa ao frequentar diversos congressos da seção francesa da Internacional.

ARISTIDE BRIAND [Nantes, 1862-1932] Advogado, jornalista e político. Influenciado por Pelloutier, se engajou definitivamente no movimento socialista em 1892, quando passou a defender a ideia de uma greve geral revolucionária. No ano seguinte, iniciou sua carreira no jornalismo, colaborando em *La Lanterne*. Como advogado, participou de uma série de casos em defesa de grupos socialistas ou afins. Na querela em torno da participação de Millerand no gabinete Waldeck-Rousseau, defendeu a intervenção parlamentar. De 1925 a 1932, foi ministro de Assuntos Externos, o que lhe permitiu ser oito vezes presidente do Conselho dos Ministros. Em 1926 dividiu, com Gustav Stresemann, o Prêmio Nobel da Paz.

Émile ARMAND [Paris, 1872-1962] Jornalista. Por volta de 1895-96, foi influenciado pela leitura do *Temps Nouveaux*, de Jean Grave, o que o levou a fundar, em 1901, o jornal tolstoiano *Ère Nouvelle*. Em seguida, aderiu ao anarquismo individualista, defendendo teorias para a renovação da sexualidade burguesa.

ATENTADOS À BOMBA Entre 1892 e 1894, verificava-se na França uma série de atentados à bomba. Este tipo de ação foi sugerido a partir de 1877, quando publicações anarquistas reproduziam desenhos de bombas e descreviam o material necessário para sua fabricação. Nesse ínterim, vários atentados individuais a revólver foram cometidos por anarquistas. Em 11 de março de 1892, um edifício no bulevar Saint-Germain explodiu. Ravachol, seu autor, no dia 27 do mesmo mês, pôs outra bomba no interior de um edifício da praça Clichy, onde residia o juiz responsável pela condenação de anarquistas. Em 15 de março e 25 de abril, explodiram bombas na caserna Loban e no restaurante Very. Ravachol foi executado em 11 de julho de 1892, mas, no ano seguinte, outros anarquistas voltaram a agir. Léon-Jules Léauthier, em novembro de 1893, pretendendo realizar um "ato útil" ("eu não castigarei um inocente, matando o primeiro burguês que aparecer"), decidiu esfaquear o ministro da Sérvia, em um restaurante. Em 9 de dezembro, uma bomba era atirada em plena sessão da Câmara dos Deputados por Auguste Vaillant, que como Ravachol, acabou condenado a morrer na guilhotina. Em 12 de fevereiro de 1894, outro anarquista, Émile Henry, jogou uma bomba no café Terminus, na estação Saint-Lazare. Apesar da repressão da polícia, ocorreram ainda explosões em dois edifícios, na rua Saint-Jacques e no Faubourg Saint-Martin. Em 15 de março, na explosão da igreja da Madeleine, sucumbiu o autor desses últimos atentados, o belga Pauwels, vulgo Rabardy. Em 4 de abril, uma bomba explodiu no restaurante Foyot e, terminando o ciclo, o anarquista italiano Caserio assassinou, em Lyon, o presidente da República, Sadi Carnot. O governo reagiu, estabelecendo medidas legais fortemente coercitivas. A fase de atentados à bomba declinou então na França, mas foi bastante intensa em outros países (os atentados contra o presidente americano McKinley, em 1901; dos niilistas na Rússia, entre 1870 e 1914 etc.).

Mikhail Aleksandrovitch BAKUNIN [Priamukhin, 1814-1876] Intelectual, jornalista e militante político. Um dos principais teóricos do anarquismo. Na Revolução de 1848, participou de diversas frentes de combate, tanto em Paris como em Dresden. Após o cerco da cidade alemã foi detido e enviado à Rússia, onde permaneceu preso. Em 1859, conseguiu fugir da prisão e seguiu para Londres, quando se encontrou com Marx e Engels, traduzindo para o russo o *Manifesto do Partido Comunista*. Nessa época, travou contato com Proudhon, Elysée e Élie Reclus, influências que marcaram profundamente sua visão de mundo. Participou então da Primeira Internacional e iniciou a publicação do jornal *L'Égalité*, em 1869. Três anos depois, afastou-se da Internacional, dadas as divergências internas sobre as formas do socialismo, o que o aproximou ainda mais da Federação Jurassiana. Em 1870, participou da insurreição de Lyon. Dedicou-se ainda à propaganda revolucionária na Itália e na Espanha, enquanto mantinha a luta contra Marx, no seio da Associação Internacional dos Trabalhadores (AIT).

BÁLCÃS Região da Europa central formada por nações diferentes, conquistadas pelo Império austro-húngaro, povoadas por populações de origem eslava e outras origens étnicas. O domínio da região interessava à Grécia, Turquia e Rússia, esta última alegando querer proteger os praticantes da religião ortodoxa, que viviam na Macedônia, Bulgária e Romênia. Os conflitos étnicos, religiosos e econômicos eram constantes; além disso, muitos desses povos subjugados procuravam, através de manifestações nacionalistas, alcançar a independência. Essa situação explosiva teve um desfecho no atentado de Sarajevo, no qual morreram o príncipe-consorte herdeiro do trono do Império austro-húngaro, Francisco Ferdinando, e sua esposa, fato que deflagrou a Primeira Guerra Mundial.

BANDO BONNOT Dentro do movimento anarquista, o ilegalismo foi uma doutrina que teve importância no fim do século XIX e começo do XX. Libertad, E. Armand, Paraf-Javal e muitos outros preferiram antecipar-se à revolução e através do hebdomadário *L'Anarchie* expressaram sua ideia: "Não esperar a Revolução. Os que a prometem são farsantes como os outros. Faça sua própria revolução. Ser homens livres, viver em camaradagem". Um dos episódios mais célebres da ação anarquista – o caso do Bando Bonnot e a expropriação que realizaram – ilustra dramaticamente o espírito da corrente ilegalista. Em dezembro de 1911, reuniram-se ocasionalmente alguns ilegalistas, entre os quais o adepto do "cientificismo" Raymond Callemin, o proletário anti-intelectual Octave Garnier, o tenente Édouard Carouy e o agente de informações Monier. O conselheiro militar Jules Bonnot conversou com seus companheiros acerca da vida miserável que levavam, demonstrando que de nada adiantavam os pequenos furtos que realizavam, era preciso passar para algo maior. Assim nasceu o Bando Bonnot, cuja primeira ação foi o assalto a uma garagem particular em Bois de Boulogne, de onde roubaram um carro de marca Delaunay. Com ele, assaltaram em plena rua um cobrador do banco Société Générale, que conduzia numa sacola grande quantidade de títulos. Depois de atirar no cobrador, subiram no automóvel e desapareceram. Entretanto, os títulos não podiam ser trocados no mercado. Esse primeiro assalto ocorreu em 21 de dezembro de 1911; o segundo se daria em 27 de fevereiro de 1912, no Havre, onde foram interpelados por um agente da polícia e Callemin o abateu com um revólver. Em 25 de março, atacaram uma sucursal do Société Générale e, após matar dois funcionários, roubaram 47 555 francos. Começaram a ser chamados de "bandidos trágicos" e a polícia os perseguiu por toda a parte, pois agora conhecia sua mobilidade; graças aos automóveis roubados, o bando surgia nos lugares mais imprevistos, onde atacava e desaparecia. No início de abril, Bonnot foi quase preso, mas conseguiu escapar; sua prisão se deu no dia 28, depois de um longo tiroteio com a polícia. O resto do bando seria preso em épocas diferentes. Introdutor do uso de automóveis nos roubos armados, o Bando Bonnot foi popularizado em prosa, canções e versos como uma espécie de Robin Hood da modernidade.

Clément BEAUSOLEIL [Paris, 1859-1912] Militante político. Como membro da Bolsa de Trabalho de Versalhes, participou do VII Congresso da Federação Nacional das Bolsas do Trabalho em Rennes, em 1898. No Congresso de Paris de 1900, defendeu a greve geral. Em 1907, foi um dos signatários do cartaz "Governo Assassino", que celebrava a insurreição do 17º Batalhão de Narbonne.

August BEBEL [Deutz, 1840-1913] Operário, militante marxista e político. Fundou em 1869, junto com Liebknecht, o Partido Operário Socialdemocrata Alemão (SDAP). Preso inúmeras vezes, aproveitou o cárcere para ampliar sua formação e redigir textos sobre o islamismo e o feminismo. Em 1871, deputado eleito para o Reichstag, foi acusado de traição por não ter votado a favor dos créditos de guerra. Após a morte de Karl Liebknecht, tornou-se presidente do SDAP.

Henri BEYLIE [Paris, 1870-1940] Militante político. De 1895 a 1898, em parceria com Henri Zisly e Émile Gravelle, publicou *La nouvelle humanité*, que divulgava uma vida mais saudável por meio de um tipo de "naturismo libertário". Em 1902, para provarem suas teorias, fundaram um "meio livre" na região do Vaux. A experiência se desfez em 1907. Foi citado no Carnet B. Após a Primeira Guerra Mundial, participou do I Congresso Anarquista em Paris, em 1920. No IV Congresso, em 1924, foi eleito membro do conselho administrativo do *Libertaire*, do qual já era colaborador.

BLANQUISMO Movimento inspirado pela vida e obra de Auguste Blanqui (1805-1881), que passou grande parte da vida na prisão. Desde jovem, lutou contra as injustiças, o que o levou a ser perseguido pelas autoridades francesas. Participou da revolta de 12 de maio de 1839, pelo que foi condenado à prisão perpétua. Foi solto pela Revolução de 1848 e começou a ter um papel primordial nos acontecimentos políticos. Participou de vários eventos de caráter insurrecional, como o assalto a um quartel de bombeiros. Fundou o jornal *Patrie en Danger.* Em 1871, participou da Comuna de Paris, sendo novamente preso. Em 1880, publicou *Ni Dieu ni maître* e *L'Armée esclave et opprimée.* Blanqui foi mais um agitador que um teórico; suas ideias foram expostas mais em jornais e revistas do que nos livros que publicou. Condenava o sistema capitalista e pregava o advento do comunismo como fator de evolução humana. Para ele, a educação do povo era uma questão básica e o meio para a realização do comunismo era a conquista revolucionária do poder político, empreendida por uma minoria de homens enérgicos e inteligentes. O blanquismo foi assim associado ao assalto ao poder por um pequeno número de homens capazes, por uma vanguarda revolucionária.

Étienne-Ernest BOLO PACHA [Marselha, c.1873-1918] Dentista, representante e importador de champanhe. Apelidado de Pacha (Paxá) pelo próprio quediva do Egito, Abbas-Hilmi, em razão de sua influência e de seu comportamento desaforado. Dândi com acesso a diversos meios políticos, em setembro de 1917 foi inculpado num caso de alta traição por ter recebido grande soma de um banco alemão. Na investigação, o capitão Bouchardon encontrou, entre os seus papéis pessoais, cartas do ministro Caillaux. Bouchardon procurava unir os casos do *Bonnet Rouge*, o de Bolo Pacha e o do deputado Loustalot, também acusado de alta traição, visando comprometer Caillaux. Foi condenado e fuzilado em 17 de abril de 1918, enquanto Loustalot, após catorze meses de prisão, obteve sua liberdade provisória.

CHARLES DESPLANQUES [Ivry, 1877-1951] Sindicalista e militante político. Colaborador do *Temps Nouveaux*, tratou sobretudo de questões sindicais. Em 1904, foi eleito um dos quatro secretários da União dos Sindicatos do Sena e, em 1913, secretário-adjunto de Yvetot na Federação das Bolsas de Trabalho. Após a guerra, encerrou sua militância sindical, mas continuou a frequentar os meios anarquistas e a colaborar na revista *Plus Loin*, do editor sindicalista dr. Pierrot.

CHARLES MALATO de Cornet [Foug, 1857-1938] Escritor, publicista e militante anarquista. Filho do *communard* Antoine Malato, retornou a Paris em 1881, após a anistia do pai. Em 1886, com Ortiz e Jacques Prolo, fundou o jornal *La Révolution Cosmopolite* e um grupo homônimo de discussão. Colaborador em *L'Attaque*, foi condenado, junto com o diretor do jornal, Ernest Gégout, a quinze meses de prisão em razão de seus artigos que incitavam à violência. Participou também, em Londres, com Kropótkin, Malatesta e Louise Michel, do grupo *Avant-Garde*, que promovia a entrada de anarquistas nos sindicatos. No caso Dreyfus, colaborou no *Journal du Peuple*, periódico de Sébastien Faure criado para defender o militar judeu. De 1907 a 1914, colaborou no *Guerre Sociale* e no *Bataille Syndicaliste* e, em 1916, assinou o Manifesto dos Dezesseis. Após a guerra, colaborou no *Temps Nouveaux* e na revista *Plus Loin*. É autor de obras importantes, como *Philosophie de l'Anarchie*.

CHARLES Marie Photius MAURRAS [Martigues, 1868-1952] Escritor e jornalista. Profundo conhecedor da cultura greco-latina, chegou a Paris em 1875, tornando-se colaborador de diversos periódicos tradicionais. Defensor de uma cultura francesa "pura", desenvolveu um pensamento político marcado pelo patriotismo e pela defesa da monarquia. Em 1899, fundou o grupo Action Française. Embora agnóstico, pregava o catolicismo como princípio de ordem social. Em torno do violento movimento dos Camelôs do Rei, conseguiu agrupar grande número de jovens. Antes da Primeira Guerra Mundial, condenou a aproximação da Alemanha proposta por Briand, mas defendeu o acordo de paz de Munique (1938), feito por Daladier. Naquele mesmo ano, elegeu-se membro da Academia Francesa. Em 1926, a Igreja condenou o grupo e algumas de suas obras. Com a Ocupação tornou-se um frequentador assíduo de Vichy, assim como Barrès e Massis. Com o fim da guerra, foi condenado à reclusão perpétua.

CHARLES-ALBERT [Carpentras, 1869-1957] Jornalista e militante político. Após o período dos atentados (1892-94), passou a morar em Paris, colaborando no *Libertaire*, *Temps Nouveaux*, *L'Humanité Nouvelle*, de Augustin Hamon, e *Journal du Peuple*, de Faure. Em 1899, publicou *L'Amour libre*, obra de grande popularidade na França e de ampla difusão no exterior. Em 1905, sobre a questão da guerra, divergiu, junto com Amédée Dunois, de Kropótkin, propondo um antimilitarismo radical, próximo ao de Hervé. Grande amigo de Ferrer, foi o secretário da Liga Internacional para a Educação Racional da Infância, criada pelo espanhol. A Primeira Guerra Mundial promoveu uma guinada em sua trajetória, tornando-o socialista e, posteriormente, nacionalista ativo.

Georges CLEMENCEAU [Mouilleron-en-Pareds, 1841-1929] Jornalista e político. Iniciou a carreira política em 1876, quando eleito deputado em Paris. Pela ferocidade com que atacava seus adversários ganhou o apelido de "Tigre". Responsável pela queda de ministérios, como o de Gambetta

(1882) e o de Jules Ferry (1885), foi envolvido no caso Panamá e se afastou da política, para se dedicar ao jornalismo. Na época do caso Dreyfus, foi o ativo redator de *L'Aurore*, jornal que publicou o *J'Accuse* de Zola. Com a repercussão do caso, retornou à política, sendo eleito senador em 1902 e, em 1906, acumulou o cargo de ministro do Interior e o de presidente do Conselho. Com uma grande reforma da polícia, reprimiu fortemente os sindicatos. Em novembro de 1917, quando o gabinete Painlevé se desfez e o presidente Poincaré hesitou entre ele e Caillaux, foi escolhido em razão de seu apoio a uma vitória militar contra uma paz de compromisso, proposta pelo adversário. Em 1918, foi eleito membro da Academia Francesa. Em 1920, a derrota presidencial encerrou sua carreira política.

CONFERÊNCIA DE ZIMMERWALD E CONGRESSO DE KIENTHAL Durante a Primeira Guerra Mundial, com a adesão da maior parte dos movimentos socialistas ao conflito, tornou-se impossível combater o nacionalismo. As ideias sobre a necessidade de defesa de cada um dos países beligerantes dominavam qualquer outro aspecto crítico. Mas, em cada país, subsistiam pequenos grupos que não apoiavam a guerra. Sindicalistas franceses, elementos da socialdemocracia alemã, da socialdemocracia russa, militantes do Partido Socialista suíço, do Partido Socialista espanhol e do português, além de outros provenientes do resto do mundo, tinham a ideia de que aquela guerra representava um atraso no movimento operário. A partir de 1915, o conflito mundial viu-se num impasse. Nem a Alemanha, nem a França ou a Inglaterra venceram, para não falar da Rússia, que iniciou um processo de decomposição militar. Os pequenos grupos pacifistas e antimilitaristas resolveram se reunir pela primeira vez, em 1915, num vilarejo suíço, Zimmerwald, num dos poucos países neutros da Europa. A ideia inicial era promover uma conferência secreta, à qual compareceram delegações de treze países. Da Alemanha, entre outros, participaram Georg Ledebour, Ernst Meyer e A. Thalheimer. Da França, Merrheim e Bourderon. Da Itália, Balabanova; da Rússia, Lênin,

Zinóviev, Radek e os mencheviques Axelrod e Martov – além de Bobrov e Trótski, por outras tendências. Da Suíça, Robert Grimm (organizador) e Fritz Platten. Na conferência de Zimmerwald, as conclusões foram restritas do ponto de vista revolucionário: os operários deviam defender a solidariedade de classes acima do sentimento nacional, e, por isso, exigir a paz e preparar a revolução. No Congresso de Kienthal, ocorrido em abril de 1916, Lênin, que criticara, no congresso anterior, a ausência de propostas claras sobre os meios de se combater a guerra, via agora sua tese vitoriosa. Assim, a resolução do Congresso de Kienthal propôs a transformação da guerra imperialista em guerra civil e numa luta sem fim contra a burguesia dominante.

CONGRESSO ANARQUISTA DE AMSTERDÃ Os anarquistas começaram a ser excluídos no Congresso Internacional Operário Socialista realizado em Zurique em 1893 (Segunda Internacional). Foram definitivamente expulsos no Congresso de Londres, em 1896. Esses incidentes mostraram o descompasso entre anarquistas e socialistas, que irrompera radicalmente durante a Primeira Internacional e que prosseguiria durante a Segunda e a Terceira. Entretanto, mesmo expulsos, os anarquistas promoveram conferências para seus adeptos, contrapondo-se ostensivamente aos socialistas. Mas em 1900, quando a Segunda Internacional convocou um novo congresso em Paris, os acráticos pretenderam realizar, na mesma cidade, seu primeiro Congresso Operário Revolucionário Internacional, a partir de 19 de setembro. No entanto, na véspera de sua abertura, o ministério Waldeck-Rousseau proibiu o encontro. Somente em agosto de 1907 conseguiram organizar o Congresso Anarquista de Amsterdã, que muitos consideram o segundo, mas que, de fato, foi o primeiro Congresso Anarquista Internacional (e não o quarto, como alguns pensam).

CONGRESSO DE BASILÉIA Realizou-se em outubro de 1912, no momento em que a questão dos Bálcãs encontrava-se num de seus ápices *críticos*.

Ele se reúne nessa cidade exatamente por situar-se no meio da zona conflitante entre Áustria, Hungria e Grécia. Foi o IX Congresso da Segunda Internacional e a expectativa era que contribuísse para a paz.

CONGRESSO DE COPENHAGUE DA SEGUNDA INTERNACIONAL O Congresso de Copenhague, da Segunda Internacional, realizado entre 28 de agosto de 3 de setembro de 1910, constatou que, apesar das tentativas de paz, havia um aumento considerável de armamentos, principalmente os marítimos. Diante desse fato, o congresso confirmou as resoluções dos anteriores, sobretudo o de Stuttgart (1907): o aumento de armamentos era um perigo para a civilização humana e os trabalhadores não deviam, de maneira nenhuma, entrar em desacordo, para não provocar uma guerra; as guerras eram causadas pelo capitalismo, particularmente pela concorrência econômica internacional e pelo militarismo, o instrumento mais ostensivo da dominação burguesa para a subjugação econômica e política do proletariado. Em suma, as guerras não cessariam enquanto não desaparecesse a sociedade capitalista.

Auguste DELALÉ [Tours, 1864-1910] Sapateiro e sindicalista. Chegou a Paris, em 1880, passando a colaborar em *La Révolte*, de Jean Grave. Por um curto período, foi o gerente do *Père Peinard*, de Émile Pouget, o que lhe valeu duas estadias na cadeia. Em 1903, escreveu dois artigos para o *Libertaire*, pelos quais foi novamente encarcerado. Eleito secretário do sindicato dos sapateiros de Paris e como representante da Bolsa de Trabalho local, participou do Congresso de Amsterdã em 1904, do qual sairia a Associação Internacional Antimilitarista (AIA).

Aristide DELANNOY [Béthune, 1874-1911] Desenhista. Enquanto estudante da Escola de Belas-Artes de Paris expôs no salão dos Artistas Independentes de 1902 a 1907. Colaborou em diversos periódicos engajados, como *L'Almanach de la Révolution*, *Les Temps Nouveaux*, *La Guerre Sociale*,

Le Pioupiou de L'Yonne e *L'Assiette au Beurre*, ilustrando o texto de Almereyda sobre a Petite Roquette. Citado no Carnet B, foi condenado a um ano de prisão por representar o general Amade como um açougueiro.

Paul DÉROULÈDE [Paris, 1846-1914] Escritor e político. A derrota francesa para a Alemanha em 1870, nele encontrou um nacionalista que conclamava a retomada da Alsácia e da Lorena. Em 1882, criou a Liga dos Patriotas. Seu nacionalismo intransigente o levou à Câmara dos Deputados em 1889. Com a morte súbita do presidente da República, Félix Faure, ensaiou um fracassado golpe de Estado. Em 1906 renunciou à vida política.

Ferdinand DOMELA NIEUWENHUIS [Amsterdã, 1846-1919] Anarquista antimilitarista e político. Ex-pastor luterano, decepcionou-se profundamente com o Partido Socialdemocrata Holandês (SDB). Sua experiência parlamentar de três anos (1888-91) o tornou crítico radical do parlamentarismo e do reformismo socialdemocrata, o que o levou a se aproximar do anarquismo. Participou da Segunda Internacional, nos Congressos de 1893 e 1896, abandonando o último em razão da exclusão dos anarquistas. Desenvolveu papel importante no sindicalismo independente praticado na Secretaria Nacional do Trabalho (NAS).

Gaston DUBOIS-DESAULLE [c. 1875-1903] Escritor e anarquista antimilitarista. Autor de obras eróticas e agressivas, cujo tema predileto era o exército francês. Em janeiro de 1899, fundou a primeira organização antimilitar anarquista, o Grupo de Propaganda Antimilitarista de Paris. O grupo publicou três edições de um tabloide: em 1900, *Crimes militares* e *Oficiais assassinos* e, em 1901, *Justiça militar*.

Georges DURUPT [Vosges, 1880-1941] Militante anarquista. Colaborador do *Temps Nouveaux* e *Libertaire*. Fez parte da seção francesa da AIA e, em 1908, tornou-se seu secretário. Partidário da ação violenta, participou de diversas manifestações operárias em que incitava a desobediência militar. Em 1912, sua vontade de aglutinação levou-o a administrar a revista mensal *Le mouvement anarchiste*, órgão do Clube Anarquista-comunista. Em 1920, entrou para o Bureau International du Travail de Genebra, onde permaneceu até 1934.

ÉDOUARD HERRIOT [Troyes, 1872-1957] Político republicano. Engajado na defesa do capitão Dreyfus, fundou, em Lyon, uma seção da Liga dos Direitos do Homem. Em 1924, com a coalizão entre socialistas e radicais de esquerda elegeu-se presidente do Conselho. Seu governo foi marcado pela defesa da laicidade e por certa frouxidão financeira. Quando Caillaux, ministro das Finanças, lhe propôs a aprovação de decretos-lei, abandonou a presidência, denunciando o procedimento antirrepublicano. Em 1940, votou contra a cessão de plenos poderes a Pétain.

EDUARD BERNSTEIN [Berlim, 1850-1932] Intelectual e político. Em 1872, aderiu ao SDAP, de Bebel e Liebknecht. Muito próximo de Engels, tornou-se o principal teórico do revisionismo, na virada do século XIX. O título de sua doutrina foi dado por seus detratores, que viam como oportunismo a revisão das teses de Marx, tendo em vista a opção parlamentar sem perspectiva revolucionária. Exprimiu o conjunto de suas ideias em *Socialismo teórico e Socialdemocracia prática*. De 1901 a 1928, foi eleito deputado inúmeras vezes.

ÉLIE FAURE [Saynte-Foy-La Grande, 1873-1937] Intelectual. Sobrinho dos irmãos Reclus, foi ensaísta com vasta obra. Seu livro principal é *L'Esprit des formes* (1927), grande ensaio sobre dados gerais da filosofia da história. Sem se engajar na ação partidária, nunca esteve indiferente aos problemas sociais e políticos. Sua monumental *História da Arte* foi em parte desenvolvida num curso (1905-1909) dado em uma universidade popular. Em 1937, foi o presidente do grupo Les Amis de l'Espagne Républicaine.

ÉMILE JANVION [c.1877-1927] Sindicalista. Em 1897, ao lado de Degalvès, procurou desenvolver uma instituição de educação anarquista. Devido aos poucos recursos, ambos organizaram um tipo de "férias libertárias" que durou até 1900, quando Degalvès esbofeteou um garoto. No mesmo ano, tentou organizar um congresso antiparlamentar, publicando um relatório em que manifestava seu apoio a Dreyfus e atacava instituições do ensino burguês. Sindicalista ativo, participou de congressos como representante do sindicato dos empregados de prefeituras. Em 1909, manifestando antissemitismo, passou a colaborar no *Terre Libre* e no *Action Française.*

ENRICO FERRI [San Benedetto Pó, 1856-1929] Criminalista e político. Na Segunda Internacional, com a polêmica em torno da participação de socialistas (Millerand) num governo burguês, apoiou Guesde, opositor a essa aliança. Deputado pelo Partido Socialista Italiano (PSI), aliou-se ao movimento sindical. Entre 1903 e 1907, dirigiu o jornal *Avanti!*, órgão do Partido. Após a Primeira Guerra Mundial, abandonou a militância de esquerda e tornou-se um fascista convicto. Cofundador da Escola Penalista Italiana, com Lombroso e Garofalo, contribuiu para o estabelecimento das teses da antropologia criminal. Considerado um dos fundadores da criminologia moderna, publicou sua principal obra, *Sociologia criminale*, em 1884 [ed. bras.: *Sociologia Criminal*, trad. Sonelli Maria Melloni Farina. Sorocaba: Minelli, 2006].

ERNEST GIRAULT [Lyon, 1871-1933] Militante político. De 1895 a 1899, assumiu o seu antissindicalismo no *Libertaire*, além de ter realizado inúmeras conferências ao lado de Louise Michel, pelas quais foi detido diversas vezes. Em 1906, participou da fundação da colônia comunista de Saint-Germain-en-Laye, que tinha entre seus participantes Lorulot, Scaloja e Goldsky. A intenção de desenvolver uma nova cultura incluía a criação de uma gráfica e uma escola, mas a experiência se desfez em 1908. Foi citado no Carnet B. Com o advento da Revolução Russa, tornou-se comunista e passou a colaborar em *L'Humanité.*

EXPEDIÇÃO MARROQUINA Depois da derrota da França frente à Alemanha (1870), o país procurou se reorganizar, e a ideia da desforra tornou-se uma constante no pensamento da maior parte dos políticos franceses. Amparada pelo acordo com a Inglaterra, firmado em 1904, que obteve a adesão da Rússia em 1907, a França reinvestiu, momentaneamente, na expansão colonial, que iniciara em 1830. Sua ambição era a posse do Norte da África, com exceção do Egito, presa dos ingleses. Como a Argélia já fora anexada, o objetivo passou a ser o Marrocos. Ainda uma vez, a França teria que se haver com a Alemanha, que também pensava em colonizar a região. Por esse motivo, Delcassé, a partir de 1908, iniciou uma política de crescente penetração nos territórios coloniais. Essa política afetou as esquerdas, que encontraram nesses episódios razões para combater o imperialismo francês. A partir de 1904, a Inglaterra, que quase entrara em guerra contra a França por causa do incidente de Fashoda, procurou agradar os franceses como uma forma de compensação pelos territórios que estes haviam perdido no centro da África. Pelo acordo, os ingleses reconheciam o direito dos franceses de intervir nos assuntos internos do Marrocos, enquanto a França reconhecia aos ingleses os direitos adquiridos no Norte da África, exceto edificar fortificações no estreito de Gibraltar. Dessa maneira, os franceses se apossaram integralmente do Marrocos, mesmo sendo obrigados a reconhecer o direito de comércio aos alemães no território.

FERNAND DESPRÈS [Loir-et-Cher, 1879-1949] Sapateiro e jornalista. Por volta de 1896, se aproximou dos meios anarquistas graças à influência de Almereyda. Em 1901, abandonou a profissão de sapateiro para tornar-se jornalista, colaborando no *Libertaire*, assim como no *Guerre Sociale*, em *La Bataille Syndicaliste* e até mesmo em *L'Humanité*, em que se fez notar pela violência de seus artigos. No mesmo ano, acusado, junto com Almereyda, de envolvimento num atentado à bomba, foi absolvido por ausência de provas. Em 1912, interrompeu sua colaboração no *Guerre Sociale* e em *L'Humanité* para se dedicar ao *La Bataille Syndicaliste*, de Griffuelhes. Citado no caso do Carnet B. Após a Primeira Guerra Mundial colaborou em *La Plèbe*, que passou a dirigir em parceria com Martinet e Jean de Saint-Prix.

Jean-Charles FORTUNÉ HENRY [Limiel-Brévannes, 1869-1931] Militante anarquista. Em 1891, passou a frequentar círculos anarquistas. No ano seguinte, com a prisão de Ravachol, participou de uma série de conferências sobre a validade da propaganda pelo fato, sendo, por isso, condenado a dois anos de prisão. Em 1894, seu irmão, Émile, foi fuzilado por cometer um ato terrorista, tornando-se um mártir do movimento anarquista. Praticou intensa militância e participou da fundação do "meio livre", denominado "O Ensaio", próximo ao vilarejo de Aiglemont. Apesar de algumas realizações, como uma gráfica e a impressão de brochuras e dois jornais, *Le Cubilot* e *Le Communiste*, a colônia teve vida curta (1903-09). Foi citado no Carnet B.

FRANCIS JOURDAIN [Paris, 1876-1958] Pintor, cenógrafo e militante político. Ainda muito jovem firmou sua posição política revolucionária e aos dezesseis anos enviou artigos para *La Révolte*, de Grave. Colaborador do *Libertaire*, tornou-se gerente do jornal de abril a junho de 1902. Em junho de 1904, participou do Congresso da AIA. Filiou-se ao Partido Socialista em 1913 e com o advento da Revolução Russa tornou-se o seu defensor. Como cenógrafo, participou dos filmes *Fièvre* (1921) e *La femme de nulle part* (1922), ambos de Louis Delluc. Para Jean Vigo, além de apresentá-lo a personalidades do meio cinematográfico, como Maurice Tourneur e Claude Autant-Lara, realizou a cenografia de *L'Atalante*.

FRANCISCO FERRER y Guardia [Alella, 1859-1909] Pedagogo. Sua trajetória foi marcada pela perseguição constante às suas ideias revolucionárias. Exilado na França, tomou contato com as propostas anarquistas de transformação da educação, principalmente de Bakunin e Robin. Em 1901, retornou à Espanha para fundar a Escola Moderna, assim considerada pela sua proposta pedagógica avançada. Em 1909, eclodiu a chamada "Semana Trágica" em Barcelona, quando militares se uniram com a massa descontente pelos fracassos no Marrocos e depredaram a cidade, ateando fogo em igrejas, num gesto espontâneo. Foi inculpado e fuzilado meses depois.

GABRIEL SÉAILLES [Paris, 1852-1922] Intelectual. Em 1898, partidário de Dreyfus e admirador de Jaurès, foi um dos fundadores da Liga dos Direitos do Homem. Por seu pacifismo, sua defesa de uma escola laica e o seu engajamento no movimento das universidades populares, assim como Seignobos e Durkheim, foi atacado severamente pela imprensa de extrema direita. Reconhecido por suas reflexões sobre arte e psicologia, moral e sociologia, dentre suas obras destaca-se o estudo sobre Leonardo da Vinci.

GEORG Morris Cohen BRANDES [Copenhague, 1842-1927] Escritor e crítico literário. Ao lado de Ibsen, foi um dos principais responsáveis pela desprovincianização da literatura dinamarquesa. Foi um divulgador das ideias de Nietzsche, publicando estudos sobre Jesus Cristo, Kierkegaard e o líder socialista Lassalle.

GEORGES PIOCH [Paris, 1873-1953] Crítico literário, teatral e poeta. Passou a frequentar os meios anarquistas em 1896, colaborando no *Libertaire* a partir de 1900. Em 1915, aderiu à Federação Socialista do Sena e, em 1920, no Congresso de Tours, ingressou no Partido Comunista.

GEORGES YVETOT [Paris, 1868-1942] Tipógrafo, sindicalista e militante anarquista. Órfão muito cedo, foi criado por padres em Auteuil, onde aprendeu o ofício de tipógrafo. Fascinado pela ação de Pelloutier, colaborou na tipografia de *L'Ouvrier des Deux Mondes*. Com a morte dele, ocupou seu lugar como secretário da Federação das Bolsas de Trabalho. Em 1902, tornou-se também o secretário da CGT, contribuindo para a união das duas instituições em 1905. Anarquista proudhoniano, representou o sindicalismo francês no movimento internacional, tentando aproximar intelectuais, operários e funcionários em torno da CGT. Até o final de sua vida, nunca deixou de manifestar seu antimilitarismo radical, o que lhe valeu inúmeras prisões.

Jules GRANDJOUAN [Nantes, 1875-1968] Desenhista e sindicalista militante. Por volta de 1899-1900, colaborou em diversos periódicos e obras anarquistas. Condenado pela realização de um desenho antimilitarista, partiu para a Alemanha, Egito e Itália. Anistiado em 1913, retornou a Paris e participou ativamente do movimento sindical. Com o fim da guerra, tornou-se simpatizante da Revolução Russa e, em 1926, publicou a série de desenhos *Russie vivante*, resultado de sua viagem àquele país.

Victor GRIFFUELHES [Nérac, 1874-1922] Militante socialista, sindicalista revolucionário e jornalista. Irmão do também sindicalista Henri, passou a fazer parte da União dos Sindicatos do Sena em 1899. Suas ideias em torno da independência da CGT, da ação direta – que incluía a sabotagem – e, sobretudo, sua participação em inúmeras greves, o capacitaram para a organização do disperso movimento operário. No início do século XX, foi a encarnação do novo sindicalismo revolucionário. Em 1901, assumiu a secretaria geral da CGT, ampliando sua ação contra os reformistas. Em companhia do anarquista Pouget, fundador do jornal *Le Père Peinard*, organizou por toda a França lutas contra as agências privadas de empregos e pela jornada de oito horas. Em 1906, foi detido pela polícia de Clemenceau no convulsivo ano em que a Bolsa de Trabalho de Paris proclamou a jornada de oito horas. Após anos de esforços pela transformação das condições de trabalho e pela união dos movimentos sindicais, envolveu-se num escândalo sobre a compra de um imóvel para a nova sede da Confederação e se afastou da direção em 1911. Em seguida, se limitou ao jornalismo, fundando o *Bataille Syndicaliste* e colaborando na *Encyclopédie du mouvement syndicaliste*, de 1912.

Jules GUÉRIN [Paris, 1860-1910] Jornalista e político monarquista. Foi diretor do jornal *l'Antijuif* e fundador da Liga Francesa Antissemita. Adversário de Dreyfus, se envolveu no golpe de estado encabeçado por Déroulède. Com a prisão decretada, se refugiou com homens armados num edifício, permanecendo em estado de sítio por 38 dias. Essa resistência valeu severas críticas na imprensa à ineficiência do policial Lépine.

GUERRA RUSSO-JAPONESA Nos fins do século XIX, o Império russo expandiu-se em direção à Sibéria e à Coreia, territórios em parte desabitados, mas ricos em madeira e matérias-primas. O Japão, por sua vez, modernizou-se a partir de 1864 e preparou exército e marinha suficientes para enfrentar uma guerra, pois também pretendia ocupar a Coreia e outras regiões asiáticas. O conflito entre ambos os países cresceu e, mesmo sem declaração de guerra, o Japão afundou, em fevereiro de 1904, parte da frota russa no Pacífico. Houve o ataque à fortaleza de Port Arthur, a batalha naval de Titsuma e a derrota definitiva da Rússia, cujos desdobramentos internos provocaram fortes comoções sociais, inclusive a Revolução de 1905.

GUSTAVE TÉRY [Lamballe, 1870-1928] Jornalista e dramaturgo. Após estudar na École Normale Supérieure, fundou em 1904, com Urbain Gohier, o jornal *L'Œuvre*, que se constituiu num espaço para diversas manifestações pacifistas de esquerda, assim como para o problema irlandês ao publicar diversos textos de Sinn Fein. Suas comédias lhe renderam grande popularidade.

HAN RYNER [Pseudônimo: Henri Ner, Nemour, 1861-1938] Filósofo, escritor e jornalista. Após publicar dois romances, frequentou os círculos literários de Paris, onde se tornou conhecido por seus contos. Sua filosofia individualista se exprime no romance *Le crime d'obéir* (1898-1900). Sem ser um anarquista propriamente dito, se opôs a qualquer organização político-social coercitiva. Chefe de redação do jornal *Demain*, combateu o preconceito militar no caso Dreyfus. Colaborou também na revista *L'Art social*, de Gabriel de la Salle, e no *Ennemi du Peuple*, de Janvion e Jourdain. Sua crítica à literatura comercial com *Prostitués*, de 1904, lhe valeu um longo silêncio editorial. Colaborou na imprensa anarquista defendendo Eugène Diedonné, membro do Bando Bonnot. Autor de inúmeras obras, entre elas, *Petit manuel individualiste* (1903) [ed. bras.: *Manual filosófico do individualista*, org. e trad. Roberto das Neves. Rio de Janeiro: Germinal, 1966]. Maria Lacerda de Moura foi sua divulgadora no Brasil, com o título *Han Ryner e o amor plural* [São Paulo: Unitas, 1933].

HENRY BATAILLE [Nîmes, 1872-1922] Poeta e dramaturgo. Poeta refinado de *La chambre blanche*, de origem simbolista, é autor de um teatro de forte apelo sensual e moral. Conquistou vasta popularidade com *Maman Colibri* (1905), *La marche nupciale* (1908) e *La vierge folle* (1910). Na sua época, pela forte sensualidade feminina, sua obra foi caracterizada como "teatro em decomposição". Segundo Thibaudet, suas peças sociais anteriores à Primeira Guerra Mundial possuem um artificialismo evidente.

José Maria de HEREDIA [La Fortuna, 1842-Houdan, 1905] Poeta. Cubano radicado na França, admirador de Leconte de Lisle, se transformou num dos maiores poetas do movimento parnasiano. Seus sonetos altamente elaborados, reunidos tardiamente em *Les trophées* (1893), fascinaram toda uma geração. Entrou para a Academia Francesa em 1894.

INDIVIDUALISTA Essa tendência *individualista* do anarquismo, como o próprio nome sugere, defende a liberdade do indivíduo. Ao contrário dos anarquistas comunistas, seus adeptos não acreditavam que os males sociais advêm da exploração do trabalho e da propriedade privada; atribuíam a miséria à mentalidade defeituosa do homem. O Estado deveria, ou não, ser combatido, conforme cada teórico do movimento. Todos deviam agir sozinhos, através da revolta individual, pois cada indivíduo deve decidir por si próprio. Fazem parte dessa corrente Max Stirner, com *O único e sua propriedade,* B. R. Tucker, John-Henry Mackay e E. Armand.

JACQUES BAINVILLE [Vincennes, 1879-1936] Historiador. Discípulo de Maurras, participou do grupo L'Action Française, assim como no jornal, de enorme circulação, o *Petit Parisien.* Seu monarquismo transpareceu em suas obras de história, principalmente em *Histoire de France.* Em 1935, foi eleito membro da Academia Francesa.

Jean JAURÈS [Castres, 1859-Paris, 1914] Intelectual e militante socialista. Defensor da ação socialista por dentro do sistema político, na Segunda Internacional votou a favor do relatório Liebknecht, que excluía dos futuros congressos os delegados de sindicatos e demais anarquistas que não reconhecessem a importância da ação legislativa e parlamentar. Em 1904, fundou o *L'Humanité*, com Lucien Herr, Lévy-Bruhl e Léon Blum. Com a eleição de Poincaré, em 1913, fez resistência direta ao governo e retomou a credibilidade dos grupos radicais, como o *Guerre sociale*, que abrandou seu ataque ao político. Jaurès foi um reformista e nunca um revisionista: um socialista que marcou sua obra com o pacifismo e uma postura anticolonial, acreditando na organização do proletariado. Foi assassinado em 31 de julho de 1914.

JEAN GOLDSKY [Paris, 1890-1969] Militante anarquista. Participou de toda a experiência da colônia comunitária de Saint-Germain-en-Laye

(1906-08). Com a ameaça da guerra, tornou-se nacionalista, se alistando no exército. Mas o horror do *front* arrefeceu seu patriotismo. Em março de 1916, passou a ser o secretário-geral da redação do *Bonnet Rouge*. Em 1917, com a prisão de Duval, foi acusado também de traição, sendo condenado a oito anos de trabalhos forçados. Cumprida a pena, se desligou definitivamente dos meios libertários.

JEAN GRAVE [Puy-de-Dôme, 1854-1939] Jornalista e militante anarquista. Partilhando com o pai – que se engajara na luta como guarda nacional – a simpatia pela Comuna, se aproximou dos meios revolucionários após o desmembramento de sua família e a dispensa militar. Na juventude, como boa parte de seus companheiros, acreditava na iminente decomposição do capitalismo e, partidário da violência imediata, considerava o ato de greve um engodo reformista. Com o passar do tempo e a fixidez da história, tornou-se um organizador de ideias e publicista, editando textos de Kropótkin, Nieuwenhuis ou Monatte. Em 1887, transformou o *Révolté*, de Kropótkin, em *La Révolte*, dirigindo o jornal durante trinta anos. Em 1895, para evitar uma multa, mudou novamente o nome do periódico para *Les Temps Nouveaux*. Com a Primeira Guerra Mundial, assinou o Manifesto dos Dezesseis em favor dos aliados. Por sua austeridade e fidelidade aos princípios anarquistas, foi chamado por Malato de "o papa da rua Mouffetard". Sua costumeira camisa preta – peculiar aos tipógrafos – fazia lembrar uma batina, sempre presente na rua Mouffetard, sede de seu jornal. Autor de vasta obra, seu *Quarante ans de propagande anarchiste* é um importante documento histórico.

JEAN MARESTAN [Liège, 1874-1951] Jornalista. De família burguesa, ex-estudante de medicina, foi a Paris por interesses artísticos. Em Montmartre, tomou contato com os meios anarquistas e veio a ser um dos primeiros redatores do *Libertaire*. Em 1905, passou a colaborar também no *Anarchie*, de Libertad, mas se declarando contra os atentados anarquistas.

Dedicou-se às questões magnéticas e espirituais, se tornando conferencista reconhecido e animador de grupos com interesses nos temas da sexualidade. Em 1910, pelas edições de *La Guerre Sociale*, publicou o livro *L'Éducation sexuelle*, traduzido e reeditado em várias línguas. Durante a Segunda Guerra Mundial fez parte da Resistência francesa.

Joseph JOFFRE [Rivesaltes, 1852-1931] Oficial militar francês. Durante a Primeira Guerra Mundial, comandou a Batalha do Marne – cuja vitória salvou Paris –, sendo o responsável pela estabilização do *front* norte no início da guerra. Em 1916, nomeado marechal da França, ficou conhecido, e muito criticado, por sua estratégia de "ofensiva a qualquer custo". Em 1918, foi eleito membro da Academia Francesa.

JOSEPH CAILLAUX [Mans, 1863-1944] Político. Em 1899, tornou-se ministro das Finanças sob o gabinete Waldeck-Rousseau. De 1906 a 1909, no mesmo cargo, propôs uma reforma fiscal radical, que lhe valeu severas críticas. Presidente do Conselho e ministro do Interior, em 1911, buscou resolver pacificamente com a Alemanha a expansão territorial no Marrocos. Esta tentativa de aproximação com os alemães foi o principal motivo da queda de seu gabinete em 1912. No ano seguinte, retomou o Ministério das Finanças sob o gabinete Doumergue. Após o crime cometido por sua esposa, envolveu-se em outro escândalo, sendo acusado, em 1917, de colaboração com os alemães. Em 1925, absolvido, retornou ao Ministério das Finanças sob o gabinete Painlevé. Em 1940, apoiou a cessão de plenos poderes ao marechal Pétain.

JULES GUESDE [Paris, 1845-1922] Jornalista e militante socialista. Com sólida formação, adquirida na avançada escola paterna, desde muito cedo passou a colaborar nos jornais republicanos. Pelo seu elogio à Comuna foi detido e exilado, mas o degredo lhe valeu grande experiência política. Refugiado em Genebra, travou contato com diversas personalidades do movimento social. Suas divergências com Marx, em torno do caráter centralizador do conselho geral da Internacional, o aproximou da Federação Jurassiana, na qual desempenhou papel importante no Congresso de Sonvilliers. Este breve flerte com o anarquismo deu lugar à militância socialista graças à influência de Paul Lafargue, genro de Marx. Por seus artigos de imprensa nos inúmeros periódicos revolucionários, tornou-se o grande vulgarizador do marxismo na França. Em 1880, junto com Lafargue, fundou o Partido Operário Francês (POF), e passou a militar em favor da união nacional, realizada somente em 1905. Em 1885, criou o jornal *Le Socialiste*, órgão oficial do partido. Em 1893, foi eleito deputado e propôs uma série de mudanças trabalhistas e políticas. Combateu também as chamadas "leis celeradas", que visavam extirpar o terrorismo anarquista de maneira extremamente ditatorial. Tanto na revisão do processo Dreyfus, quanto no debate sobre a presença ministerial socialista num governo burguês, divergiu de Jaurès, Briand e Viviani, criando um cisma no socialismo francês. Durante a Primeira Guerra Mundial foi partidário da defesa nacional. Sua luta constante em nome da revolução proletária – sempre pela via parlamentar – e sua austeridade socialista permaneceram como as marcas características do guesdismo.

JULES VALLÈS [Loire, 1832-1885] Escritor, jornalista e militante político. Socialista moderado e membro da Comuna, destacou-se como escritor e publicista. Em 1871, foi um dos signatários do "cartaz vermelho" que proclamava a traição do governo e clamava pelo ataque em massa. Eleito, redigiu para a Comuna um programa de ensino e participou da sua política de relações exteriores. Após a guerra civil, foi condenado à pena de morte, mas conseguiu escapar, perambulando pela Suíça e Bélgica. Em 1880, com a anistia, retornou a Paris para reestruturar seu famoso jornal, *Le Cri du Peuple*, em que desenvolveu sua concepção republicana e socialista. Entre outros, publicou a trilogia *Vingtras*.

KARL LIEBKNECHT [Leipzig, 1871 – Berlim, 1919] Militante comunista. Em 1912, foi eleito deputado no Reichstag, se opondo frontalmente à guerra. Em 1914, com Rosa Luxemburgo, Otto Rühle, Franz Mehring e Clara Zetkin, formou uma facção radical do Partido Socialdemocrata, a Liga Spartakus. No ano seguinte, em 1916, expulso do partido e acusado de alta traição por ter organizado uma manifestação contra a guerra, foi condenado a dois anos de prisão, sem direitos civis. Libertado em 1918, fundou com Luxemburgo, o Partido Comunista Alemão (KPD). Em janeiro de 1919, foi fuzilado, assim como Rosa Luxemburgo, em razão de sua participação na insurreição spartakista.

Victor Ivovitch KIBALTCHICH [Pseudônimo: Victor Serge, Bruxelas, 1890-1947] Militante político. Colaborou nos jornais *Temps Nouveaux*, *Libertaire* e *Guerre Sociale*, antes de se tornar diretor de *L'Anarchie*. Em razão do debate sobre o Bando Bonnot promovido pelo jornal, foi condenado a cinco anos de prisão e posto em liberdade somente em 1917. Em seguida, partiu para Barcelona, onde colaborou em *Tierra y Libertad*, adotando o pseudônimo de Victor Serge. Em julho, participou da insurreição em Barcelona. De volta à França, foi novamente detido, mas graças a uma troca de prisioneiros partiu para a Rússia em 1919. Em Moscou, participou da Terceira Internacional e, por sua disposição libertária, em 1926, foi expulso do Partido Comunista. Em 1933, foi encarcerado na Sibéria, sendo libertado somente em 1936, quando passou a viver em Paris e depois no México.

Piotr Alekseievich KROPÓTKIN [Moscou, 1842-1921] Intelectual e militante anarquista. De origem nobre, chamado de "príncipe anarquista", foi o grande teórico do anarquismo em sua época. Em 1872 aderiu à Primeira Internacional. Em 1879, em Genebra, fundou *Le Révolté*, que em 1895 se tornaria *Les Temps Nouveaux*. Participante ativo da Federação Jurassiana, foi de certa forma um precursor do anarcossindicalismo. Com o advento da Primeira Guerra Mundial, apoiou os aliados e assinou o Manifesto dos Dezesseis. Pelo apoio a Estados beligerantes, Malatesta o chamou de "anarquista de governo". Em 1917, retornou à Rússia e rejeitou com indignação a pasta ministerial oferecida por Kerenski. Embora nunca tenha aderido à Revolução, condenou veementemente a ajuda estrangeira aos contrarrevolucionários.

L'HUMANITÉ Criado por Jaurès em 1904, foi um jornal socialista cotidiano, tornando-se em 1910 órgão do Partido Socialista. Com a fundação do Partido Comunista Francês, tornou-se seu órgão oficial a partir de 1921.

LA GUERRE SOCIALE No último ano do século XIX, no *Libertaire,* Louis Grandidier publicou uma defesa do sindicalismo. Para ele, o sindicato era o embrião da sociedade futura, além de ter papel revolucionário no processo de transformação da sociedade. O movimento era ligado às Bolsas do Trabalho e representava uma divisão entre os individualistas, que iriam contribuir para a fundação de *L'Anarchie,* e os sindicalistas, que persistiam no *Libertaire.* Colaborou, com Sébastien Faure, no jornal *Le Quotidien,* ao lado de Pelloutier, Delasalle e Malato. Com o tempo, a influência de Grandidier ficou cada vez mais secundária.

LAURENT TAILHADE [Hautes-Pyrénées, 1854-1919] Poeta e anarquista. Diferenciou-se de seus pares pela virulência com que apoiou os atentados anarquistas. Iniciou sua colaboração no *Libertaire* com artigos retumbantes pelo esmero das palavras e a violência dos argumentos. Em 1905, após a ruptura com os anarquistas, em razão do uso de sua assinatura por Hervé e Almereyda no "cartaz vermelho" da AIA, se dedicou sobretudo à vida literária, colaborando em diversos periódicos.

Georg LEDEBOUR [Hanover, 1850-1947] Político. Foi um parlamentar centrista durante a Primeira Guerra Mundial e um dos líderes da esquerda do Partido Socialdemocrata Independente Alemão (USPD).

Radicalmente oposto à Liga Spartakus, era considerado um traidor pela direita e um golpista pela esquerda, em razão da recusa da direção do USPD em organizar um congresso extraordinário, dado o clima revolucionário na Alemanha de 1918.

LEGENDÁRIO DEBATE ENTRE JAURÈS E BEBEL No Congresso de Amsterdã, em 1904, voltou-se a debater o reformismo, que já fora tratado no Congresso de Paris, em 1890. Na época, o Partido Socialista da França (de Guesde) lutava contra o Partido Socialista Francês (de Jaurès). O primeiro acusava o segundo de ser revisionista, ao pretender modificar a tática existente e vitoriosa, que repousa na luta de classes, trocando-a pela conquista do poder político, fazendo concessões à ordem estabelecida. A consequência dessa tática revisionista seria substituir um partido que trabalhava pela transformação rápida da atual sociedade burguesa – e que desejava uma sociedade socialista revolucionária –, por um partido que se contentaria em reformar a sociedade burguesa. Esses argumentos, levantados contra Jaurès, obtêm o apoio de Rosa Luxemburgo, Kautsky, August Bebel, Enrico Ferri, Victor Adler e outros. Ocorre então um *legendário debate entre Jaurès e Bebel.* Jaurès não desejava um proletariado incoerente, débil, meio inconsciente. Por este motivo, mostrou-se contrário às conclusões do Congresso de Dresden, favoráveis a uma tática de luta de classes. Jaurès não pretendia uma "deserção" da luta de classes, mas encontrar "o meio mais eficaz de conduzir essa luta proletária para uma democracia republicana", continuando a tradição francesa que confluía nos ideais da Revolução de 1789. Com isso, ele afirmava a necessidade de uma ação política e econômica de classe, ao mesmo tempo em que o proletariado socialista organizado deveria fazer apelo às liberdades políticas, à legislação social, a toda prática democrática. O discurso de Bebel foi a defesa das teses de Dresden. Afinal, no momento da votação, os participantes manifestaram-se contra Jaurès.

LÉON BLUM [Paris, 1872-1950] Crítico literário e político. Socialista moderado, foi um dos principais políticos da França do século XX. Iniciou-se na política com o caso Dreyfus, quando rompeu com seu mestre intelectual, Barrès, aproximando-se de Jaurès. Em 1914, tornou-se chefe de gabinete do socialista Sembat e apoiou a entrada da França na Primeira Guerra Mundial. Em 1920, no Congresso de Tours, não aderiu à Terceira Internacional comunista, por ver na então URSS um regime não-democrático. Como um dos dirigentes da seção francesa da Internacional Operária (SFIO) e chefe do governo na coalizão da Frente Popular em 1936, 1938 e 1946, promoveu, com os chamados "acordos Matignons", diversas reformas trabalhistas e sociais, nacionalizando indústrias e o Banco da França.

LÉON DAUDET [Paris, 1867-1942] Escritor, jornalista e político. Filho do escritor Alphonse Daudet, foi o polemista virulento do *Action Française*. No caso Dreyfus, se mostrou feroz antissemita, nunca admitindo a inocência do capitão. Em 1904, tornou-se adepto do grupo L'Action Française. De 1919 a 1924, foi deputado pela União Nacional em Paris. Durante a Segunda Guerra Mundial colaborou intensamente com o governo de Pétain.

LÉON JOUHAUX [Paris, 1879-1954] Sindicalista militante. Seu nome está necessariamente ligado à história da CGT. De origem revolucionária – o avô foi fuzilado em 1848 e o pai participou da Comuna –, frequentou grupos libertários na adolescência. Em 1901, participou, com Libertad, de uma revolta em Noisy-le-Sec. Em 1909, elegeu-se secretário-geral da CGT. Em uma confederação enfraquecida pelos conflitos internos e pelas pressões políticas de Briand e Clemenceau, retomou os temas revolucionários, tais como antimilitarismo, antipatriotismo, apoio aos movimentos grevistas etc. Por suas diversas intervenções em periódicos avançados, foi citado no Carnet B. A década de 1930 constituiu a principal etapa da sua vida, período em que se tornou uma personalidade do sindicalismo internacional, participando das decisões econômicas do Estado e conseguindo na CGT a união dos movimentos sindicais franceses. Em 1942, foi detido em prisão domiciliar durante toda a Ocupação, embora participasse das principais manobras sindicais. Com o fim da guerra, o sindicalista revolucionário, formado na escola de Pelloutier, Proudhon, Griffuelhes e Thomas, perdeu gradativamente seu espaço de atuação.

Albert LIBERTAD [Bordeaux, 1875-1908] Militante anarquista individualista. Após lecionar em Bordeaux, seguiu para Paris, onde passou a colaborar no *Libertaire* a partir de 1897. Sempre disposto ao confronto direto, e utilizando com destreza suas muletas, logo se destacou pelo temperamento agressivo. Foi preso por insultar um padre na igreja do Sacré-Coeur e por agredir agentes policiais. Em 1902, ao lado de H. Beylie, Paraf-Javal, Janvion e Yvetot, fundou a Liga Antimilitarista. No mesmo ano fundou, em parceria com Paraf-Javal, o grupo Causeries Populaires. Em 1905, com um grupo de seguidores, iniciou a publicação de *L'Anarchie*, jornal que divulgava o anarquismo individualista e se opunha ao sindicalismo.

Émile LOUBET [Paris, 1838-1929] Político. Após a morte súbita de Félix Faure, foi eleito presidente da França em 1899. Político de centro-esquerda, agraciou Dreyfus em setembro, após sua condenação. Inaugurou a Exposição Universal em 1900, e a ponte sobre o Sena, denominada Alexandre III, uma homenagem ao pai de Nicolau II, que a oferecera a Paris. O seu mandato (1899-1906) foi caracterizado por intensa atividade internacional.

LOUISE MICHEL [Vroncourt-la-Côte, 1830-1905] Educadora e militante política. Chamada de a "Virgem Vermelha", foi a incansável militante, cuja figura tanto impressionou Victor Hugo e Paul Verlaine. Em 1855, criou uma escola de cunho republicano em Audeloncourt, mas a pressão das autoridades locais a levou a Paris. Participante ativa da Comuna, atuou como soldado e enfermeira, além de se dedicar à educação revolucionária. Foi deportada em 1871, só retornando a Paris em 1880. Convertida ao anarquismo, se interessou pelos principais fatos de sua época, realizando inúmeras conferências, na França e Inglaterra, além de colaborar em diversos periódicos da extrema esquerda, entre outros, no *Libertaire*. Sua natureza independente e combativa a transformou numa unanimidade entre os revolucionários.

LUCIEN DESCAVES [Paris, 1861-1949] Escritor. Simpático à Comuna e aos militantes anarquistas. Duas de suas obras se inspiraram diretamente nos acontecimentos da Comuna: *La Colonne* e *Philémon, vieux de la vieille*. Toda sua obra teatral possui motivos anarquistas, como *La Cage*. Colaborou também em *L'En Dehors*, de Zo d'Axa, e no *Temps Nouveaux*, de Grave. Em 1889, publicou o romance antimilitarista *Sous-Offs*.

LUTA CONTRA OS TRÊS ANOS A expansão colonial francesa, a partir do século XIX, decorreu da dinâmica do capital financeiro, da necessidade não só de ocupação de novos territórios, mas também de aproveitar a população das colônias como massa de recrutas para um exército que poderia servir, no futuro, na guerra contra a Alemanha. A França pensou em se reforçar militarmente, do ponto de vista humano, em dois polos: nas colônias e na metrópole. Uma das primeiras medidas nesse sentido foi a proposta de alteração da lei de conscrição militar. Em 1905, foi enviado à Câmara um projeto que fixou em dois anos a duração do serviço militar. Na década de 1910, pensou-se em aumentar o prazo de conscrição de dois para três anos.

Louis MALVY [Figeac, 1875-1949] Político. Republicano radical, eleito deputado em 1906, teve várias reeleições. Apadrinhado de Caillaux, foi escolhido em 1914 para o cargo de ministro do Interior, no gabinete Gaston

Doumergue. Conservou este posto nos mandatos de Briand e Ribot até 1917. No mesmo ano, Léon Daudet enviou uma carta ao presidente Poincaré acusando-o de alta traição. Este fato comprometeu ainda mais sua situação política, obrigando-o à demissão.

MARCEL CACHIN [Plourivo, 1869-1958] Professor de filosofia e político. Guesdista e socialpatriota durante a Primeira Guerra Mundial, conseguiu trazer Mussollini à causa aliada. Diretor de *L'Humanité* de 1918 a 1958, participou do Congresso de Tours, quando foi criado o Partido Comunista Francês (PCF) e definiu-se o apoio à Revolução Russa e à Terceira Internacional. Em 1935, foi eleito senador e dirigiu até a Segunda Guerra Mundial o grupo parlamentar comunista. Em 1936, participou ativamente da Frente Popular.

MARCEL SEMBAT [Bornière, 1862-1922] Advogado, jornalista e político. Chegou ao socialismo como consequência de seu desenvolvimento intelectual republicano. Deputado em 1899, votou contra a inclusão de Millerand no gabinete Waldeck-Rousseau e participou da campanha pela união socialista francesa. Em 1905, foi um dos doze deputados a representar o grupo parlamentar da SFIO, sendo reeleito deputado por três vezes. Colaborou em *L'Humanité* a partir de 1906, promovendo um socialismo cada vez mais moderado. Encarregado dos Trabalhos Públicos no gabinete Viviani, em 1914, permaneceu no cargo até 1916.

MARIUS PLATEAU [1886-1923] Militar. Sargento combatente na Primeira Guerra Mundial, secretário-geral da Liga da Action Française e o mais aguerrido dirigente dos Camelôs do Rei. Em 1923, foi assassinado a tiros pela anarquista Germaine Berton, motivada pelo sentimento de vingança pelas mortes de Jaurès e Almereyda.

Armand MATHA [Lot-et-Garonne, 1861-1930] Jornalista. Por volta de 1890, ocupou o cargo de gerente do cotidiano *L'En Dehors*, do niilista Zo d'Axa. Suspeito de participação em atentados, foi citado no Processo dos Trinta e absolvido por falta de provas. Com Sébastien Faure, Louise Michel e Constant Martin, fundou o *Libertaire*, assumindo a sua gerência. Muito próximo de Faure, tornou-se seu secretário, organizando suas conferências por toda a França.

MAURICE BARRÈS [Charmes, 1862-1923] Intelectual, escritor e político. Na década de 1880, frequentou o círculo literário de Leconte de Lisle e os meios simbolistas. Em 1888, lançou o primeiro volume de sua trilogia *O culto do eu*. Suas primeiras obras afirmam um individualismo próximo do anarquismo, pelo qual manifestou certa simpatia. Durante a década de 1890, chegou a visitar Grave na prisão e assinou uma moção de apoio à escola de Janvion. Mas a guinada definitiva se deu no caso Dreyfus. Convicto *antidreyfusard*, fundou, em 1894, o jornal *La Cocarde*, em que defendia ideias nacionalistas de cunho tradicionalista. Após o caso Dreyfus, permaneceu na arena política, dirigindo a Liga dos Patriotas, de Déroulède. Em 1906, teve sua consagração política e literária, sendo eleito deputado por Paris – cargo que exerceria até sua morte – e membro da Academia Francesa, na cadeira de Heredia.

MAURICE FOURNIÉ Militante político. Chegou em Ajaccio em 1905, encarregado de estudar as possibilidades de fundação de uma colônia anarquista, e logo travou relações com Louis Costa, secretário da Federação Socialista local, de quem conseguiu apoio para desenvolver a empreitada. Foi o fundador da colônia, mas nunca se incorporou a ela, experiência que se encerrou em 1907. Anos depois, aderiu ao Partido Socialista e tornou-se colaborador no *Bonnet Rouge*, o que o aproximou de Almereyda. Menos ocupado com a redação, destacou-se por sua capacidade administrativa. Em 1916 foi o secretário de Almereyda, atividade que o capacitou para escrever uma biografia do anarquista.

MAXIME REAL DEL SARTE [Paris, 1888-1954] Escultor e escritor. Formado pela Escola de Belas Artes de Paris, participou da campanha contra Dreyfus, ocasião em que tomou contato com o grupo L'Action Française. Soldado durante a Primeira Guerra Mundial, retornando mutilado, se concentrou no trabalho artístico e escreveu inúmeros livros sobre Joana d'Arc.

MEIO LIVRE Movimento anarquista de retorno à vida comunitária. A ideia de realizar "meios livres", em que seus membros criariam com as próprias mãos todas as condições de sobrevivência longe da civilização, colocava-se como alternativa ao sistema capitalista. As iniciativas dos socialistas utópicos surgiram inicialmente nos Estados Unidos: Robert Owen em 1825, Cabet e sua Icaria em 1848, V. Considérant em 1858. No final do século, novas tentativas foram feitas, como nos casos de La Ruche, na França, e da Colônia Cecília, no Brasil.

Alphonse MERRHEIM [La Madeleine, 1871-1925] Sindicalista. Um dos militantes mais importantes de sua época, tendo suas ideias inspirado toda a prática da CGT. Sindicalista independente, multiplicou seus esforços para fundar o Sindicato dos Caldeireiros, do qual foi secretário-geral (1903-04). Participou da organização do Sindicato dos Trabalhadores em Cobre, dirigindo sua federação (1904-09). No mesmo ano, conseguiu a fusão desses sindicatos numa Federação dos Operários em Metais e Similares da França, participando dos principais problemas da CGT, onde se impôs por sua enorme capacidade de trabalho. Discípulo de Pelloutier, publicou, entre 1905 e 1908, estudos sobre os mecanismos de greve, desenvolvendo um projeto de instrução do operariado, com ênfase nos aspectos econômicos. Participou dos congressos da CGT, defendendo a autonomia da Confederação. O resultado de suas pesquisas foi publicado em 1913, com o título *La métalurgie, son origine et son développement*. Seus estudos o levaram à reflexão sobre o imperialismo e os perigos de uma guerra iminente, resultante da acumulação desordenada do capital.

Seu antimilitarismo, já presente em 1907, quando assinou o cartaz "Governo Assassino" em favor do 17º Batalhão de Narbonne, se confirmou com a recusa da União Sagrada e o apoio incondicional às propostas da Conferência de Zimmerwald.

Adrien MESLIER [Lormes, 1868-1915] Advogado e político. Atuou principalmente nas fileiras do POSR, de Allemane. Em 1895, candidatou-se a deputado por esse partido em Yonne. Eleito inúmeras vezes pela região de Clichy, foi um neomalthusiano convicto, participando também da francomaçonaria.

Alexandre MILLERAND [Paris, 1859-1943] Advogado e político. Surgiu na vida pública como advogado de grevistas e militantes socialistas. Foi eleito deputado pela primeira vez em 1885. Apresentou-se, em 1893, como um dos principais líderes socialistas, ao lado de Jaurès e Guesde. Em 1899, seu socialismo já era explicitamente reformista e suas diferenças com os partidos de esquerda eram enormes. Participou então da Federação dos "socialistas independentes", fato que facilitou sua entrada no governo como presidente do Conselho, ao lado do marquês-general Gallifet, apelidado de "fuzilador da Comuna". Sua presença no gabinete Waldeck-Rousseau foi marcada por pequenas reformas trabalhistas e, principalmente, pelo cisma que promoveu no socialismo francês, colocando Jaurès do seu lado e Guesde e Vaillant no campo oposto. Em 1904, a enorme pressão socialista fez com que abandonasse o partido. Nos anos seguintes, sua carreira foi uma trajetória ascendente, chegando até a Presidência da França (1920-24), passando pelo Ministério do Trabalho no gabinete de Briand (1909-10) e pelo Ministério da Guerra, de Poincaré (1912-13).

Octave MIRBEAU [Trévière, 1848-1917] Jornalista, escritor, crítico de arte e anarquista. Aproximou-se do anarquismo em 1890, mas muito antes desta data sua atitude crítica apresentava uma disposição libertária e seus contos e peças teatrais chocavam a opinião pública pelo caráter iconoclasta. Em 1894, prefaciou *La société mourante et L'Anarchie*, de Grave, com quem manteve longa correspondência. Defensor de Dreyfus, redigiu a petição dos intelectuais e colaborou em *L'Aurore*. Sua obra essencialmente anarquista é *Les affaires sont les affaires*, em que desenvolveu seu teatro de combate ao criticar duramente a vida burguesa.

MURO DOS CONFEDERADOS OU FEDERADOS Em março de 1871, após a derrota francesa frente à Alemanha, iniciou-se em Paris um movimento popular contra as autoridades constituídas do novo governo de Thiers. A revolta se ampliou e, em 18 de março, o Comitê Central Revolucionário estabeleceu o governo da Comuna de Paris no Hôtel de Ville. Em abril, inicia-se a contrarrevolução, com combates encarniçados entre as duas partes. Em 27 de maio, o cemitério de Père-Lachaise caiu em mãos do governo e no seu muro traseiro foram fuzilados centenas de combatentes revolucionários. Daí o nome de *Muro dos Confederados* ou *Muro dos Federados*. A partir de 1880, no Primeiro de Maio, o movimento operário cultua nesse local a memória dos *communards*.

Georges PARAF-JAVAL [Paris, 1858-1942] Militante anarquista. Foi uma figura original e controvertida do movimento anarquista. Judeu de origem alsaciana, defensor ativo de Dreyfus, em 1900, conheceu Libertad e passou a freqüentar os meios anarquistas, onde se destacou por sua eloquência. Em 1902, criou com outros militantes um "meio livre". No mesmo ano fundou, com Libertad, Yvetot, Beyle e Janvion, a Liga Antimilitarista, que se dissolveu no Congresso de Amsterdã, e do qual surgiu a AIA. De 1897 a 1907, representou no *Libertaire* a corrente antissindicalista. Colaborou também em *L'Anarchie*, mas rompendo com Libertad deixou o grupo Causeries Populaires para fundar o Grupo de Estudos Científicos. Em 1910, aderiu à francomaçonaria, passando a divulgar, por meio de brochuras, seu "anarquismo científico".

PARTIDO SOCIALISTA UNIFICADO Após o massacre da Comuna de Paris (1871), o movimento operário regride na França. Pela anistia de 1879, retornaram os exilados, que imprimiram nova dinâmica ao movimento, com o surgimento de sindicatos e partidos. Entre 1876 e 1879, ocorreram vários congressos de tendências reformistas; a partir do Congresso de Marselha, a questão da luta de classes retorna ao centro das discussões. Nesta hora, as várias facções operárias organizaram-se em partidos: o Partido Operário, de Jules Guesde, e o Partido Blanquista, que girava em torno das ideias de Auguste Blanqui. De uma dissidência do Partido Operário, surgiram os "possibilistas" que, por sua vez, se dividiriam, depois de 1892, em Federação dos Trabalhadores Socialistas, dirigida por Brousse; existiu ainda o Partido Operário Socialista Revolucionário, de Vaillant, que adotou a luta de classes e o caminho da ação revolucionária. A Federação cedo inclinou-se para a política simpática aos serviços públicos e aproximou-se do reformismo. Na crise de 1896, que não ocorreu por questões programáticas, mas como consequência da recusa de seus deputados ao pagamento de um óbolo para o POSR, foi criada, a partir de uma dissidência, a Aliança Comunista Revolucionária. O grupo dos Independentes, que agia por vontade própria, seguiu as ideias de Benoît Malon, e elegeu, em 1893, Jaurès delegado ao Congresso de Londres. As diversas facções da esquerda francesa iriam se unir, pela primeira vez em 1898, por motivos táticos, num Comitê de Vigilância, para impedir o golpe de estado planejado pelo general Boulanger, que se projetara com o caso Dreyfus. Em 1899, a unidade foi rompida em decorrência da controvertida participação do socialista Millerand no ministério Waldeck-Rousseau, cujo ministro da Guerra era o mesmo general Galliffet que reprimira os *communards.* No Congresso de Paris, em 1900, as delegações socialistas da Alemanha, Itália, Inglaterra, Espanha e Portugal pressionaram, sem sucesso, os socialistas franceses à unidade. Entre 1901 e 1904, os grupos organizaram-se em duas congregações: uma, sob a liderança de Jaurès, reunia a Federação dos Trabalhadores Socialistas, o Partido Operário Socialista Revolucionário, as confederações independentes e as federações autônomas, sob a denominação de Partido Socialista Francês; a outra, em torno de Guesde, aglutinava o Partido Socialista Revolucionário, o Partido Operário francês, a Aliança Comunista, diversas confederações e o 10º Arrondissement, sob o título de Partido Socialista da França. No Congresso de 1904, ocorrido em Amsterdã, os franceses foram novamente pressionados para se unirem; foi o que ocorreu finalmente em abril de 1905, quando, por iniciativa de Guesde, aceita por Jaurès, surgiu o Partido Socialista Unificado.

Émile PATAUD [Paris, 1870-?] Operário de usina, sindicalista e militante socialista. Precisou abandonar os estudos secundários para trabalhar em uma usina. Em seguida, se alistou na Marinha adquirindo enorme aversão à hierarquia militar. Membro da AIA, foi condenado a um ano de prisão por assinar o "cartaz vermelho". Criou uma universidade popular no 15º Arrondissement e militou no caso Dreyfus. Mas foi no sindicalismo que promoveu sua principal obra: o Sindicato Geral das Indústrias Elétricas (1902). Preconizando a ação direta, organizou diversas greves, como a de 1907, deixando Paris às escuras e pela qual ficou conhecido como "o Rei da Sombra", ou "o Rei Pataud". Em 1909, publicou, em parceria com Pouget, *Comment nous ferons la Révolution?*. Em 1911, após grande atividade sindical, passou a simpatizar, assim como Janvion, com o grupo Action Française, tomando parte em conferências antissemitas.

PAUL RECLUS [Neuilly-sur-Seine, 1858-1941] Engenheiro, professor e militante político. Filho de Élie Reclus, interessado em política, publicou no *La Révolte* um artigo de cunho individualista. Em 1894, após o atentado de Vaillant, foi inculpado no Processo dos Trinta e partiu para a Inglaterra, onde permaneceu por nove anos sob o pseudônimo de Georges Guyou. Em Londres frequentou Kropótkin, Malatesta e Tcherkesov. Em 1903, seu tio Elisée Reclus pediu sua colaboração na obra *L'Homme et la Terre*. Para isso, partiu para a Bélgica, onde anos depois assumiu um cargo de professor num liceu. Em 1908, por meio do fotógrafo Nadar, conseguiu de Clemenceau a autorização para retornar à França. Passou então a colaborar na revista *Plus Loin*, em que afirmou seu comunismo anarquista. Em 1916, assinou o Manifesto dos Dezesseis.

PAUL ROBIN [Toulon, 1837-1912] Pedagogo e militante político. Jovem professor de liceu, aderiu à Internacional em 1866 e, no Congresso de Basiléia, em 1869, elaborou um relatório sobre o ensino integral. Retornou a Paris em 1870, mas foi detido por suas atividades políticas. Em 1871, refugiado em Londres, encontrou Marx que lhe prestou apoio financeiro e apresentou seu nome para o conselho geral da Internacional. Suas afinidades com o anarquismo o distanciaram da associação, da qual foi expulso em 1872. Aproximou-se cada vez mais da Federação Jurassiana. Homem de ciências, desenvolveu teorias neomalthusianas e em 1896 fundou a Liga de Regeneração Humana, cujo órgão divulgador foi a revista *Régénération*. Publicou brochuras sobre a natalidade e a questão sexual.

Fernand PELLOUTIER [Paris, 1867-1901] Sindicalista. Conhecido por seu trabalho frente à Federação das Bolsas de Trabalho, evoluiu do republicanismo para o socialismo e deste para o sindicalismo revolucionário. Em 1892, no Congresso Regional Operário do Oeste, apresentou sua ideia de "greve universal". Segundo ele, uma greve de apenas quinze dias desmoronaria o sistema capitalista. Essa tese buscava superar o legalismo reformista, assim como a violência revolucionária. Nomeado secretário-adjunto das Bolsas de Trabalho em 1894, assumiu, em 1895, o cargo de secretário-geral, marcando sua trajetória pela independência partidária aliada ao devotamento absoluto à causa operária. Com ênfase no caráter econômico, transformou as Bolsas de Trabalho em órgãos de formação da classe operária, numa tentativa avançada de erigir um projeto educacional não-burguês. Por não pertencer a nenhum partido político, e sobretudo por seu intenso trabalho como educador, publicista e panfletário, especialmente na revista *L'Ouvrier des Deux Mondes*, era considerado uma unanimidade nos meios revolucionários, sendo respeitado pelas diversas correntes do movimento operário.

PHILIPPE PÉTAIN [Cauchy-à-la-Tour, 1856-1951] Militar e político. Coronel reformado, retornou ao serviço militar em 1914 para comandar a vitória em Verdun. Em 1917, reprimiu os motins militares e esmagou a insurreição marroquina. Marechal da França, tornou-se ministro da Guerra em 1934. Foi responsável pelo armistício com a Alemanha em 1940 e pelo estabelecimento do regime de Vichy, transformando-se em chefe de Estado, cuja divisa era "Trabalho, Família, Pátria". Com a Liberação, foi condenado à morte, mas não executado em razão de sua idade.

PIERRE LAVAL [Châteldon, 1883-1945] Advogado e político. Advogado ativo pela causa socialista, evoluiu gradativamente para a direita. Membro da SFIO, defendeu ações nos tribunais sindicalistas da CGT. Por seu pacifismo, foi citado no Carnet B. Em 1914, iniciou sua vida parlamentar, tornando-se deputado, em seguida senador, chegando, inúmeras vezes, à Presidência do Conselho durante a III República. Na Segunda Guerra Mundial, passou a colaborar com o regime de Vichy e se tranformou na sua principal figura, abaixo de Pétain. Com a Liberação foi fuzilado.

PIERRE MONATTE [Haute-Loire, 1881-1960] Jornalista, sindicalista e militante político. Chegou a Paris em 1902 para colaborar no *Pages Libres*, conhecendo Pouget e Merrheim. No mesmo ano, escreveu no *Libertaire* e no *Temps Nouveaux*. Em 1909 fundou a *Vie Ouvrière*, título inspirado numa obra de Pelloutier. Adepto do sucesso da Revolução Russa, com o fim da guerra retomou a publicação de *Vie Ouvrière*, defendendo ardorosamente aquela revolução e a reformulação da CGT, que apoiara a União Sagrada. Aderiu ao comunismo em 1924, tornando-se colaborador de *L'Humanité*. Mas logo foi excluído, em razão do não-alinhamento. Fundou, por fim, a revista *Révolution Prolétarienne*, ampliando seu pensamento político contra o reformismo e o desvio do comunismo. Um dos primeiros críticos da burocratização stalinista, foi um militante internacionalista, antifascista, sempre voltado para a organização sindical. Em 1946, escreveu uma dura crítica à CGT e desenvolveu durante anos, sem concluir, um estudo sobre seu mestre, Pelloutier.

Maurice PUJO [Lorrez-le-Bocage-Préaux, 1872-1955] Intelectual e monarquista. Publicou seu primeiro livro, *Le règne de la grace*, em 1894, sob a influência da filosofia de Novalis, e foi muito elogiado por Jaurès, que acreditava no socialismo do jovem. No caso Dreyfus, atacou severamente o Estado republicano e o exército, o que o aproximou de Maurras. Em 1899, participou da fundação do grupo Action Française e, sob a influência daquele, tornou-se monarquista convicto. Em 1908, organizou diversas manifestações que colocaram o Quartier Latin em estado de sítio. Sob seu comando, os Camelôs do Rei realizaram inúmeros ataques. Com a Ocupação, teve o mesmo destino de Maurras: colaboração e, em seguida, detenção.

Charles RAPPOPORT [1865-1941] Militante comunista. Francês de origem russa, assim como Cachin, participou da fundação do Partido Comunista Francês (PCF) no Congresso de Tours em 1920. Em 1938, rompeu com Moscou após o processo de Bukarin. Entre suas obras, destaca-se *La philosophie de l'Histoire comme science de l'evolution* [Paris: Marcel Rivière, 1925] [ed. bras.: *A filosofia da história como ciência da evolução*. São Paulo: Edições Nosso Livro, 1934].

RAYMOND POINCARÉ [Bar-le-Duc, 1860-1934] Advogado e político. Em 1880 iniciou a advocacia em Paris. Paralelamente trilhou a carreira política, sendo deputado (1887) e senador (1903), se especializando em questões financeiras. Relator da Comissão de finanças à época do "escândalo do Panamá", conseguiu se projetar rapidamente na vida política. Em 1892, com apenas 32 anos, foi nomeado ministro da Instrução Pública. Era considerado pela esquerda um republicano, em razão de sua defesa das instituições e da laicidade, e pela direita um patriota, dada sua recusa à reformulação fiscal proposta por Caillaux. Com a queda desse último, em 1912, tornou-se ministro dos Assuntos Estrangeiros, para em seguida ser eleito presidente da França. Durante a Primeira Guerra Mundial, encarnou a União Sagrada, e presidiu o país até 1920. Foi eleito duas vezes (1922-24 e 1926-29) para o cargo de presidente do Conselho, antes de abandonar a vida política.

RENÉ CLAPARÈDE [Suíça] Pedagogo. Dedicado à educação infantil, nos primeiros anos do século XX, foi um defensor dos direitos dos povos aborígines de todo o mundo. Em 1908, engajou-se na luta anticolonialista no Congo. Foi membro do movimento Escola Nova na década de 20, tendo diversas obras traduzidas no Brasil.

REPÚBLICA PORTUGUESA A origem do movimento republicano português remonta a 1820, mas as ideias tomaram forma definida após 1848. No entanto, somente nos anos 1865-70 surgiram grupos de republicanos que atacaram violentamente a monarquia. Coube a Elias Garcia, Teófilo Braga e Sampaio Bruno a direção do movimento: pregavam o cientificismo, o positivismo, a antirreligiosidade, a reação à política do Vaticano (ultramontismo), o federalismo. Enquanto crescia o movimento republicano, as forças situacionistas, isto é, monárquicas, sofreram grave instabilidade. Os socialistas se uniram aos republicanos, e a partir de 1870-80 os monarquistas recuaram cada vez mais diante da opinião pública, devido à perda de parte das colônias e à deterioração da situação financeira. Em 1908, houve mudanças no gabinete, greve estudantil e um pequeno movimento revolucionário. O governo começou a reprimir, decretou o exílio dos radicais, mas em 1º de fevereiro o rei d. Carlos e o príncipe herdeiro d. Luís Filipe foram assassinados por republicanos. Subiu ao trono d. Manuel II, que, mesmo abrandando as medidas repressivas, não conseguiu alterar a crítica situação política. Em 1910, os republicanos obtiveram uma grande vitória eleitoral, que favoreceu o surgimento de uma revolução popular que derrubou a monarquia a 4 de outubro.

Henri ROCHEFORT [Marquês de Rochefort-Loçay, Paris, 1831-1913] Jornalista. Republicano atento à cena política francesa e simpático à Comuna, foi perseguido e exilado. Em 1880, retornou a Paris, retomando sua verve de polemista em *L'Intransigeant*. Gradativamente, se aproximou da extrema direita, apoiando o golpismo do general Boulanger e a Liga dos Patriotas. No caso Dreyfus, evidenciou seu antissemitismo.

ROGER SADRIN [Pseudônimo: Alexandre Cibot, Paris, 1878-?] Jornalista e militante anarquista. Membro da AIA, secretário de Yvetot, foi condenado a três anos de prisão por pertencer a essa associação. De 1903 a 1904 gerenciou o jornal *L'Ennemi du Peuple*.

SABOTAGEM Em 1897, no Congresso de Toulouse, o anarcossindicalismo foi consagrado como movimento necessário para a organização operária. Pouget, Griffuelhes, Lagardelle e outros elaboraram uma teoria sobre a ação sindical, cuja aceitação plena se daria no Congresso de Amiens, promovido pela CGT, em 1906. Na luta contra o sistema dominante, o operário devia usar os mais diversos instrumentos, entre eles a *sabotagem* da produção. A ideia consistia em desfalcar o patronato na sua renda e, para isto, os operários deviam prejudicar a produção na medida do possível, fazendo assim recuar, e finalmente extinguir, o sistema capitalista.

SAUVAGISTES Anarquistas participantes do grupo *naturista*, para quem a revolução não era de ordem econômica e coletiva, mas humana e pessoal.

Os *naturistas* deram origem a vários subgrupos, como os *vegetarianos,* os *crugitivoristas,* que levaram adiante os preceitos dos vegetarianos, e os *sauvagistes*, que, mais radicalmente, queriam o retorno ao gênero de vida das comunidades pré-capitalistas. Todas essas tendências – além de outras, como a dos *nomadistas* – foram pequenas e secundárias.

SÉBASTIEN FAURE [Loire, 1858-1942] Jornalista e militante anarquista. De família burguesa, com educação jesuíta, mas com interesse pelo socialismo, tomou contato com as ideias anarquistas principalmente através do pensamento de Kropótkin e Elisée Reclus. Famoso por suas conferências, foi sobretudo um vulgarizador do anarquismo. Em 1899, fundou, em parceria com Henri Fabre, o cotidiano *Journal du Peuple* em prol de Dreyfus. Sua vontade de transformar a humanidade por meio do anarquismo o levou a desenvolver uma nova proposta de educação. Em 1904, fundou *La Ruche*, uma comuna para crianças carentes que visava renovar as formas educacionais. Com a Primeira Guerra Mundial e a paralisação das atividades da escola, passou a se dedicar a campanhas pacifistas. Colaborou em diversos periódicos e foi o criador do *Libertaire*, sendo respeitado por seus conselhos estratégicos. Partidário da união dos diversos grupos anarquistas, fundou a Associação dos Federalistas Anarquistas (AFA) e organizou a *Encyclopédie anarchiste*, concluída em 1934.

SÉVERINE [Caroline Rémy, Paris, 1855-1929] Jornalista socialista. Filha de um pequeno funcionário público, teve uma infância triste e solitária. A fim de conquistar sua independência, casou-se aos dezessete anos, mas a união não durou muito. Em 1880, conheceu Vallès e foi intensa colaboradora no seu jornal *Le Cri du Peuple*, que dirigiu após a morte do escritor até 1888. Partidária de Dreyfus, foi uma pacifista durante a Primeira Guerra Mundial, tornando-se grande simpatizante da Revolução Russa e aderindo ao Partido Socialista em 1918.

SINDICALISMO A ideia de organizar sindicatos não era muito simpática à maior parte dos anarquistas. Os individualistas, os cristãos, os naturistas e mesmo os de outras tendências acreditavam que o sindicato seria uma forma de coerção social bastante eficaz contra os princípios acráticos. Apesar disto, alguns teóricos de nome, desde 1892, pensavam que o operariado anarquista devia se organizar melhor na luta contra a opressão capitalista. O projeto amadureceu pouco a pouco e culminou na criação do anarcossindicalismo, por Pouget e seus companheiros. Esse movimento decorreu dos acontecimentos do Congresso de Lyon de 1886, do qual haviam participado as Bolsas do Trabalho de Pelloutier, que se congregaram em Federação em 1892, além de sindicatos independentes. Afinal, em 1895, nasceu a primeira Confederação Geral do Trabalho, que se reunirá em 1902 num Congresso em Montpellier e, em 1906, no Congresso de Amiens; assim a coerente e sólida CGT adquiriu sua forma e filosofia definitivas. A CGT aceitou a luta de classes, mas se agrupou fora de toda escola política e defendeu a ação dos trabalhadores conscientes na luta pela desaparição do salário e do patronato. Dessa maneira, ela foi suprapartidária.

SOLEDAD GUSTAVO [Teresa Mañé i Miravet, Villanueva y la Geltrú, 1865-1939] Militante anarquista. Na virada do século XIX, participou da *Confederación de Maestros Laicos de Cataluña*, na busca de uma renovação educacional em moldes próximos aos de Francisco Ferrer. Aproximou-se do movimento anarquista e tornou-se conhecida por sua defesa do "amor livre". Divulgou seu pensamento em diversos periódicos e em 1925 passou a colaborar com a *Revista Blanca*, onde conheceu o historiador Max Nettlau.

Georges SOREL [Cherbourg, 1847-1942] Intelectual. Foi um pensador dos mais originais no movimento operário francês. Colaborando no *Ère Nouvelle* e no *Devenir Social*, praticou um marxismo heterodoxo ao analisar as obras de Durkheim e Vico. Em 1897, ampliou seus estudos na procura de um suporte moral, se aproximando do sindicalismo revolucionário de Pelloutier. Fascinado pela visão de um mundo governado por operários, independentes de partidos políticos e de intelectuais, fundou em 1899 o jornal *Mouvement Socialiste*, que, a partir de 1905, tornou-se o órgão socialista do sindicalismo revolucionário. Em 1906, escreveu sua obra mais importante, *Réflexions sur la violence*. Ainda nesse ano, por intermédio do discípulo Valois, conheceu Maurras, com quem partilhava a recusa à democracia. Durante os anos 1906-09, viu na repressão policial de Clemenceau e na demissão de Griffuelhes a derrocada do movimento sindical, se aproximando ainda mais da direita. Com a Primeira Guerra Mundial, se afastou do debate político, colaborando ocasionalmente na imprensa avançada. Sempre teve sua ação vinculada ao socialismo, não obstante alguns aspectos de sua obra terem sido utilizados pelo fascismo.

TOLSTOIZANTES A corrente dos *tolstoizantes,* adeptos do anarquismo cristão, teve pouca importância na França. De origem russa, seu principal teórico foi Liev Tolstói, o grande romancista. A doutrina do conde Tolstói, baseada no Evangelho, recebeu críticas constantes dos *acráticos,* que reconheceram o valor de seu pensamento, mas não seus meios de libertação e nem mesmo o ideal que buscava alcançar. As ideias de Tolstói no campo social e político estão desenvolvidas em *Minha religião* (1885); *O espírito cristão e o patriotismo* (1894); *Palavras de um homem livre* (1901). Muito traduzido em Portugal, Tolstói teve edições reproduzidas no Brasil.

TRATADO DE PAZ DE 1917 Houve várias tentativas de um tratado de paz por iniciativa dos alemães a partir de 1917, quando a guerra parecia não se definir. Nesse momento, as pressões para o fim das hostilidades partiam de vários grupos, sem resultado algum.

UNIÃO SAGRADA Nome que se atribuía à união realizada pelas esquerdas a favor de seus respectivos países durante a Primeira Guerra Mundial. Os socialistas franceses apoiando seu governo; os alemães, por sua vez, apoiando o *kaiser* e a burguesia alemã. A União Sagrada renegava todo o passado antibelicista das esquerdas.

URBAIN GOHIER [Versalhes, 1862-1951] Advogado e jornalista. Quando *L'Aurore* foi fundado, tornou-se um dos principais articulistas, partidário de Dreyfus. Pela publicação do livro *L'Armée contre la Nation*, em 1899, precisou prestar depoimento no processo. Em 1903, em Yonne, foi perseguido com Hervé por seu antimilitarismo. No ano seguinte fundou o jornal *Le Cri de Paris*, o qual redigia sozinho. Participou da AIA e por isso foi condenado a um ano de prisão na Santé. Colaborador no *Libertaire* e mesmo tendo participado de publicações de direita, por sua ação nos tribunais como advogado nunca deixou de ser respeitado nos meios avançados.

Pedro VALLINA [Guadalcanal, 1879-1970] Médico e anarquista. Estudante de medicina, participou em Madri de uma campanha contra a monarquia espanhola. Perseguido pela polícia, partiu para Paris e se envolveu no atentado a Alfonso XIII. Expulso da França, se refugiou em Londres, onde participou de grupos anarquistas de todo o mundo, tomando parte em manifestações antimilitaristas às vésperas da Primeira Guerra Mundial. Concluídos seus estudos de medicina e, anistiado, retornou à Espanha, onde foi reconhecido por sua militância política e social. Participou da Guerra Civil como médico da Brigada Internacional, mas a vitória de Franco tornou-o novamente um exilado no México.

VICTOR BASCH [Budapeste, 1893-1944] Professor universitário e militante político. Partidário de Dreyfus, participou da fundação da Liga dos Direitos do Homem. Em 1906, quando o capitão foi reabilitado, assumiu o cargo de professor da Sorbonne, onde, a partir de 1918, lecionou na cadeira de estética e história da arte. Sua militância judaica se manteve por toda a vida e, em 1933, o crítico de cinema Lucien Rebatet vociferava contra sua ação política. Foi assassinado pelos nazistas em 1944. Publicou inúmeras obras sobre o idealismo alemão, entre elas, *Les doctrines politiques des philosophes classiques de l'Allemagne: Leibnitz, Kant, Fichte et Hegel.*

VICTOR MÉRIC [Marselha, 1876-1933] Jornalista e militante político. De família republicana, foi de início um anarquista, sob a influência do neomalthusianismo. Colaborador no *Libertaire*, seus artigos enfurecidos lhe valeram duzentos dias de prisão no serviço militar. Ativo propagandista, começou a escrever no *Guerre Sociale* em 1906 e, seguidor de Hervé, passou às fileiras do Partido Socialista. Em 1920 se tornou membro do Comitê da Terceira Internacional, presidindo a primeira sessão no Congresso de Tours. Em 1931, fundou o jornal *La Patrie Humaine* e reorganizou a Liga Internacional dos Combatentes da Paz, criada por seu pai. Analista do movimento operário, escreveu diversas obras, entre elas algumas peças teatrais empenhadas, e colaborou na *Encyclopédie anarchiste*, de Sébastien Faure.

VINCENT AURIOL [Revel, 1884-1966] Advogado, jornalista e político. Em 1905, aderiu ao Partido Socialista ao mesmo tempo em que ensinava direito na Bolsa de Trabalho de Toulouse. Na direção de jornais de província, adquiriu grande notoriedade em sua campanha contra o aumento do pão. Eleito deputado em 1914, tornou-se progressivamente especialista em questões financeiras, o que o capacitou para o cargo de ministro das Finanças no governo Blum, em 1936. Fez parte do grupo de parlamentares que, em 1940, recusou o mandato de plenos poderes ao marechal Pétain, sendo encarcerado e liberado somente em 1943. Durante a guerra, participou da Resistência francesa. Em 1947, foi eleito presidente da França.

René VIVIANI [Sidi-Bel-Abbès, 1863-1925]. Advogado, jornalista e político. Conquistou notoriedade defendendo, nos tribunais, os militantes socialistas e, em campanhas políticas, o sufrágio feminino. Em 1893, foi eleito deputado, com um programa socialista moderado. Em 1902, não conseguiu se reeleger, afastando-se gradativamente dos socialistas até a ruptura definitiva em 1905. Em seguida, iniciou uma longa carreira ministerial, tornando-se ministro do Trabalho (1906-09), no gabinete Clemenceau, e ministro da Previdência (1909-10), no de Briand. Em 1914, alcançou a Presidência do Conselho e o Ministério dos Assuntos Estrangeiros. Partidário da União Sagrada, foi ainda ministro da Justiça no gabinete Briand.

FORTUNA CRÍTICA

Paulo Emílio na catedral de Notre-Dame, Paris, c. 1937

PAULO EMÍLIO SALES GOMES Claude Lefort

Estava há pouco tempo instalado em São Paulo, lecionando filosofia como assistente do professor João Cruz Costa, quando conheci Paulo Emílio Sales Gomes. Um francês da minha espécie não se sente nem um pouco isolado em São Paulo. O professor Cruz Costa acolhera-me com cordialidade e generosidade; logo lhe dediquei uma afeição sincera. Eu recebia convites de todos os lados. Descobri a hospitalidade brasileira. Meus encontros de então com Paulo Emílio, embora breves, deixariam em mim uma lembrança indelével. Desde logo estabeleceu-se entre nós uma familiaridade especial. Partilhávamos a mesma sensibilidade política e os mesmos gostos, quer se tratasse de literatura ou cinema. Paulo Emílio partiu para a Europa. Nossos caminhos se distanciaram, e pouco o revi. Não obstante, continuava tendo notícias dele em Paris, por amigos comuns. Gozava de grande notoriedade. No meio de cineastas que frequentei por algum tempo, era considerado um dos melhores conhecedores de cinema no mundo. Seu livro sobre Vigo agradara-me muito. Eu o emprestava frequentemente aos alunos, até o dia em que percebi que meu precioso exemplar havia desaparecido.

Minhas relações com Paulo Emílio poderiam ter ficado nisso, se em 1977 seus amigos, professor Antonio Candido de Mello e Souza e dona Gilda, sabendo de minha admiração, não tivessem gentilmente me convidado para almoçar com ele e sua mulher. Na época, eu estava de volta a São Paulo pela segunda ou terceira vez, após uma ausência de quase vinte anos. Foi um grande prazer falar, por longas horas, da São Paulo dos anos 1950, da pequena Faculdade de Filosofia que havíamos conhecido na rua Maria Antônia, da política brasileira e da política francesa, do caráter das ditaduras latino-americanas e do estremecimento já sensível do comunismo. Interpretávamos de modo semelhante os repetidos fracassos da esquerda não-comunista. O professor Antonio Candido e Paulo Emílio contaram-me as aventuras do Partido Socialista Independente que outrora haviam ajudado a criar. Quanto a mim, evoquei minha adesão ao trotskismo, a fundação da "Socialismo ou barbárie", meus desentendimentos com Sartre. Ao deixá-los, pensei em nossas afinidades, nas esperanças e decepções que havíamos partilhado, na persistência de nossa paixão política e veio-me a reflexão: "Estou muito mais próximo desses intelectuais brasileiros que da maioria daqueles com quem convivo na França". Mais uma razão fazia-me guardar uma excelente recordação dessas horas passadas com Paulo Emílio: rimos muito. Paulo Emílio tinha no mais alto grau uma qualidade bem brasileira: o humor. Só mais tarde soube, estupefato, de seu repentino desaparecimento, ocorrido pouco depois desse dia feliz. Tive a impressão de perder um amigo.

A amizade é uma coisa rara, não gosto de abusar desse termo. Contatos frequentes não constituem uma amizade. Em compensação, ela pode nascer apenas de um único encontro. Pouco importa que mal se conheça a personalidade do outro; a amizade se revela durante uma conversa, nos gostos, nas aversões, no estilo, na maneira de julgar – seja o objeto um filme, um romance, um acontecimento político, uma notícia de jornal. E pouco importam as divergências: elas reforçam a amizade se, de ambas as partes, o pensamento não se dissimula, se há na discussão um esforço para convencer e não para vencer.

Paulo Emílio inspirava amizade porque sua fala era livre. Nada de respeito a convenções, prudência vã na expressão de opiniões, exibição de competências, condescendência com a moda. Ele tinha aquela preciosa virtude que Stendhal chamava de “le naturel”.

Lembro-me das circunstâncias em que certa vez me obrigou a escrever um artigo sobre Chaplin. Tínhamos, de início, falado dele com igual entusiasmo. Depois lamentei que Chaplin cedesse frequentemente aos efeitos melodramáticos. Paulo Emílio protestou com veemência. Dei exemplos. Mencionei o *Kid*. “Escreva então um trabalho sobre o *Kid*”, disse-me. Imediatamente bati em retirada. Para dizer a verdade, sentia-me intimidado. Paulo Emílio era sensivelmente mais velho que eu e me parecia um mestre no conhecimento do cinema; não desejava aventurar-me num terreno que não me era familiar. Assim, recusei, sob o pretexto de que minhas lembranças do filme eram demasiado confusas. “Não seja por isso”, respondeu-me, “faço uma sessão especial para você amanhã”. Posto contra a parede, escrevi um artigo que julguei medíocre, mas que ele acolheu com benevolência (bem mais tarde, revi o *Kid* e lhe dei razão). Com toda evidência, Paulo Emílio não tivera outra intenção senão oferecer ao jovem que eu era uma oportunidade de publicar numa célebre revista brasileira, *Anhembi*.

Deixemos a anedota. Naqueles tempos distantes, descobri em Paulo Emílio o homem que me inspirou o mais profundo respeito pela *intelligentsia* brasileira naquilo que possuía de melhor. Um homem com um refinado conhecimento da história de seu país, ao qual era fortemente ligado, sem ser em nada nacionalista. Eu podia criticar diante dele certos aspectos da sociedade brasileira, preocupar-me com os costumes autoritários que não eram apenas produto de regimes políticos, sem o menor receio de magoá-lo. De fato, ele era a um só tempo autenticamente brasileiro e cosmopolita – e demasiado humanista para não odiar a opressão e a mentira, onde quer que estivessem. Um homem que, tendo afirmado seu amor pela liberdade sob a ditadura de Vargas, não fazia alarde de sua prisão e sua fuga heróica. Foi por intermédio de outros que soube disso. Enfim, o cinema era sua paixão, mas, como já assinalei, falava dele sem pretensão. Além disso, gostava de filosofia e julgava os contemporâneos com discernimento.

A este ou aquele mestre do pensamento, transformado em ídolo, preferia Merleau-Ponty, cujos cursos do Collège de France tinha acompanhado. Por suas inclinações, por suas ideias políticas, parecia à margem das correntes dominantes. Mas, ao contrário de tantos outros, não se orgulhava de pensar contra a corrente: fazia-o naturalmente. Eis a melhor homenagem que posso prestar-lhe.

O livro que consagrou a Almereyda, pai de Jean Vigo, traz a marca de sua personalidade. Não teria feito disso um projeto não fosse o sentido de mistério que encerra o destino de um indivíduo e, não menos, o desejo de compreender o jogo das forças sociais e políticas que abalam ou destroem o edifício das teorias. O que torna o livro tão envolvente é a maneira como entrelaça a história de um homem à de uma época. O homem é excepcional: proíbe a si mesmo dever algo aos outros, mas sente-se em dívida com a humanidade. Quer-se singular a ponto de, ainda muito jovem, repudiar seu nome – Vigo –, marca impressa pelo acaso do nascimento, e de escolher o de Almereyda, em que ressoa, como nota Paulo Emílio, a palavra "merda", dirigida à sociedade. Assim que se inicia na vida, conhece uma extrema penúria e mesmo a prisão, e descobre nessas provas a vocação de revolucionário. Da penúria, extrai a decisão de desnudar as relações entre os homens, de fazer tábula rasa das instituições. Adere ao movimento libertário, beira o terrorismo, distingue-se por seus artigos inflamados em favor das vítimas da justiça burguesa. Mas o idealista-ativista é abatido por uma revelação, quando estoura a guerra entre França e Alemanha. A barbárie muda, então, de rosto. É a França, a seus olhos a encarnação da civilização, que passa a defender incondicionalmente, deixando a luta de classes para mais tarde. Mais do que nunca decidido a agir, convencido de sua missão, liga-se a homens de Estado que lhe parecem esclarecidos, seus inimigos de ontem; usa de astúcia, sempre confiante em seus objetivos, não hesita em participar de intrigas políticas e parecer um traidor aos olhos de inúmeros dos antigos camaradas. Tudo nele é obra da vontade. Assim é a personagem cujo itinerário o livro reconstitui.

Não menos fascinante é, para Paulo Emílio, a época em que viveu Almereyda. É a que vê o grande avanço do internacionalismo proletário e do pacifismo; depois, sob o golpe da guerra, seu desmoronamento. Almereyda morre em 1917, ano em que estoura a Revolução Russa e se esboça a escalada do comunismo. Com o desaparecimento do ideal revolucionário do início do século, começa um novo tempo.

No livro de Paulo Emílio, o relato das aventuras de Almereyda se desdobra assim na exploração dos movimentos de extrema esquerda e dos conflitos políticos que dilaceram a França no período da guerra. Trata-se de um notável trabalho de historiador. Mas o autor compôs também uma obra literária. A história de Almereyda e a história social e política não estão justapostas. Temos a medida dos problemas de uma época através da vida de um indivíduo – um homem revoltado –, em que observamos a confusão, as reviravoltas, as contradições. E a vida desse indivíduo só adquire sentido com sua inscrição num mundo tumultuoso, em parte absurdo, que se furta a seus anseios e põe em xeque sua vontade, ou o sonho de sua vontade.

Nada incita o leitor a identificar-se com Almereyda. Sua generosidade, seu senso de honra são manifestos; sua obstinação em ir até o fim na defesa de princípios inspira respeito. Seria falso considerá-lo um renegado, quando faz intrigas junto a Malvy para obter o financiamento de seu jornal. Mas o autor não esconde, de um lado, os limites intelectuais de Almereyda e, de outro, sua falta de escrúpulos nas relações que estabelece com Caillaux e Malvy. Ele aparece ao mesmo tempo como um homem de fé e um aventureiro. O escritor não o julga. Descreve-o por meio de seus atos. Ora o vemos debruçado sobre um objetivo, indo ao limite do possível para fazer triunfar suas convicções; ora o vemos perdido no mundo impiedoso da política, manipulado por aqueles que ingenuamente crê utilizar em boa causa.

Tampouco encontramos no livro um julgamento da época. Paulo Emílio não faz o elogio do anarquismo e do sindicalismo revolucionário; mas também não os desacredita. Faz sentir a nobreza das ilusões de que se alimentaram. O cinismo dos homens políticos, as mentiras e crueldades que comporta a guerra não oferecem matéria para a condenação moral. A obra não é edificante. Talvez o leitor seja tomado por um sentimento de tragédia: o ideal de Almereyda é esmagado pelos acontecimentos, seu realismo transforma-se em irrealismo; a história que o leva à perdição não é o reino da Razão, mas antes o da desrazão. Mas Paulo Emílio desperta em cada um o desejo de compreender, deixando-lhe a liberdade de interpretar. Sem dúvida, pensava, como Hannah Arendt, que compreender é uma maneira de se reconciliar com o tempo – não de se resignar ao que é, mas de tornar-se capaz de acolher o que advém.

[Prefácio a *Vigo, vulgo Almereyda*, trad. Lúcia Nagib, São Paulo, Edusp/ Companhia das Letras/ Cinemateca Brasileira, 1991]

UMA OUTRA HISTÓRIA? Carlos Augusto Calil

O texto que em 1991 ganhava letra de forma – e vida própria – foi escrito no mesmo impulso que *Jean Vigo*, com a perspectiva de constituir uma obra única sobre os Vigo, pai e filho. Qual a personagem secundária, que fica à sombra da outra, esperando a vez de ganhar luz? A partir da leitura de *Jean Vigo*, a tentação era afirmar que Almereyda é principal e Jean, epígono. Quem assim o fazia, agia provavelmente por afetação, acreditando que a simples inversão dos polos levaria rapidamente à chave do enigma ou fora arrastado pelo sentimento que Hervé tão bem escrevera: Almereyda exercia irresistível sedução. O bom senso recomendava, no entanto, avaliar a quantidade de palavras que Paulo Emílio dedicara a um e a outro, a balança inclinando-se imediatamente para o filho. O leitor de *Jean Vigo* talvez tenha experimentado, às vezes, no capítulo inicial, uma sensação de passagem abrupta, causada pelo encadeamento de frases telegráficas, indicando um seccionamento evidente do fluxo narrativo com a nítida função de ligar dois blocos harmônicos. É quase certo que o editor de *Jean Vigo* (Chris Marker) impôs limites físicos à veleidade de Paulo Emílio de dedicar dois ensaios longos e consecutivos aos dois Vigo. Essa lógica restrita definiu então o principal, e o autor ficou obrigado a adaptar o texto a essa condição. Munido de tesoura e cola, elaborou uma colcha de retalhos, a que deu o título de "Miguel Almereyda", aproveitando trechos inteiros, justapostos a golpes de foice.

Este ato de violência, que Paulo Emílio se infligiu, talvez ajude a compreender o misterioso desaparecimento, por longo tempo, da versão integral de *Vigo, vulgo Almereyda*. Encontrado no início do decênio de 1970 dentre os papéis guardados na Cinemateca Brasileira, seu ineditismo ainda incomodava o autor que, ao esboçar, dias antes de morrer, o gesto de publicá-lo, pedira a Gilda de Mello e Souza que o lesse para verificar se valia a pena...!

Após a morte de Paulo Emílio em 1977, o texto mergulha de novo no limbo, para ressurgir vibrante diante de nós, nas vésperas dos anos 90.

O preparo da edição foi nos familiarizando com duas ordens de problemas: materiais e simbólicos. Como definir critérios para a escolha do título, para o estabelecimento do texto escrito à mão, por um autor que às vezes apenas indicava como resolver certas passagens na futura datilografia, e que, sabidamente, apesar do estilo inconfundível de que era possuidor, não tinha obsessão pela forma e sempre delegava a alguém, de sua irrestrita confiança, a "correção" de seus escritos?

Foi provavelmente em 1976 que viajamos juntos ao Rio de Janeiro a fim de garimpar dinheiro para a Cinemateca nos escritórios da burocracia federal. Chegados de véspera, Paulo Emílio perguntou-me se tinha compromisso à noite. Diante de minha disponibilidade, conduziu-me à casa de Sônia Borges, sua ex-mulher, e – o que é mais relevante no caso – autora da transcrição do manuscrito original para as páginas datilografadas. Ao apresentar-nos, fez questão de dizer com sua exuberante voz de barítono, que

Sônia era a verdadeira autora de *Jean Vigo*, pois que armara e dera forma ao material bruto que produziu. Diante da veemência do desprendimento, Sônia mal disfarçou sua surpresa ao balbuciar: "Mas o que é isto? Foi você quem o escreveu. Eu apenas...". Segundo Paulo Emílio, Sônia teria sido a verdadeira responsável pelo sucesso dele na sua primeira e única incursão pela literatura de língua francesa. Apesar do zelo linguístico de Sônia, auxiliada pelo seu tio, Benjamin Péret (consta que o poeta surrealista reviu o texto), a nacionalidade do autor ficara discretamente sugerida nas rápidas referências à repercussão do caso Ferrer em São Paulo, à viagem de Caillaux ao Brasil ou ao empenho de Almereyda na obtenção de um visto de permanência para um brasileiro de origem alemã.

O gesto de Paulo Emílio encontra explicação na tática que adotava naquele momento: o do exclusivo interesse pelo cinema brasileiro, negando pertinência ao ato de assistir a filmes estrangeiros. Esta atitude polêmica e provocativa era decorrente de um "arrependimento" – justamente o de ter-se dedicado tanto tempo ao cinema estrangeiro e, por extensão, aos assuntos estrangeiros. Curioso o sortilégio desse intelectual brasileiro que, ainda muito jovem, lograra obter plena inserção na cultura política e cinematográfica universal e que, na maturidade, necessitava recusar enfaticamente esta experiência para encontrar o tônico que estimulava sua própria renovação.

Vigo, vulgo Almereyda poderia chamar-se *Miguel Almereyda*. Paulo Emílio chegou a riscar o título original e, numa penada, transformou-o no segundo. Mas nossa opção levou em consideração a desejável articulação dos dois nomes que a personagem possuiu e a necessária remissão ao filho ilustre. Pesou ainda uma possível ironia com a cínica mensagem que anuncia a morte de "Vigo, vulgo Almereyda", vazada na indefectível linguagem protocolar oficial. A outra opção só traria ganho na carga de mistério, de resto já considerável, a infletir numa personagem de "pura" ficção.

Paulo Emílio sempre teve gosto – e jeito – para a ficção. Segundo Zulmira Ribeiro Tavares, seu método combinava "informação neutra e hipótese-fantasia", "numa interligação complexa e cambiante", própria "das obras de ficção".[1] Quando publicou *Três mulheres de três PPPês*,[2] todos se renderam à evidência, que no entanto já se anunciava desde os primeiros textos do jovem provocador. Com dezoito anos, tentara impor desavergonhadamente a figura desgarrada de Hag Reindrahr, o filho da prostituta que encarna o mito do jovem revolucionário. Morto precocemente, devido a uma tuberculose, Hag deixava inacabado um romance, que se chamaria *Merda*, apesar de não conter uma única obscenidade. O leitor já terá se dado conta de que minha referência não é inocente. Não é de pasmar a premonição Hag-Almereyda-Jean Vigo? Em Hag, estavam imbricadas, com alta carga potencial, as vertentes revolucionária e artística que os dois Vigo iriam desdobrar. Em que pese o tom de glosa descarada, Paulo Emílio revela, por contraste, certa "exaltação", como bem observou Décio de Almeida Prado.[3] Para completar o ciclo das afinidades profundas, Almereyda não estimava imensamente os gatos, em cuja companhia fez nascer seu filho? Paulo Emílio não teve filhos, mas devotava aos gatos uma afeição paterna. Também o Père Jules, do *Atalante*, estava sempre às voltas com uma legião de gatos...

As qualidades e astúcias de *Vigo, vulgo Almereyda* foram antecipadamente indicadas por Roberto Schwarz, no ensaio "A imaginação como elemento político",[4] em que desvenda o mecanismo secreto da utilização dos elementos biográficos nos comentários do autor dedicados a Plínio Sussekind Rocha, Malraux, Glauber, Bazin e outros. Roberto não poderia ter dito a respeito de Vigo-Almereyda que "a figura busca a História, mas

---

1. Zulmira Ribeiro Tavares, "Biografismo em Paulo Emílio: simplicidade e ardil", in Maria Teresa Machado e Carlos Augusto Calil (org.), *Paulo Emílio, um intelectual na linha de frente*. São Paulo/ Rio de Janeiro: Brasiliense/ Embrafilme, 1986, pp. 343-48.
2. P. E. Sales Gomes, *Três mulheres de três PPPês*. São Paulo: Cosac Naify [São Paulo: Perspectiva, 1977], 2007.
3. Décio de Almeida Prado, "Paulo Emílio quando jovem", in Maria Teresa Machado e Carlos Augusto Calil (org.), op. cit., pp. 15-26.
4. Roberto Schwarz, "A imaginação como elemento político", id., ibid., pp. 189-94.

inevitavelmente através da busca de si mesma"? Não é esta a tragédia de Eugène Bonaventure, a de ter-se perdido de si mesmo e dos seus camaradas? As fantasias da personagem – e do autor – contam tanto quanto as medíocres imposições da realidade. Ainda Roberto: Paulo Emílio "enxerga força e valor na dimensão idiossincrática da existência pessoal. A política vem só depois", quando as "imaginações correm o destino que lhes redimensionará o perfil".

Autor e personagem são vítimas dessa lei metafísica – Almereyda registra, no final de sua breve existência, uma tensão entre sua trajetória individual e o destino das utopias libertárias; nesse momento, ensaia um movimento de recuo e procura uma posição mais independente. Paulo Emílio, após ter relegado radicalmente seu trabalho europeu, vê seu prestígio internacional ampliar-se com o lançamento da edição em língua inglesa de *Jean Vigo* (1971) e tenta minimizar o fato. A publicação de *Vigo, vulgo Almereyda*, seu texto inédito, além de recuperar a perfeita trajetória intelectual de Paulo Emílio, virá certamente nutrir uma admiração por sua vertente indesejada.

A invenção dramática de Almereyda, sem resquício de sentimentalismo, se dá em momentos culminantes da narrativa, como naquele em que a personagem voluntariosa troca de nome para melhor abrigar sua nova personalidade, ou mesmo quando não consegue dissimular o sentimento de orgulho ao reconhecer sua latinha de graxa classificada como bomba perigosa pelo policial malicioso. E, ainda, na laboriosa construção ficcional em que Clemenceau sonha, planeja e executa a tomada do poder, condenando imediatamente o nosso herói à lata de lixo da História. Ou, ainda, na estupenda revelação da morte de Almereyda, num fulminante *flash-forward*, de fazer inveja ao melhor filme/novela policial.

Como complemento à sua vocação de escritor de ficção, Paulo Emílio demonstra uma grande habilidade na utilização do material documentário, às vezes renunciando até mesmo ao ritmo de sua obra para melhor informar. É o caso, por exemplo, da longa transcrição do artigo de Almereyda "Por que entramos no Partido Socialista", no final do primeiro capítulo.

Todos estes recursos, frutos de uma intensa dedicação, no entanto, não estão presentes apenas para comprazer-nos com uma exibição estética de causar arrebatamento. Paulo Emílio atribui uma nítida dimensão *política* à vida de Almereyda e à sua (infeliz) inserção na contingência histórica: o golpe de mão – e de teatro – que o destrói recupera para a burguesia as rédeas do país e aborta uma possível ascensão ao poder da esquerda revolucionária. Fantasia política, carente de sustentação? Matéria de desejo, acalentada longe da dura realidade? Paulo Emílio tem o direito de formular suas hipóteses e, remando contra a maré, de forçar um pouco a nota ao não querer admitir a evidência da morte de Almereyda como mera "queima de arquivo", para apostar num provável e extemporâneo recrudescimento do ódio policial àquele que fora seu mais bem-sucedido opositor.

A questão crucial para Paulo Emílio é entender por que a esquerda não se aproveitara da situação frágil do governo radical para chegar ao poder. Mais uma vez, o acaso vai agir caprichosamente: quem poderia prever que o episódio do "cheque Duval" iria virar a lógica da política pelo avesso?

Frio, mas discretamente desolado, Paulo Emílio não se conforma com o fato de que nenhum grupo organizado tenha sido capaz de aproveitar a crise para subverter o curso dos acontecimentos e arrisca ainda dizer que a verdadeira saída havia sido formulada pela geração de Pierre Monatte, que herdou o socialismo heróico de Pelloutier, Griffuelhes e companheiros.

O foco vai se alterando lentamente. Abandona um dramático primeiro plano, em que a tragédia pessoal embaça o julgamento, e desloca-se, gradativamente, para o plano de fundo, onde a inquietação da caserna e das massas é real e demanda uma mudança. No meio do caminho, deixa entrever a sagacidade estampada no olho de Clemenceau, o Tigre, que apenas aguarda o momento adequado para dar o bote, que fulminará suas vítimas: Almereyda e o gabinete radical-socialista.

A morte de Almereyda coincide com o fim das possibilidades históricas do anarquismo; o sucesso da revolução bolchevique arregimentará para o comunismo os quadros mais atuantes do movimento libertário.

Nesse panorama, emergem as possíveis influências no autor quando escrevia seu *Almereyda*. Três são as mais prováveis: a de Victor Serge, com sua intransigente defesa do socialismo democrático; a de Andrea Caffi, pela identificação com a generosa aventura dos libertários e seu desencanto com a experiência do totalitarismo revolucionário; e a de Plínio Sussekind Rocha, seu mestre confesso e um dos homenageados na dedicatória de *Jean Vigo*. Plínio estimulou em Paulo Emílio a paixão pelo cinema de vanguarda, melhor seria dizer pelo cinema poético, que Jean Vigo tão bem realizou, e o fascínio pela ação de extrema esquerda, que Almereyda soube encarnar como poucos. O estudo que Paulo Emílio devotou aos Vigo é, desse modo, a condensação da lição de Plínio, cuja riqueza residia principalmente no contraste e na apenas aparente desarticulação dos dois níveis em que se expressava essa paixão simultânea. Pena que os textos acabaram desmembrados, pois, definitivamente, não é possível afastar a sombra luminosa do pai dos filmes que o filho realizou.

Paradoxalmente, Paulo Emílio é também o responsável por esta separação. Pois não disse ele, ao cabo deste *Vigo, vulgo Almereyda*, que a história do menino de doze anos, órfão de um desqualificado "traidor da pátria", que repetirá as infelicidades do avô e do pai, *era uma outra história*?

[Posfácio a *Vigo, vulgo Almereyda*, 1991]

O FILME DA HISTÓRIA Luiz Felipe de Alencastro

Paulo Emílio pertence à geração de intelectuais socialistas e antistalinistas brasileiros cuja vida e obra municiaram contemporâneos e vindouros com poderosas armas contrarrevertério: apesar de duas ditaduras, cadeia e exílio, ele nunca abandonou suas convicções, sua abnegação pedagógica, seu empenho em tarefas culturais que a pasmaceira endêmica e os surtos autoritários às vezes atrofiavam ou matavam.

Ao escrever seu antológico estudo sobre o cineasta francês Jean Vigo, Paulo Emílio reconstruiu, com discreto sentimento e sólida documentação, a vida do pai deste último, Almereyda. Todos os que ignoram os bastidores da Belle Époque só conheciam o Almereyda fosforescente das *Memórias de um revolucionário*, de Victor Serge. O pai de Jean Vigo aparece ali como gente da mesma linhagem literária que o Sénécal, de *A educação sentimental*, de Flaubert: o ex-militante de esquerda, traidor dos companheiros e dos ideais da juventude, que acaba mal. Ora, neste fascinante *Vigo, vulgo Almereyda*, Paulo Emílio refaz o filme da história. Num dos momentos mais agudos da luta de classes na Europa, surge um personagem fáustico, uma vida dardejada de dramas políticos, que em meio a uma França cativante e cruel conhece a fraternidade, a glória vã, e o desprezo.

[Orelha de *Vigo, vulgo Almereyda*, 1991]

A SOMBRA DO ANARQUISMO ESPANHOL Zulmira Ribeiro Tavares

Provavelmente se não estivesse preocupado com a figura do cineasta Jean Vigo,[5] Paulo Emílio, a despeito de seu interesse por política, não chegaria a estudar a vida do pai, Eugène Bonaventure de Vigo, militante e jornalista anarquista, depois socialista, conhecido pelo nome de Miguel Almereyda [1883-1917].

Na história do anarquismo na França no início do século, Almereyda é sem dúvida figura importante, mas o que há de realmente extraordinário na sua vida – na sua curta e curiosa trajetória de militante – é aquilo que vem à tona ao ser estudada: a confluência dos aspectos mais vivos da prática e teoria anarquistas ocorridas no cenário da Paris de então, por meio da palavra e do gesto urbano (de luta, sabotagem, defesa, propaganda). O exame da carreira política de Miguel Almereyda é assim um pouco o encontro de Paulo Emílio com as diferentes tonalidades da concepção anarquista (por extensão da esquerda).

Se no cerne da concepção anarquista está muito simplesmente a aspiração por liberdade, as práticas e doutrinas que levaram o seu nome apresentaram-se sempre por meio de uma floração riquíssima e contraditória, surgida em função mesmo dessa aspiração inicial, inteiriça, absoluta; ora traduzindo-se em atos de banditismo, ora admitindo a organização sindical (anarcossindicalismo); ora propondo novos hábitos e modos de existência (vegetarianos, crudivoristas, como em várias modalidades de sociedades alternativas contemporâneas).

Assim, os diferentes nomes das vertentes anarquistas (menos ou mais importantes, algumas até conhecidas como "seitas") – individualista, ilegalista, acrática (sem governo), possibilista, evolucionista etc. – se do ponto de

---

5. Paulo Emílio Sales Gomes, *Jean Vigo*, trad. Elisabeth Almeida. Rio de Janeiro: Paz e Terra, [Paris: Seuil, 1957], 1984.

vista do alvo a ser conquistado sempre apontaram para o futuro do indivíduo e da sociedade como para um composto absolutamente livre, o fizeram a partir de métodos, táticas e argumentações distintas.

E se numa simplificação as diferentes vertentes podem vir a ser agrupadas em apenas duas – anarquismo individualista, anarquismo comunista (ou coletivista) –,[6] como ambas tiveram em vista sempre o mesmo horizonte antiautoritário, para melhor compreendê-las se é obrigado a retomar a variedade inicial, retomar o grande emaranhado de concepções em que se achou implicada a aspiração ao desenvolvimento pleno do indivíduo em sociedade.

Mesmo depois de o anarquismo ter perdido força como o movimento de massas que chegou a ser na Espanha, e preponderantemente de ideias, na França, o movimento ao refluir deixou a descoberto, iluminadas, amplas áreas de formações sociais onde localizam-se ainda hoje os despossuídos e rejeitados da terra, os marginalizados de diferentes matizes, não apenas os subproletários; em suma: aqueles que através da própria existência negada lembram os reclamos das antigas doutrinas libertárias.

Acredito que seja então por aí que Paulo Emílio encontra o seu *assunto*: quando ao relatar a vida de Miguel Almereyda refaz exatamente essa ambiência formada pelo estritamente político e pelo social de margens difusas, impregnado dos atos "soltos" do cotidiano; entre o dado menor, aparentemente sem importância, e os fatos históricos perfeitamente configurados. Pois o que encanta nessa documentação, que vai aflorando

---

6. As considerações sobre anarquismo foram possíveis principalmente a partir de: N. Bobbio, Nicola Matteucci e Gianfranco Pasquino, *Dicionário político*. Brasília: Universidade de Brasília/ Gráfica Editora Hamburg, 1983; Hans Magnus Enzensberger, *O curto verão da anarquia*, trad. Márcio Suzuki. São Paulo: Companhia das Letras, 1987; e pelas notas do historiador Edgard Carone, in P. E. Sales Gomes, *Vigo, vulgo Almereyda*, Carlos Augusto Calil (org.). São Paulo: Edusp/ Companhia das Letras/ Cinemateca Brasileira, 1991.

sem pausa na narrativa, é a qualidade da seleção, na qual a história aparece muito como ficção coletiva, sempre recontada, nunca inteiramente desvelada e "acertada", e onde os percursos individuais mostram o quanto carregam de *acaso* e de *vontade*.

Paulo Emílio com *Vigo, vulgo Almereyda* não faz biografia romanceada e na certa não sonhou em fazer romance pela via do político. Trata-se antes de um estudo animado pelo gosto objetivo da pesquisa e da descoberta, pelo amor à liberdade e à tolerância diante do humano; que não se afasta da documentação confiável e onde os acertos da seleção têm força criativa.

Nesse último sentido o autor faz obra aparentada à de George D. Painter sobre Marcel Proust;[7] apenas aparentada. A pesquisa realizada por Painter desce realmente a níveis inimagináveis, a que Paulo Emílio com Almereyda não chega nem pretende chegar. Por outro lado, Paulo Emílio é seguramente mais inventivo na sua capacidade de, não inventando por assim dizer nada, levar ao leitor o benefício de todas as dúvidas e ainda assim guiá-lo por bom caminho.

Ao reconstituir o percurso de Almereyda, frequentemente o faz na forma de acentuação dupla: jogando com o avesso do documento ou acentuando aquilo que carece de acentuação. Por exemplo, no famoso episódio provocado por um certo sr. Duval, modesto ex-funcionário da Previdência Social, tardiamente jornalista, administrador de uma sociedade em liquidação que explorava hotéis e jogo na Turquia (com capitais franceses e alemães), informante da Segurança Nacional, financiador eventual e generoso do periódico fundado por Almereyda (com Pierre Merle), *Le Bonnet Rouge* (1913-1917), e ainda seu colaborador em uma seção fixa, sob o pseudônimo de sr. Badin.

Ao tratar do episódio (um cheque encontrado em poder de Duval) e que iniciará a derrocada, prisão e morte de Almereyda, Paulo Emílio, enquanto descreve as confusões provocadas no primeiro plano pelo sr. Duval

7. George D. Painter, *Marcel Proust*, trad. Fernando Py. Rio de Janeiro: Guanabara, 1990.

e que tanto agitaram a política francesa da época, não esquece de pedir atenção à sensibilidade do leitor moderno, senão contemporâneo para o que diz, no segundo, o fino, irônico e discreto sr. Badin. Ou ao reproduzir um pronunciamento de Almereyda sobre a revolta de vinicultores ocorrida no sul da França em 1907, contenta-se com o seguinte comentário à sua posição: a de que ele, Almereyda, a tomava "dentro de um espírito de *perfeita ortodoxia libertária*".[8]

Almereyda, descendente de gente vinda da Sardenha e radicada desde o início do século XIX no território de Andorra – de forma institucional arcaica (meio principado, meio Estado), de jurisdição espanhola e francesa (o avô Vigo ali exercera cargo de importância representando a República francesa) –, tinha bem o tipo do catalão.

No episódio do "cartaz vermelho" (pacifista e insurrecional), em outubro de 1905, do qual Almereyda veio a ser um dos signatários, coube a um deputado socialista a sua defesa. Este, na ocasião, ao fazer o seu retrato, apontou nele a estreita correspondência de caracteres étnicos e psíquicos, à moda de Lombroso,[9] com todas as "características do latino. Sob a pele fina e branca do rosto, protegido por longos cabelos negros, corre uma rica e fina rede de fibrilas nervosas e vias tênues; à menor emoção...".

Assim, possivelmente ao escolher, para nome de militante anarquista, "Almereyda" (*où il y a de la merde*) e a ele juntar o "Miguel", por soar – na suposição plausível de Paulo Emílio – "espanhol e anarquista", Eugène Bonaventure de Vigo o tivesse feito mais deliberadamente do que um simples gesto de revolta poderia levar a crer; pensando quem sabe na sua gente da Catalunha, próxima às regiões da Espanha onde acontecia o "verdadeiro" anarquismo, pensando no seu rosto catalão.

---

8. P. E. Sales Gomes, p. 67 desta edição.
9. Ver nota sobre Enrico Ferri, citado pelo advogado de Almereyda, dr. Adrien Meslier, p. 179 desta edição.

Na verdade, ao longo do livro Paulo Emílio mostra que apenas a greve dos ferroviários, em outubro de 1910, teria realmente oferecido, pela primeira vez, na França, à equipe do *Guerre Sociale* (1906-1912 – ruptura com os anarquistas), da qual então fazia parte Almereyda, a "possibilidade de uma aliança real com o proletariado organizado e em luta".[10] Sem falar no episódio menor, posterior, dos vinicultores.

Deste modo, não deixa de ser curioso lembrar que no ano de 1917, quando morria na prisão em condições não perfeitamente esclarecidas, aos 34 anos, Eugène Bonaventure de Vigo, vulgo Miguel Almereyda, seu homônimo espanhol, Buenaventura Durruti,[11] treze anos mais moço, era despedido da Companhia Ferroviária do Norte da Espanha em função da greve de 1917 e se exilava em Paris, onde iria ficar até 1920. Ao voltar à sua terra irá representar uma das figuras mais expressivas do anarquismo espanhol, na base urbana da Catalunha, Barcelona, próxima à região da Catalunha francesa dos antepassados recentes de Bonaventure de Vigo; aquele que no fim da vida iria se desencaminhar, ou se encaminhar, para os embates da política de esquerda do Estado, afastando-se da concepção anarquista.

A sombra do anarquismo espanhol, com sua força e enraizamento nas massas (o anarquismo foi introduzido na Espanha em 1868 por um italiano, como italiana era a ascendência dos Vigo), talvez tenha feito sonhar o Bonaventure francês da primeira mocidade. Pois este, a despeito da vida aventurosa, dos embates de rua com a política parisiense, dos panfletos, das entradas e saídas de prisões, das palavras de ordem e artigos virulentos, não possuía a experiência de um anarquismo comprometido com a gente mais pobre e atrasada do campo, ou com o subproletariado das cidades. Se na sua mocidade passara fome e chegara a exercer bastante bem a profissão de fotógrafo, ainda assim os seus (por ascendência paterna) pertenciam à pequena nobreza de Andorra.

---

10. Id., p. 74 desta edição.

11. Ver Hans Magnus Enzensberger, *O curto verão da anarquia,* op. cit., nota 2.

Com fino humor, possivelmente digno daquele discreto e irônico sr. Badin, para quem pede a atenção da sensibilidade contemporânea, Paulo Emílio soube destacar na existência de Eugène Bonaventure de Vigo – muitas vezes por meio de episódios limitados, sem grandeza aparente – o impulso libertário verdadeiro do espanhol forjado, Miguel Almereyda.

[*Folha de S. Paulo,* Letras, 18 mai. 1991]

POSFÁCIO

Miguel Almereyda com o filho Jean Vigo, Paris, 1907

PAI E FILHO

Paulo Emílio, quando retornou ao Brasil em 1954, após a segunda estadia na França,[1] deixou André Bazin encarregado da publicação dos manuscritos de seu *Jean Vigo*. Chris Marker, então editor da Seuil, se interessou pela obra mas impôs um corte radical. Toda a parte sobre Almereyda deveria ser sintetizada. Em meio ao enorme trabalho de um crítico empenhado em propor novas bases para a cultura cinematográfica brasileira, Paulo Emílio fez os cortes, reduzindo o longo capítulo a pouco mais de vinte páginas, que se tornaram a elíptica entrada do livro. Somente cinco décadas depois o leitor pode ler o texto completo da maneira como foi concebido: em conjunto com a biografia de Jean Vigo.

---

1. Paulo Emílio viveu em Paris por dois períodos: de 1937 a 1939, quando tomou conhecimento do terror stalinista e das vanguardas cinematográficas, principalmente a do cinema soviético; e de 1946 a 1954, época em que escreveu *Jean Vigo*. Sobre a sua trajetória nesta segunda estadia, ver José Inácio Melo Souza, *Paulo Emílio no Paraíso*. Rio de Janeiro: Record, 2002.

Para delinear a figura do cineasta, Paulo Emílio precisou entender a trajetória de Miguel Almereyda. Recriou a atmosfera social da III República francesa e depois se deteve na vida e na obra de Jean Vigo. Rastrear a trajetória de Almereyda, a partir do contexto histórico, ajuda a entendê-lo como homem e militante político e contribui ainda para a compreensão do inconformismo de seu filho. Esse procedimento crítico ousado, de simbiose entre vivência e obra artística, confirmava determinadas disposições criativas já experimentadas na sua juventude.

O gosto estilístico, atento ao fato político, que se percebe em *Jean Vigo*, possui raízes no tipo de modernismo praticado na década de 1930, quando Paulo Emílio passou da disponibilidade burguesa para o engajamento de esquerda. Num esforço de aprofundamento dos problemas sociais, o jovem começa a estudar furiosamente os manuais da ortodoxia e, sempre que possível, se posiciona em público. Sua desenvoltura e elegância o destacam como polemista, mas também despertam a desconfiança de alguns comunistas, intrigados com sua origem social. O empenho político deu uma forma social ao inconformismo. Seus textos da época revelam uma vontade criativa aliada ao antifascismo, manifestado no ataque recorrente ao integralismo.

O engajamento valeu longa estadia em presídios varguistas improvisados, onde a radicalidade pequeno-burguesa foi confrontada com a militância operária e sua crença na fraternidade humana. Nas páginas de *Cemitério*[2] fica evidente o valor dessa experiência, com destaque para o contato com os anarquistas. Em *Jean Vigo*, ele cristaliza procedimentos que unem memória e experiência, vida e poesia, elementos que esclarecem sem determinar a leitura dos filmes. Por isso, o capítulo sobre Almereyda é tão decisivo para o livro.

O Almereyda de Paulo Emílio foi o tipo de grande homem pelas grandes causas que não conseguiu levar a cabo. E a compreensão do homem passa

---

2. Paulo Emílio Sales Gomes, *Cemitério*. São Paulo: Cosac Naify, 2007.

pela descrição de toda uma época. Uma época marcada pela euforia do progresso e todas as suas limitações, quando a III República francesa buscava se consolidar, mesmo com escândalos de toda ordem ameaçando, a cada momento, fazer ruir esse edifício político tão controverso. Com a promessa de retomar os ideais da Grande Revolução, a República de Gambetta – a mesma figura ironizada em *À propos de Nice* – nasceu sob o signo da derrota da Guerra Franco-Prussiana (1870), da carnificina da Comuna de Paris (1871) e das contradições de um parlamentarismo cercado de monarquistas e bonapartistas, cujo primeiro presidente foi o "anão monstruoso" Thiers. Ao longo dos setenta anos da história da III República, dos quinze chefes de Estado apenas quatro completaram seus mandatos, cinco renunciaram, dois foram assassinados, um ficou louco, um morreu no cargo em condições bem singulares, outro foi obrigado a renunciar e o último morreu na prisão. A república, que cunharia o termo *arrivismo*, foi caracterizada por intensa movimentação social, por uma expansão imperialista, enorme instabilidade parlamentar, reestruturação do movimento operário e transformações radicais na maneira de produzir.

A virada do século XIX para o XX acompanha a passagem do poder econômico mundial da Europa para os Estados Unidos, e o impulso imperialista europeu só reitera a voracidade da crise, em que cada Estado disputa acirradamente pontos estratégicos na África e na Ásia. A chegada tardia da França na corrida imperialista foi marcada por uma série de atropelos. Após a derrota para a Alemanha em 1870, a França procurou antes restabelecer suas forças nacionais para em seguida, em 1881, retomar a expansão territorial na África e na Ásia. Mas essa retomada não foi caracterizada somente pelas dificuldades intrínsecas, relativas às particularidades geográficas e políticas locais, mas também à concorrência inglesa e alemã. Cada tropeço francês na corrida imperialista, cada crise econômica interna, cada escândalo parlamentar confirmavam as frágeis bases da República e reforçavam o discurso das forças empenhadas em demolir o regime. O nacionalismo golpista foi uma marca do período, retornando em diversas ocasiões e se concretizando em tendências políticas como o *boulangismo* ou L'Action Française.[3]

A derrota para a Alemanha sempre rendeu dividendos políticos e foi com Boulanger, o general Revanche, que o descontentamento popular com as sucessivas crises econômicas se amalgamou com o monarquismo, o clero revoltado com a laicização republicana e o chauvinismo da Liga dos Patriotas, de Paul Déroulède. Esse "sindicato dos descontentes", com grande financiamento e uma propaganda barulhenta, balançou o cenário político francês, ameaçando-o frontalmente. A súbita aparição do grupo L'Action Française se deve à sua capacidade de mobilizar esse revanchismo latente e lhe dar uma forma mais contemporânea. Assimilando e atualizando de maneira violenta o desgastado discurso monarquista, aquele grupo conseguiu rapidamente dominar a cena política da extrema direita na França graças à verve de Maurras, à virulência de Daudet e Barrès e à ação aguerrida dos Camelôs do Rei. Dispostos a ultrapassar o debate teórico interminável, os jovens e engomados camelôs buscavam defender a cultura francesa e o retorno ao regime monárquico, munidos de porretes que fazem lembrar o filme *Laranja mecânica* [1971], de Stanley Kubrick. Entre 1908 e 1911, promoveram grandes conflitos no Quartier Latin, o que os tornou conhecidos em toda a França. Com o advento da guerra, se adaptando à conjuntura, o grupo de Maurras apoiou a ação política repressiva de Clemenceau, até então seu grande inimigo, e atacou com ferocidade os supostos traidores, entre eles Caillaux, Malvy e qualquer estrangeiro radicado na França. Já sabemos qual foi o desenrolar dessa história que, a partir dos peixes pequenos Raoul Duval e Miguel Almereyda, envolveu tubarões. Com o terreno preparado pela campanha difamatória de Daudet, o Tigre soube se aproveitar da situação do bom-mocismo de Malvy – que tuteava facilmente qualquer um – uma intimidade absurda entre

---

3. Sobre o grupo L' Action Française, ver "Notas de apoio" nesta edição, p. 166.

o presidente do Conselho e um jornalista socialista moderado, ex-anarquista, antigo antimilitarista.

No mesmo período, os inúmeros grupos de esquerda procuravam se reestruturar, organizando manifestações e sindicatos. Graças ao trabalho de Fernand Pelloutier, o sindicalismo revolucionário se desenvolveu, muito crítico à atuação parlamentar e ativo nos movimentos grevistas. Allemane, que fundara em 1900 seu Partido Operário Socialista Revolucionário, depositava esperança na ação livre do proletariado, na greve geral, entendendo a via eleitoral apenas como uma forma ocasional de agitação e propaganda. Por outro lado, Jules Guesde insistia na luta parlamentar norteada pela austeridade revolucionária. Já os chamados socialistas independentes, com destaque para Jaurès, Viviani, Millerand e Briand, ampliavam gradativamente sua ação desde 1893, quando o socialismo se afirmou pela primeira vez como força parlamentar. Em 1899, houve o grande cisma entre as esquerdas, com a entrada de um socialista, Millerand, no gabinete de Waldeck-Rousseau.

Nesse contexto de moderação do socialismo e intensa repressão política, os anarquistas merecem destaque por sua vivacidade revolucionária, uma sede de viver propícia à fabulação. Depois do massacre da Comuna e da aprovação das "leis celeradas", o movimento retomava suas forças, se aglutinando em pequenos grupos, divulgando canções, panfletos, jornais e brochuras. A canção anarquista tratou com agressividade os principais acontecimentos políticos e sociais. Nesse momento de reorganização, os cafés, os cabarés e as *guinguettes* fornecem a melhor cobertura para as atividades políticas. Na Aux Quatres Nations, de *L'Atalante*, ainda pulsa a atmosfera social desses lugares que congregavam certo abandono sensual, ansiedade metafísica e paixões políticas. A situação adversa para os revolucionários se convertia em gestos desesperados, atentados terroristas ou assaltos revolucionários, como os do Bando Bonnot, que chefiado pelo antigo motorista de Conan Doyle, assombrou a ordem burguesa ao promover roubos a bancos e desaparecer em seu automóvel.

Quando Almereyda surge na cena política, a época das insurreições violentas tinha terminado e o futuro estava nos partidos políticos e nos sindicatos legalizados, cada vez mais organizados e eficientes. Almereyda certamente concordaria com Péguy, quando o poeta nacional, no final da vida, declarou que o mundo mudara mais nas últimas décadas do que desde os romanos.

A revelação de Almereyda exigiu de Paulo Emílio profunda investigação histórica. Sem uma bibliografia consolidada sobre o período – salvo o trabalho de Jean Maitron, única obra sistemática sobre o anarquismo –, o crítico recorreu aos jornais de época, ao contato direto com os sobreviventes, como Francis Jourdain, e encontrou nas biografias sua principal matéria-prima. Como exemplos significativos, citemos *À travers la jungle politique et littéraire*, de Victor Méric, que contribuiu para delinear o contato dos membros do L'Action Française com os revolucionários; as *Memórias*, de Louis Lépine, que ajudaram a entender o conflito direto entre os anarquistas e a polícia; a longa autobiografia de Poincaré, *Au service de la France*, que auxiliou no esclarecimento do jogo político nas altas esferas; e as *Memórias de um revolucionário*, de Victor Serge, que apresentaram as enormes diferenças entre os diversos grupos de anarquistas. Serge é um caso especial. Sua disposição em mesclar relato político e invenção literária será muito cara a Paulo Emílio. Seus romances, principalmente *L'Affaire Toulaev*,[4] possuem uma grandeza histórica e humana que ultrapassam de longe seus congêneres, como Koestler e Soljenitsyn.

Além da investigação rigorosa, Paulo Emílio foi impulsionado pelo próprio interesse nas questões de Almereyda e retomou problemas importantes também para sua geração. Quando chega pela segunda vez à França, em 1946, seu percurso político vai da proximidade e ruptura do stalinismo à tentativa de formulação de um marxismo heterodoxo e independente. Essa trajetória coloca sua geração diante da desilusão com a experiência soviética e da necessidade de renovação teórica. E o processo de investigação fornecido pela recriação

---

4. Victor Serge, *L'Affaire Toulaev*. Paris: Seuil, 1948.

de Almereyda proporciona uma reflexão que vai muito além da perspectiva anarquista. Ao definir a situação histórica, Paulo Emílio procura compreender os descaminhos socialistas e as formas políticas por eles assumidas. Neste sentido, a colaboração do filósofo errante Andrea Caffi foi decisiva. A reflexão de Caffi sobre o socialismo russo, realizada antes de 1922, traça uma genealogia da Revolução, ligando-a ao anarquismo e ao populismo russo. Essa compreensão pouco ortodoxa privilegia a organização sindical, valoriza a descentralização e previne contra a burocratização do processo revolucionário.

Por ora, não podemos deixar de comentar o trabalho crítico de Paulo Emílio e como ele relaciona vida e obra.

A conexão entre história e biografia, vivência e obra, nunca é feita de maneira determinista em Paulo Emílio. O delineamento de Almereyda procura entender o processo criativo de Jean Vigo e o lugar do pai na mitologia do filho. Traços da vida ecoando nos filmes. Mas essa relação entre pai e filho é muito sutil. Não há determinismo, e cabe ao leitor estabelecer conexões. Um bom exemplo do cuidado do crítico com o "marxismo preguiçoso" é não ter mencionado o único artigo de Almereyda sobre cinema, em que saúda a associação Le Cinéma du Peuple. A iniciativa anarquista, tendo Jean Grave e Sébastien Faure à frente, buscava se contrapor à propaganda católica (Maison de la Bonne Presse) e burguesa (Pathé, Gaumont, Éclair). No texto de Almereyda, o filme comentado é *L'Hiver: plaisir des riches*! *Souffrances des pauvres*!.[5] Diz o anarquista:

---

5. *L'Hiver: plaisir des riches*! *Souffrances des pauvres*! [1914] é uma produção francesa do coletivo anarquista Le Cinéma du Peuple. Entre os seus fundadores encontram-se: Sébastien Faure, Jean Grave, Pierre Martin, redator do *Libertaire*, André Girard, do *Temps Nouveaux*, Gustave Cauvin, anarquista marselhês, Robert Guérard, cantor revolucionário, e Yves-Marie Bidamant, militante do Sindicato dos Ferroviários. Cf. Laurent Mannoni e Thierry Lefebvre, "L'Année 1913 en France", in *1895*, Paris, out. 1993.

> O inverno: prazer dos ricos! Sofrimento dos pobres! São os prazeres da patinação. São Gérardmer e as belezas do inverno, as belas mulheres bem vestidas que se entregam felizes ao ócio. Em contraste, o muro do Père-Lachaise. As longas filas de infelizes esperando, durante horas, tremendo de frio, a sopa rala. Pessoas pálidas, esquálidas... A miséria em toda a sua feiura. [...] E isto vale mais que um discurso para atacar o sistema social atual.[6]

Seria fácil demais estabelecer paralelos entre este comentário e a agressividade que anima *À propos de Nice*.

Mas é no confronto com os filmes que o crítico se mostra por completo, ao apresentar uma análise desenvolvida no contato com as obras, uma erudição atualizada com a renovação em processo na crítica de cinema do período, e toda a imaginação de escritor em evolução desde *Clima*. Na leitura dos filmes, as histórias de pai e filho, levantadas para mapear o drama interior do cineasta, ganham significado ao esclarecerem o inconformismo dos filmes. Claro, a análise imanente é indispensável, mas os dados exteriores potencializam seu significado. Os dados biográficos são escolhidos para dar sentido a um ser teórico, um modelo psicológico que representa a capacidade de reconstrução de uma obra que o crítico se propõe a explicar.

A junção definitiva do capítulo completo sobre Almereyda com a análise da vida e da obra de Vigo permite afirmar que, em *Jean Vigo*, Paulo Emílio estabeleceu uma maneira de ler autores e obras. Uma forma de entrelaçar história e individualidade, para daí tirar consequências sobre as obras. Uma investigação das mediações extracinematográficas e sua continuidade artística. Esse procedimento não possuía nada dos traços conservadores da biografia tradicional e chamava atenção para aspectos decisivos da criação artística, além de revelar a maturidade de um crítico.

Adilson Inácio Mendes

---

6. *Le Bonnet Rouge*, n. 15, 28 fev. 1914.

Zéro de conduite [*Zero em comportamento*] de Jean Vigo (1933)

BIBLIOGRAFIA

A bibliografia sobre o anarquismo é imensa, abrangendo as obras históricas e a produção teórica de seus autores. Paulo Emílio, ao escrever *Vigo, vulgo Almereyda*, recorreu aos títulos então disponíveis de Victor Méric, Francis Jourdain, Jean Grave e Victor Serge, além de utilizar o livro fundamental, até hoje, de Jean Maitron, *Le mouvement anarchiste en France*, publicado pela primeira vez em 1951, e cuja edição ampliada até 1983, traça um ótimo panorama histórico e traz vasta informação bibliográfica.

A realização de uma pesquisa exaustiva sobre o movimento anarquista na França foge ao âmbito desta edição. No entanto, parece-nos que a bibliografia, ora apresentada, oferece os elementos indispensáveis para a compreensão do período analisado, contemplando as obras usadas por Paulo Emílio, acrescidas posteriormente pelas consultadas por Edgar Carone, que por sua vez, foram agora atualizadas pela pesquisa de Adilson Inácio Mendes.

BIBLIOGRAFIA UTILIZADA POR PAULO EMÍLIO SALES GOMES

ALMEREYDA, Miguel (desenho de A. Delannoy). "La Petite Roquette". *L'Assiete au Beurre*, n. 348. Paris: 30 nov. 1907.

___. "Après". *Le Bonnet Rouge*. Paris: 15 out. 1914.

___. "Confiance". *La Guerre Sociale*. Paris: 18-28 out. 1910.

___. "L'Amour". *Le Libertaire*. Paris: 12 abr. 1903.

___. "La Bataille de Wagram". *La Guerre Sociale*. Paris: 2-8 out. 1912.

___. *Les naufrageurs de la Patrie* (brochura). Paris: *Le Bonnet Rouge*, s.d.

BAKUNIN, Mikhail A. *Œuvres*, v. 6. (Bibliothèque Sociologique, n. 47-8). Paris: P. V. Stock, 1913.

BARRÈS, Maurice. *Mes cahiers (1914-1918)*, v. 11. Paris: Plon, 1938.

CAILLAUX, Joseph. *Mes mémoires*. Paris: Plon, 1947, 3 v. v. 1: *Ma jeunesse orgueilleuse 1863-1909*. v. 2: *Mes audaces, Agadir 1909-1912*. v. 3: *Clairvoyance e force d'âme dans les épreuves 1912-1941*.

___. *Mes prisons*. Paris: Sirène, 1920.

CLAUDY, Charles-Léon. *Le Bonnet Rouge*. Paris: Eugène Figuère, [19--].

CONGRÈS ANARCHISTE, 1907. Amsterdã. *Compte-rendu analytique des séances et resumé des rapports sur l'état du movement dans le monde entier*. Paris: Publication Sociale, 1908.

DABAT, B. e P. *Souvenirs d'un directeur de prison*. Paris: P. Bossuet, 1929.

DAUDET, Léon. *L'hécatombe*. Paris: Nouvelle Librairie Nationale, 1923.

DUMUR, Louis. *Les défaitistes*. Paris: Albin Michel, 1923.

FABRE-LUCE, A. *Caillaux*. Paris: Nouvelle Revue Française, 1933.

FOURNIÉ, Maurice. *Miguel Almereyda*: *L'affaire du Bonnet Rouge*. Paris: Lang, Blanchong & Cie, 1917.

GAUCHER, André. *L'honorable Léon Daudet*. Paris: Parole Française, [192-].

GRAVE, Jean. *Le mouvement libertaire sous la troisième République*. Paris: Œuvres Représentatives, 1930.

HERVÉ, Gustave. "L'Anniversaire de Wagram". *Mes crimes*. Paris: Éditions de La Guerre Sociale, s.d. (provavelmente março de 1912).

JOURDAIN, Francis. "Une enfance". *Ciné-Club*, ano 2, n. 5. Paris: fev. 1949.

LÉPINE, Louis. *Mes souvenirs*. Paris: Payot, 1929.

MAITRON, Jean. *Histoire du mouvement anarchiste en France (1880-1914)*. Paris: Société Universitaire, 1951.

MALVY, Louis. *Mon crime*. Paris: Flammarion, 1921.

MARCELLIN, L. *Politique et politiciens pendant la guerre*, v. 1. Paris: Renaissance du Livre, [19--].

MARTET, Jean. *Le Tigre*. Paris: Albin Michel, 1930.

MÉRIC, Victor. *A travers la jungle politique et littéraire*. Paris: Librairie Valois, 1930.

MESLIER, Adrien. *A côté de la question sociale: plaidoirie pour le procès des antimilitaristes*. Paris: Jean Allemane, 1906.

MONATTE, Pierre. "Notre Presse Syndicale". *Révolution Prolétarienne*. Paris: fev. 1951.

MONNIOT, Albert. *Le mystère de Fresnes*. Paris: Pierre Téqui, libraire-éditeur, 1919.

PAINLEVÉ, Jean. "Rencontre avec Jean Vigo". *Ciné-Club*, ano 2, n. 5. Paris: fev. 1949.

POINCARÉ, Raymond. *Au service de la France*, v. 9. Paris: Plon, 1932.

RIBOT, Alexandre. *Journal et correspondances inédites*. Paris: Plon, 1936.

ROSMER, Alfred. *Le mouvement ouvrier pendant la guerre*. Paris: Librairie du Travail, 1936.

SADOUL, Georges. *Histoire d'un art: le cinéma*. Paris: Flammarion, 1949.

SERGE, Victor. *Mémoires d'un révolutionnaire (de 1901 à 1941)*. Paris: Seuil, 1951.

TAILHADE, Laurent. "Le triomphe de la domesticité". *Discours civiques*, n. 33 (Bibliothèque Sociologique). Paris: P. V. Stock, 1902.

PERIÓDICOS CITADOS

L'Action Antimilitariste
L'Action Française
L'Anarchie
L'Assiette au Beurre
L'Aurore
La Bataille Syndicaliste
Le Bonnet Rouge
Le Courrier Européen
L'Écho de Paris
L'Ennemi du Peuple
L'Ère Nouvelle
L'Éveil
Le Figaro
La Guerre Sociale
L'Homme Libre
L'Humanité
L'Intransigeant
Je Dis Tout
Le Journal
Le Journal du Peuple

La Libre Parole
Le Libertaire
Le Matin
Midi Socialiste
L'Œuvre
Paris Soir
Paris-télégrammes
La Patrie
Le Pays
Pioupiou del'Yonne (suplemento do *Travailleur Socialiste)*
Le Rappel
La Revue des Causes Célèbres, Politiques et Criminelles
La Revue Française
Le Sillon
Le Socialiste
Les Temps Nouveaux
Le Torchon
La Tranchée Républicaine
Le Travailleur Socialiste
La Vie Ouvrière
La Victoire
La Voix du Peuple

BIBLIOGRAFIA SOBRE ANARQUISMO

ABENROTH, Wolfgang. *Histoire du mouvement ouvrier en Europe*. Paris: Maspero, 1967.

BARRUÉ, J. *L'anarchisme aujourd'hui*. Paris: Spartacus, 1970.

BIARD, Rolland. *Histoire du mouvement anarchiste: 1945-1975*. Paris: Galilée, 1976.

BIRBAUM, Pierre. *L'Affaire Dreyfus: la République en péril*. Paris: Gallimard, 1994.

BOISSON, Marius. *Les attentats anarchistes sous la troisième Republique*. Paris: Éd. de France, 1931.

BROUÉ, Pierre. *Histoire de L'Internationale Communiste – 1919-1943*. Paris: Fayard, 1997.

CAMPION, L. *Les anarchistes dans la Franco-Maçonnerie*. Marseille: PUF, 1969.

CROIX, Alexandre. *Jaurès et ses détracteurs*. Paris: Éditions du Vieux Saint-Ouen, 1967.

DROUIN, Michel (org.). *L'Affaire Dreyfus de A à Z*. Paris: Flamarion, 1994.

GALLO, Max. *Le grand Jaurès*. Paris: Robert Laffont, 1999.

GILLES, Gaston. *Jules Vallès 1832-1885*. Paris: Flammarion,1941.

GRAVE, Jean. *Quarante ans de propagande anarchiste*. Paris: Flammarion, 1973.

GUÉRIN, Daniel. *Ni Dieu ni Maître. Antologie de l'anarchisme*, 4 v. Paris: Maspero, 1970.

JOUSSEAUME, Robert. *Étude sur les lois contre les menées anarchistes et sur les modifications que ces lois ont apportées a la législation pénale*. Paris: Cotillon, 1894.

JOYEUX, Maurice. *Histoire du journal de l'organisation des anarchistes*. Paris: Volonté Anarchistes, 1984.

JULIARD, Jacques e WINOCK, Michel (orgs.). *Dictionnaire des intelectuels français: les personnes, les lieux, les moments*. Paris: Seuil, 1996.

JULLIARD, Jean. *Fernand Pelloutier et les origines du syndicalisme d'action directe*. Paris: Seuil, 1971.

LACOUTURE, Jean. *Léon Blum*. Paris: Seuil, 1977.

LACROIX, Bernard. *L'utopie communautaire*. Paris: PUF, 1981.

MAITRON, Jean. *Le mouvement anarchiste en France*. Paris: Maspero, 1983.

___. (org.). *Dictionnaire biographique du mouvement ouvrier français – troisième partie: de la Commune à la Grande Guerre*. Paris: Les Éditions Ouvrières, 1973.

___. *Histoire du mouvement anarchiste en France*. v. 1: *Des origines a 1914*. v. 2: *De 1914 a nos jours*. Paris: Maspero [*Histoire du mouvement anarchiste en France (1880-1914)*, Paris: Société Universitaire, 1951], 1983.

___. *Ravachol e os anarquistas*. Lisboa: Antígona, 1981.

MANFRÉDONIA, Gaetano. *Études sur le mouvement anarchiste en France*. Paris: Institut d'Études Politiques, 1990.

___. (*et al.*) *A Espanha libertária: a revolução social contra o fascismo*, trad. Plínio Augusto Coelho. São Paulo: Imaginário, 2002.

MANNONI, Laurent e LEFEBVRE, Thierry. "L'Année 1913 en France", *1895*. Paris, out. 1993.

MÉRIC, Victor. *Les bandits tragiques*. Paris: Simon Kra, 1926.

NATAF, André. *La vie quotidienne des anarchistes en France. 1880-1910*. Paris: Hachette, 1986.

___. (org.). *Dictionnaire du mouvement ouvrier*. Paris: Éditions Universitaires, 1970.

NETTLAU, Max. *Histoire de l'anarchie.* (Archives Révolutionnaires). Paris: Cercle, 1971.

NORTE, Sérgio Augusto Queiroz. *Bakunin: sangue, suor e barricadas*. Campinas: Papirus, 1988.

PESSIN, Alain. *La rêverie anarchiste. 1848-1914*. Paris: Librarie des Méridiens, 1982.

POUGET, Émile. *Le père peinard.* Paris: Galilée, 1976.

PRÉPOSIET, Jean. *Histoire de l'anarchisme.* Paris: Tallandier, 2005 [ed. port., *História do anarquismo*. Lisboa: Edições 70, 2007].

RAGON, Michel. *La voie libertaire.* Paris: Plon, 1992.

RENOUVIN, Pierre. *La crise européenne et la première guerre mondiale.* (Peuples et Civilizations, 19). Paris: Presses Universitaires de France, 1948.

RODRIGUES, Edgar. *Pequeno dicionário de ideias libertárias.* Rio de Janeiro: CCEP, 1999.

ROSSIGNOL, Fernand. *Pour connaitre la pensée de Georges Sorel.* Paris: Bordas, 1948.

SAFÓN, Ramón. *O racionalismo combatente: Francisco Ferrer y Guardia*, trad. Plínio Augusto Coelho. São Paulo: Imaginário, 2003.

SALMON, André. *La terreur noire: chronique du mouvement libertaire*, 2 v. Paris: Union Générale, 1959.

SCHELER, L. (org.). *Correspondance Séverine-Vallès.* Paris: Les Éditeurs Français Réunis, 1970.

SERGE, Victor. *Mémoires d'un revolutionnaire.* Paris: Club des Éditeurs, [Seuil, 1951] 1957 [ed. bras.: *Memórias de um revolucionário*, trad. Denise Bottmann. São Paulo: Companhia das Letras, 1987].

SERGENT, Alain. *Un anarchiste de la belle époque: Alexandre Jacob.* Paris: Seuil, 1950.

___. *Les anarchistes.* Paris: Frédéric Chambriand, 1951.

___. HARMEL, Claude. *Histoire de L'anarchie.* Paris: Portulan, 1949.

SIRINELLI, Jean-François (org.). *Dictionnaire de la vie politique française au xxème siècle.* Paris: PUF, 1995.

TARIZZO, Domenico. *L'anarchie: histoire des mouvements libertaires dans le monde.* Paris: Seghers, 1978.

WEBER, Eugen. *França Fin-de-Siècle*, trad. Rosaura Eichenberg. São Paulo: Companhia das Letras, 1989.
___. *L'Action Française*. Paris: Fayard, 1985.
WOODCOCK, George. *O anarquismo: história das ideias e dos movimentos libertários*. Lisboa: Meridiano, 1971.
WORMSER, Georges Marcel. *La République de Clemenceau*. Paris: PUF, 1961.

ÍNDICE ONOMÁSTICO

AGRADECIMENTOS

Antonio F. d'Avila, Cinemateca Brasileira, Dainis Karepovs, Luce Vigo, Olga Toshiko Futemma, Versátil Home Vídeo

CRÉDITO DAS IMAGENS

Acervo Cinemateca Brasileira

imagens de capa, pp. abertura Jean Vigo e seus pais em Saint-Cloud, 1914

segunda guarda Jean Vigo aos 12 anos

pp. 14-15 Miguel Almereyda e desenho de A. Delannoy, "La Petite Roquette", *L'Assiette au Beurre*, n. 348 (dedicado à Petite Roquette), 30 nov. 1907

86 Almereyda: carteira de colaborador do semanário *Les Hommes du Jour*, out. 1912

96 Miguel Almereyda, s. d.

216 Paulo Emílio na catedral de Notre-Dame, Paris, c. 1937

© Roger Viollet

pp. 6 Paris: rua de Montreuil e Faubourg Saint-Antoine, c. 1900

11 Uma cela da prisão La Petite Roquette, c. 1907

65 Manifestação em repúdio à execução de Francisco Ferrer y Guardia, Paris, 14 out. 1909

150 Miguel Almereyda durante o processo do caso do *Bonnet Rouge*, ago. 1917, alguns dias antes de sua morte

154 Corredor da prisão de Fresnes (Val-de-Marne), 1947

164 Manifestação na praça Saint-Augustin após a execução de Francisco Ferrer y Guardia, Paris, 17 out. 1909

Archives Luce Vigo

pp. 37 Miguel Almereyda, s. d.; **117** Miguel Almereyda, s. d.

148 Desenho do pintor Raphaël Diligent, *Le Bonnet Rouge*, 29 nov. 1913

149 Mandado de prisão de Miguel Almereyda, 6 ago. 1917

238 Miguel Almereyda com o filho Jean Vigo, Paris, 1907

© Antonio F. d'Avila, Toile, Paris, 1990 **p. 159** Foto do cemitério parisiense de Bagneux

© Versátil Home Video/ MK 2 Productions

p. 50 Reprodução de fotograma de *Jules e Jim* de François Truffaut (1962)

© Versátil Home Video/ Gaumont

p. 247 Reprodução de fotogramas de *Zéro de conduite* [*Zero em comportamento*] de Jean Vigo (1933)

SERVIÇO SOCIAL DO COMÉRCIO – SESC SÃO PAULO
Administração Regional no Estado de São Paulo

Presidente do Conselho Regional ABRAM SZAJMAN
Diretor Regional DANILO SANTOS DE MIRANDA

Superintendentes
Comunicação Social IVAN GIANNINI
Técnico-social JOEL NAIMAYER PADULA
Administração LUIZ DEOCLÉCIO MASSARO GALINA
Assessoria Técnica e de Planejamento SÉRGIO JOSÉ BATTISTELLI

Edições SESC SP
Gerente MARCOS LEPISCOPO
Gerente adjunto WALTER MACEDO FILHO
Coordenação editorial CLÍVIA RAMIRO
Produção editorial JULIANA GARDIM

Colaboradores
MARTA COLABONE

SESC São Paulo
Edicões SESC SP
Av. Álvaro Ramos, 991
03331-000 São Paulo SP
Tel [55 11] 2607 8000
edições@sescsp.org.br

Obras completas de Paulo Emílio
Coordenação editorial AUGUSTO MASSI e CARLOS AUGUSTO CALIL
Pesquisa e notas de apoio EDGARD CARONE e ADILSON INÁCIO MENDES
Pesquisa iconográfica LUCE VIGO e MATEUS ARAÚJO SILVA
Edição MARIA HELENA ARRIGUCCI
Projeto gráfico LUCIANA FACCHINI
Composição JUSSARA FINO e GUSTAVO MARCHETTI
Revisão RAUL DREWNICK e LAURA RIVAS GAGLIARDI

Nesta obra, respeitou-se o novo Acordo Ortográfico da Língua Portuguesa

Dados Internacionais de Catalogação na Publicação (CIP)
(Câmara Brasileira do Livro, SP, Brasil)

Gomes, Paulo Emílio Sales [1916-1977]
Vigo, vulgo Almereyda: Paulo Emílio Sales Gomes
Organização: Carlos Augusto Calil
Posfácio: Adilson Inácio Mendes
Tradução: Dorothée de Bruchard
São Paulo: Cosac Naify/Edições Sesc SP, 2009
272 pp., 28 ils.

Obras completas de Paulo Emílio ISBN 978-85-7503-543-6
ISBN 978-85-7503-722-5 v.4 (Cosac Naify)
ISBN 978-85-98112-93-0 (Edições SESC SP)

1. Almereyda, Miguel, 1883-1917 2. Anarquismo – França
3. França – Política e governo – Século 20
I. Calil, Carlos Augusto. II. Mendes, Adilson Inácio.
III. Título. IV. Série.

08-06354 CDD-335.83092

Índices para catálogo sistemático:
1. Anarquistas: Biografia e obra 335.83092

COSAC NAIFY
Rua General Jardim, 770, 2º andar
01223-010 São Paulo SP
Tel [55 11] 3218 1444
www.cosacnaify.com.br

Atendimento ao professor [55 11] 3218 1473

TIPOLOGIA Documenta e Berber
PAPEL Paperfect 90 g/m²
IMPRESSÃO RR Donnelley
TIRAGEM 5000

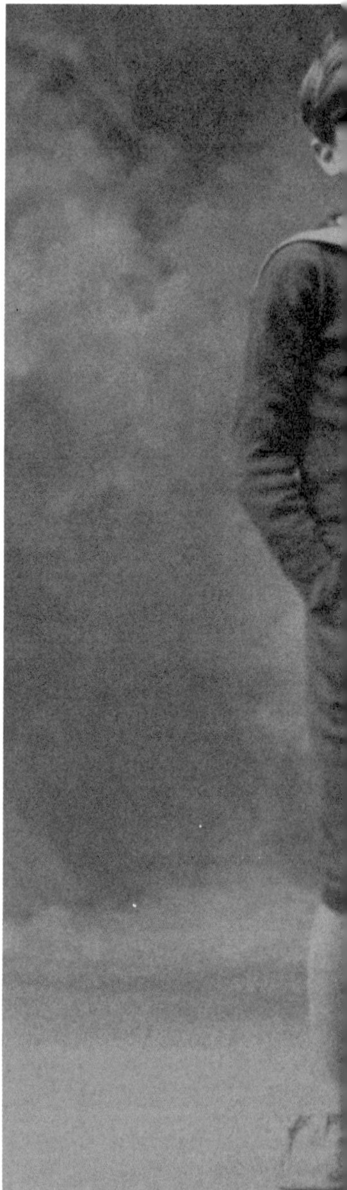